中國學術思想研究輯刊

二二編

林慶彰 主編

第7冊

莊述祖《詩經》學之研究（上）

姜龍翔 著

花木蘭文化出版社

國家圖書館出版品預行編目資料

莊述祖《詩經》學之研究（上）／姜龍翔 著 -- 初版 -- 新北市：
花木蘭文化出版社，2015〔民 104〕
目 2+214 面；19×26 公分
（中國學術思想研究輯刊 二二編；第 7 冊）
ISBN 978-986-404-364-4（精裝）
1. 詩經 2. 研究考訂

030.8   104014677

ISBN- 978-986-404-364-4

9 789864 043644

中國學術思想研究輯刊
二二編　第七冊   ISBN：978-986-404-364-4

莊述祖《詩經》學之研究（上）

作　　者　姜龍翔
主　　編　林慶彰
總 編 輯　杜潔祥
副總編輯　楊嘉樂
編　　輯　許郁翎
出　　版　花木蘭文化出版社
社　　長　高小娟
聯絡地址　235 新北市中和區中安街七二號十三樓
　　　　　電話：02-2923-1455／傳真：02-2923-1452
網　　址　http://www.huamulan.tw 信箱 hml810518@gmail.com
印　　刷　普羅文化出版廣告事業
封面設計　劉開工作室
初　　版　2015 年 9 月
全書字數　310835 字
定　　價　二二編 22 冊（精裝）新台幣 40,000 元

莊述祖《詩經》學之研究（上）

姜龍翔　著

作者簡介

姜龍翔

現職：國立高雄師範大學國文學系助理教授

學歷：國立高雄師範大學國文學系文學博士

　　　國立高雄師範大學經學研究所文學碩士

　　　國立臺南師範學院語文教育系教育學學士

經歷：小學教師

　　　國立高雄餐旅學院通識教育中心兼任講師

　　　私立正修科技大學通識教育中心兼任助理教授

　　　國立高雄師範大學經學研究所兼任助理教授

專長：詩經、尚書、朱子學

著作：朱子《詩》《書》學義理思想研究

　　　莊述祖《詩經》學之研究

　　　其他期刊論文計四十餘篇

提　要

　　莊述祖乃清代常州學派之先驅，學者對莊述祖學術特質的認識多集中在與劉逢祿、宋翔鳳《公羊》今文學之間的傳承，而忽略莊述祖本身學術面向之廣度。據此，筆者透過莊述祖《詩經》學之研究，闡明莊述祖崇尚《毛傳》，推崇古說，有別於今文學派之主張。而莊述祖《詩經》著作為《毛詩考證》及《周頌口義》，由此可看出其學術性格之兩種向度：前者表現其於文字考據之研究，可與乾嘉考據學接軌；後者闡述其聖王天道之理想，乃上承莊存與，下啟劉逢祿，影響今文學派的政治主張。透過本文的研究，試圖還原莊述祖之學術在乾嘉學派及常州學派之間所發生之轉變。本文共分六章：第壹章〈緒論〉，說明研究主題、方法、目的、學術價值以及相關文獻探討；第貳章〈莊述祖生平、著作及師友淵源〉，介紹莊述祖生平事蹟、學術養成歷程、著作存佚及師友淵源；第參章〈《毛詩》文字考證之評述〉，針對《毛詩考證》及《五經小學述》關於《詩經》之解說，逐條進行分析，並參考歷代學者及新近出土文字資料，為《毛詩》異文作一銓定；第肆章〈《詩經》篇章大義之闡述〉，針對《周頌口義》中討論《周頌》之大義內容，逐條進行說明。第伍章〈莊述祖《詩經》學之分析、影響與評價〉，討論莊述祖對於《毛詩》異文考證之分析、《詩經》研究之方法及重點歸納並分析其《詩經》學後世學者的影響及學者的評價，並提出自己的評論。第陸章〈結語〉，綜合全文的論述，敘述研究的結果與心得。

目 次

第壹章　緒　論

第一節　研究動機及目的

　　清代乾嘉時期，人文蔚起，學術稱盛。學術以經學為中堅，以考據為方法，在著名大家如惠棟（1697～1758）、戴震（1724～1777）、錢大昕（1728～1804）等人推動之下，考據之風達到頂盛，卻也帶出另一波不同的學術風潮，即以常州莊存與（1719～1788）、莊述祖（1751～1816）〔註 1〕之學術為先驅的《公羊》今文學的研究。梁啓超（1873～1929）《清代學術概論》將清代經學分為四個時期，分別為啓蒙期、全盛期、蛻分期、衰落期。其中，乾嘉考據樸學是為第二期全盛時期，而《公羊》今文學派則為第三期蛻分期。然依時代來說，莊存與生於康熙五十八年，卒於乾隆五十三年；莊述祖生於乾隆十五年，卒於嘉慶二十一年，兩人所處時代正是乾嘉考據學熾盛之時，然而一般學者在討論莊存與及莊述祖時，多將之歸入今文學派，以為其學術根基即在於以《公羊傳》為主的研究。如梁啓超《清代學術概論》自言夏曾佑（1863～1924）曾贈其一詩：「璱人申受出方耕，孤緒微茫接董生。」璱人為龔自珍（1792～1841），申受為劉逢祿（1776～1829），方耕則是莊存與。以莊氏學術為《公羊》學派之濫觴，述祖自亦在列。錢穆（1895～1990）先生《中國近三百年學術史》對莊氏學術的批評則云：

> 莊氏為學，既不屑屑於考據，故不能如乾嘉之篤實，又不能效宋、
> 明先儒尋求義理於語言文字之表，而徒牽綴古經籍以為說，又往往

〔註 1〕述祖生於乾隆十五年十二月十三日，西元為 1751 年 1 月 10 日。錢穆《中國
　　　　近三百年學術史》以其生年為西元 1750 年，微誤。

比附以漢儒之迁怪。……而考據既陷絕境，一時無大智承其弊而導
之變，彷徨回惑之際，乃湊而偶泊焉。其始則爲《公羊》，又轉而爲
今文。〔註2〕

然而此說實有待檢驗，乾嘉考據樸學原是繼承東漢古文學派，著重於文字之
訓詁考據，但其末流卻逐漸流於瑣屑、零碎的弊病。常州今文學派則力主以
《公羊》學思想替代乾嘉學風。常州今文學派的主力中堅爲劉逢祿、宋翔鳳
（1776～1860）、龔自珍等人，他們隱奉莊存與爲宗主，依《春秋正辭》立說。
然而學術上由考證入《公羊》今文之轉變風氣並非一蹴而成，在常州學派開
山祖師莊存與身上，我們看到的反而是較多的漢學家氣息，而莊存與之姪莊
述祖，更是以文字考據著稱，皆非純粹的今文學者，因此，莊氏學術對扭轉
乾嘉學風，造成今文經學的興盛，是否如梁啓超等人所說的這般重要，是有
待商議的。

　　另外，談到清代對於《詩經》的研究，在乾嘉兩朝，並不是主要的潮流
趨勢，清代《詩經》學最著名的三本著作，馬瑞辰（1777～1853）《毛詩傳箋
通釋》、陳奐（1786～1863）《詩毛氏傳疏》、胡承珙（1776～1832）《毛詩後
箋》均在乾嘉之後才完成。目前乾嘉時期傳世的《詩經》著作，篇幅較小。
雖然在數量上不如前後期的學者，但品質卻也不容忽視。本文主角莊述祖關
於《詩經》學專著的流傳，僅有《毛詩考證》及《周頌口義》，合起來不過七
卷，但這兩本著作均被收入《皇清經解續編》，相對於其他著作得到較多流傳
的機會，也使我們能有較多機會看到莊述祖在《詩經》方面的研究成果。

　　莊述祖的學術取向主要以崇古著稱，他在古文字、《尚書》、〈夏小正〉等
方面有深厚的研究，可以說把清代漢學家研究的方向更往古推，並在這方面
取得不錯的成績。然而莊述祖的著作並未得到廣泛流傳。傅斯年圖書館收藏
有莊述祖道光年間刊本《珍藝宧遺書》，並將其掃描成電子檔，方便學者使用。
本文的寫作即擬針對莊氏兩本《詩經》著作，並旁及其他著述，如《珍藝宧
文鈔》、《五經小學述》等書所提到關於《詩經》的議題，做一番統整，以期
能明瞭莊述祖在《詩經》研究方面所取得的成就，及其在清代乾嘉時期《詩
經》學史之地位。

　　莊述祖在經學上的成就主要在於透過經典的研究，推崇先秦之前的古文

<hr />

〔註2〕錢穆著：《中國近三百年學術史》（北京：商務印書館，1997 年），下冊，頁
　　　582。

化。他運用在文字學上的成就，對《詩經》文字進行校訂，撰寫了《毛詩考證》一書，該書以《經典釋文》、《毛詩正義》及《唐開成石經》所載異文爲主要探討材料，採取當代學者如段玉裁（1735～1815）及阮元（1764～1849）等人的校勘成就。因此，透過對於《毛詩考證》的研究，除了可以了解莊述祖對《詩經》文字的認定之外，亦可看出當時阮元及段玉裁著作的流傳廣度。除了文字考訂方面，在《周頌口義》這本書中，莊述祖運用他在研究《尙書》及《逸周書》等秦漢古籍所獲得的知識，與《周頌》的記載相互印證，顯示出他對周代文化的深入了解，並藉此闡述他的政治理想。另外，在莊述祖個人文集《珍藝宧文鈔》中，他也針對《詩經》部份篇章進行論述，亦可看出莊述祖對《詩經》研究的取向，諸如他對《毛傳》、鄭《箋》以及《毛詩正義》的取捨，對《詩序》的判別，以及他個人解詩的一些創見發明，內容雖然不多，但卻相當珍貴，自然不容輕易帶過。

　　以上所論，是研究莊述祖《詩經》學所預見的收獲。透過這些研究，可以豐富乾嘉兩朝在《詩經》研究上的成果，並了解到莊述祖之學術在常州今文學初期階段仍帶有濃厚的漢學家性格，儘管後人多以爲劉逢祿、宋翔鳳曾問業於莊述祖關於《公羊傳》的義理見解，而推斷述祖對《公羊》學頗感興趣，但在述祖流傳下來的著作中來看，今文思想並不能代表其學術的重點所在，過分強調莊述祖對劉、宋兩人的影響，似乎偏離了他應有的學術取向。

　　因此，本文主要研究目的除了欲一窺莊述祖的《詩經》學面貌外，亦期望透過本文研究，還給莊述祖原本該有的漢學家面貌，而不再只是附屬於常州《公羊》派之下一位掛名的開山祖師。另外，在從戴震到馬瑞辰、陳奐、胡承珙等人的著作問世期間，《詩經》研究似乎沈寂了一段時日，現在一些主要介紹《詩經》研究史的著作，於此段期間皆無特別論述，或只草草提到，令人不免遺憾。莊述祖的《詩經》著作或許並不如幾位大家來得出色，但他扎實穩健的學風，旁徵博引的詮釋途徑，得到許多學人的推崇，有別於當時的研究路數。因此，透過研究莊述祖的《詩經》學，更加豐富清代的《詩經》治學成果，這也是本文所期望預見的結果。

第二節　對莊述祖學術研究之現況分析

　　目前仍未見學術界單獨針對莊述祖《詩經》學作出相關研究之論文，而

各介紹《詩經》學史之著作，亦幾無關於述祖《詩經》學的介紹或評價。大陸學者戴維所著《詩經研究史》，將述祖列入晚清今文學，其章節標題為〈清代後期常州學派與《詩經》今文學〉。戴維對述祖的介紹為：

> 深於經學，最可述者是繼承其父莊存與《春秋公羊》學，並推及于諸經，使今文說不僅局守《春秋》一經，對《尚書》今文發展極有貢獻，著《尚書今古文考證》、《尚書今古文授讀》等書，于《詩經》著《毛詩考證》四卷、《毛詩周頌口義》三卷、《詩紀長編》一卷、《毛詩授讀》三十卷。〔註3〕

戴維所著乃《詩經》研究史，但介紹述祖之《詩經》學，卻無任何一言說及其《詩經》學特色，僅提及對《公羊》學的貢獻。況且，存與乃述祖伯父，戴維卻誤植為其父，而《詩記長編》及《毛詩授讀》未見任何流傳記載，應是未刊本，戴維雖提及卻未說明，足見其對於述祖之《詩經》學的內容，只有表面的認識。

近人在《詩經》學史上對述祖的評論可謂幾乎無所注目，究其原因，多由於學術界專意注目在莊氏學術與晚清《公羊》學的關係上，對於這層關係的探討，論文稍多，但亦多僅在研究整體莊氏常州學術時，附帶說明述祖學術的特質。

美國學者艾爾曼（Benjamin A.Elman）著有《經學、政治和宗族——中華帝國晚期常州今文學派研究》，該書主要探討莊氏家族在今文學上的成就，對於莊氏家族的淵源有相當份量的著墨。其中論述莊述祖的部分，寫道：

> 莊述祖與學術主流派——考據學者一樣，承認古文經學的重要性，但並未因此成為口頭上的今文經學信徒。不過，與莊存與不同，他是用當時漢學家的考據話語來研究今文經學。〔註4〕

艾爾曼是以古今文過渡性質看待述祖的學術思想，雖然他看出述祖學術成就主要在考據之學，非純粹之今文學者，但他又認為莊存與的思想是通過莊述祖傳授給劉逢祿、宋翔鳳等人，因此評論述祖之學術，主要仍是依循《公羊》思想來作評斷。

日本學者濱久雄曾撰有〈清代《公羊》學的繼承——莊述祖的學問與思

〔註3〕戴維著：《詩經研究史》（湖南教育出版社，2001年），頁583。

〔註4〕〔美〕艾爾曼著，趙剛譯：《經學、政治和宗族——中華帝國晚期常州今文學派研究》（江蘇人民出版社，2005年），頁138。

想〉一文，以莊述祖爲單獨研究對象，專門討論其學術思想。但從其論文標題即可看出，濱久雄是把莊述祖歸入《公羊》學派的學者。濱久雄說道：

> 莊述祖雖然沒有關於《春秋公羊傳》方面的專著，卻有《明堂陰陽夏小正經傳考釋》、《說文古籀疏證》、《說文今古文考證》（按：應爲《尚書今古文考證》）以及收錄在《皇清經解續篇》中的《毛詩考證》、《毛詩周頌口義》、《五經小學述》等多數的著作。而在這些作品中，莊述祖每每引用《春秋公羊傳》，其闡明祖述何休之學的爲學立場這點，實不容忽視。〔註5〕

濱久雄這篇論文寫作於 1984 年，代表學術界較早期的觀點，他以爲莊述祖是常州學派，自然是信奉今文學的，然而面對述祖自言「以古文之大小篆，校定其經文」的說法時，他以爲就文字演變過程來說，今文學以口傳相承，理當也有改古文爲今文者，故以古文大小篆校訂經文，未必會與今文學相矛盾，可見他是頗爲堅持述祖的今文學立場。

　　對莊述祖學術地位重新提出評價的是蔡長林先生的博士論文《常州莊氏學術新論》，他以爲莊氏家族影響常州今文學最重要的人應是莊述祖，而非莊存與。他指出：

> 民國以來論經今文學，祖溯其源，總免不了被推爲晚清今文學之祖的莊存與，其學術興味與後起今文家可謂大異其趣。存與從子莊述祖，學者之研究多未計及，然而常州之攻擊劉歆者，始於述祖。……另外，常州之論學始分今、古者，亦始於述祖。……是逢祿始識兩漢今古文流別，攻擊劉歆，開常州學術今文門徑，不可謂非由述祖導其先路。然述祖雖有崇漢學之處，亦不專以今文爲是，其經說於關鍵處，亦每異於後起今文家。〔註6〕

又云：

> 莊氏家學今文意識之萌芽，顯然是激發於述祖爲維護家族思想而與當時漢學家的辯論當中。至於今文經學的的成立與開展，則主要是表現在劉、宋之深化及引申存與、述祖學問時。〔註7〕

〔註5〕林慶彰主編：《經學研究論叢》（臺北：臺灣學生書局，2002 年），第十輯，頁86。

〔註6〕蔡長林撰：《常州莊氏學術新論》（臺灣大學中國文學研究所博士論文，2000年），頁 13～14。

〔註7〕同上註，頁 17。

蔡長林先生提出莊氏學術與龔自珍、魏源（1794～1857）、康有爲（1858～1927）
等人所論，實爲不同之學術型態，當然，莊氏學術有爲晚清今文學所繼承者，
但以現存通行的晚清今文學研究模式探討莊氏學術，並不是一個認識莊氏學
術，乃至於掌握晚清今文學興起的最好方式。

　　鍾彩鈞先生〈宋翔鳳的生平與師友〉〔註8〕一文中，曾經歸納莊述祖學術
的三項特色。一爲崇古，二爲由經學而哲學，三爲以家法治經。「崇古」的確是
莊述祖學術重要特色。而所謂由經學而哲學，即是由訓詁入義理。至於所謂家
法者，當表現在莊存與之學術影響，但與後世《公羊》今文學風是有不同的。
述祖不薄古文，亦不主張分古今文門戶，鍾先生舉述祖〈鄭氏家法序〉云：

> 建元以還，廣置博士，發策設科，儒林侯興。由是專門名家，五經
> 嶽立，各相涇渭，通人不嘉。鄭君獨博稽六藝之文，爲之注疏。剖
> 析眾說，兼綜百家，略揃誤文，推廣疑義。揆厥原委，典禮以行。

〔註9〕

從述祖推許鄭玄（127～200）兼綜百家來看，可見他的治學理想是不墨守一
家的。

　　大陸學者黃開國與魯智金二人合撰〈莊述祖的經學思想〉一文，歸納述
祖治學特色有二：以漢學爲根株，說經宗西漢。所謂漢學乃指小學，亦即漢
學家重視文字訓詁的特色。但兩人以爲述祖推重鄭玄，治經以鄭玄爲宗。述
祖雖曾在〈鄭氏家法序〉中稱讚鄭玄，兼綜百家，但此乃讚許他不專主一家
之說，其實述祖說經並不依鄭玄立說，相反地，述祖對於鄭玄許多說法是不
認同的，此點將會在論述《周頌口義》時說明。至於以西漢爲宗，其範圍亦
稍狹隘。述祖曾明確表示劉歆（約前53～23）竄亂六經，對劉歆批評頗多。
二人又以爲：

> 僅從莊述祖對劉歆竄改〈世俘〉的批評中，我們就可以看到他的批
> 評已經包含了劉逢祿及其晚清《公羊》學批評劉歆的一些重要論點。

〔註10〕

晚清《公羊》學是以劉歆爲經學變質的主要罪人，但述祖的批評，代表的是

〔註8〕國立中山大學清代學術研究中心主編：《清代學術論叢》（臺北：文津出版社，
　　　2002年），第三輯，頁157～176。
〔註9〕《珍藝宦文鈔》（道光年間令舫刊本），卷五，頁15。
〔註10〕黃開國、魯智金合撰：〈莊述祖的經學思想〉《杭州師範學院學報・社會科學
　　　版》，2006年第3期，頁25～26。

他個人崇古的學術觀點，是由於東漢經說常與西漢及先秦的說法兜不攏，於是探尋其因，只得歸咎於劉歆。因此，可以說述祖對劉歆的批評啓發《公羊》學派思考立說的路徑，但若將述祖歸入《公羊》學派，則需要更多的關聯證據。

　　綜合以上關於莊述祖之研究來看，學者感興趣的方向主要仍在於莊述祖與今文學派之間的關係。過去部分學者過於強調述祖與今文學派的關係，但蔡長林先生的研究已爲我們掃除初步的迷思障礙。莊氏學術作爲常州今文學的開端，有其重要的價值存在，但開端自是開端，應把開端當作開端去發掘，不可將事後的發展模式用來套在這開端之上。蔡長林先生指出：

> 學者對常州過於簡化的敘述，導致有將常州學術簡單地化約成《公羊》學的危險，甚至有目之爲晚清變法改革之先驅者，而常州之所以爲常州者，反不見學者措意焉。〔註11〕

有鑑於此，本文特將述祖學術中關於《詩經》研究之一環，予以單獨提出討論分析，以期與晚清今文學者之間的差異與傳承作比較，並恢復述祖《詩經》學應有的本來面貌。

第三節　研究方法及範圍

　　本論文乃以莊述祖關於《詩經》的著作爲主要研究範圍，其中現存者有《毛詩考證》、《周頌口義》、《珍藝宧文鈔》、《五經小學述》等著作。另外，對於莊述祖其他傳世著作，其中若有關於《詩經》的論述也一併納入研究範圍。而關於述祖的相關著作，主要散見於《皇清經解續編》、《續修四庫全書》及其他叢書之中。台北中央研究院傅斯年圖書館收藏有道光年間《珍藝宧遺書》刊本，是目前國內僅見莊述祖著作的善本古籍。故本論文主要材料便是以上述幾種典籍爲爲主要研究內容，採取觀察、歸納、分析方法，建構莊述祖《詩經》學的研究內容及概要。

　　再者，經學的研究是建築在歷代學者的心血之上，現存著作中，漢朝的《毛傳》、鄭《箋》，唐朝的《毛詩正義》，乃至宋人、明人及清人的研究，皆在前人的腳步上，逐步加深加廣，由此產生出漢學、宋學及清學的不同。了解前人的說法，更可清楚後人所論述的梗概何在。因此，本論文除莊述祖本

〔註11〕蔡長林撰：《常州莊氏學術新論》，頁19。

人著作外，更採取溯源方式，針對莊述祖之前的《詩經》重點著作，將收錄於《通志堂經解》、《四庫全書》、《皇清經解》、《皇清經解續編》、《續修四庫全書》之中數十種《詩經》重點著作，均予以閱覽分析，希望透過這些基礎工作，可以了解《詩經》議題發生的前因後果，俾更清楚莊述祖《詩經》學所論述的重點及承襲，或有別於前人的觀點，期能更透析莊述祖《詩經》學的面貌。

除了專書著作的閱讀外，清代學者之間的書信往來也是閱讀的重點。清代一些著名學者，彼此常藉書信互相問難，或抒發讀書心得，或懇請解答疑惑，或爲作品序跋。這部份的資料相當豐富，但卻也十分龐雜。因此，筆者擬就與莊述祖有直接往來的學者及學生子嗣，閱讀其文集作品，特別以《詩經》方面的記載爲主，察探當代學者對其學說的接受度，以利更全面了解莊述祖的《詩經》學成績。

述祖之學術基礎是建立在文字校勘之上，他善於校書，利用文字及版本學的知識，對《詩經》、《尙書》文本進行文字之考證及校勘。因此研究述祖《詩經》之校勘學，以文字、聲韻、訓詁之法考校其說，是相當重要的方法。再者，述祖對鐘鼎銘文有深入研究，對古文字運用得心應手，他亦善於利用王國維（1877～1927）先生二重證據法原理，對照鐘鼎銘文演申經義。幸而今日出土文字較乾嘉時期更爲豐富，因此，欲考校述祖之說，亦得以二重證據法再次檢視述祖以古文字知識解說《詩》義的部分，並判別其價值。又五經乃息息相關之學術，本文亦將特別重視述祖經典互證的學風，檢視其以《書》解《詩》，以《禮》解《詩》之脈絡。另外，本論文的研究方法，亦曾受到一些當代學術觀點的啓發與潛在的影響，包括主張「部分加部分絕不等於全體，而必須加上關係」的完形心理學派（格式塔心理學派）；「讀者可自由進入文本」之解構理論（Deconstruction）；並受到後結構主義（Post Structuralism）的影響，希望能跳脫二元對立的觀念來探討述祖思想中今文與古文的關係。

故本論文便以莊述祖《詩經》著作爲研究範圍，希望透過對莊述祖《詩經》研究加以爬梳整理，析其脈絡，冀得述祖對於《詩經》學術研究的眞貌。全文共分爲六章，分別爲：

第壹章〈緒論〉：本章主要論述本論文之研究動機與目的，對莊述祖學術研究相關文獻之分析以及研究方法與範圍。

第貳章〈莊述祖生平、著作及師友淵源〉：針對莊述祖生平事蹟及學術養

成歷程作分析介紹，對莊述祖之師友淵源亦作重點介紹，以助了解其學術性格。另外並對莊述祖之著作存佚情形作一釐清。

第參章〈《毛詩》文字考證之評述〉：針對莊述祖《毛詩考證》全部條文及《五經小學述》關於《詩經》之解說，逐條進行分析，除探討述祖對於《毛詩》異文之考證方法外，並參考歷代學者之意見，再根據新近出土文字資料及歷代相關典籍資料，爲《毛詩》異文作一銓定。

第肆章〈《詩經》篇章大義之闡述〉：本章共分兩部分，前三節針對莊述祖《周頌口義》中討論《周頌》之大義內容，逐條進行說明，並參照其他學者說法，探明其說之源流，以期更明白述祖闡述《周頌》之特點所在。第四節針對莊述祖《珍藝宧文鈔》中關於《詩經》之解說，逐條進行分析說明。此部分詩歌涵蓋《國風》、大小《雅》及《商頌》，更可歸納出述祖對《詩經》之整體學風。

第伍章〈莊述祖《詩經》學之分析、影響與評價〉：本章共分四節討論。第一節討論述祖對於《毛詩》異文考證之分析；第二節討論述祖詮釋《詩經》之方法及重點歸納；第三節探討述祖《詩經》學觀點對後世學者的影響；第四節則歸納時人及後世學者對述祖《詩經》學的評價，並提出自己的評論，以重新檢視述祖《詩經》學在《詩經》研究史上的地位。

第陸章〈結語〉：綜合全文的論述，敘述研究的結果與心得。

第貳章　莊述祖生平、著作及師友淵源

第一節　莊述祖生平經歷及著作

　　莊述祖，字葆琛，所居名珍藝宦，故號珍藝，學者多稱珍藝先生，晚號
彊齋。李兆洛（1769～1841）撰有〈莊珍藝先生傳〉，傳云：

> 先生姓莊氏，名述祖，字葆琛。先世自金壇遷常州府武進縣，遂著
> 籍。五世祖廷臣，天啟中名臣，終湖廣左布政。祖柱，皇贈光祿大
> 夫、浙江海防兵備道。父培因，翰林院侍講學士。世父存與，禮部
> 侍郎。先生十歲而孤，力學自守，不屑榮利。乾隆丁酉，中江南鄉
> 試。庚子，成進士。歸班銓選。庚戌，謁選得山東昌樂縣，辛亥之
> 任，逾年調濰縣，明暢吏治，刑獄得中，豪猾斂跡。嘗勘鹼地，眾
> 以為斥鹵也，先生指路旁草問何名？曰：「馬帚。」先生笑曰：「此
> 於經名荓，〈夏正〉以荓秀記時，凡沙土草荓者宜禾，何謂鹼？」眾
> 皆服。甲寅，以卓異引見，還檄授曹州府桃源同知。不一月，呈請
> 終養。丁巳七月歸，著書色養者十六年，未嘗一日離左右。嘉慶二
> 十一年六月廿三日卒。侍郎公博通六養，高朗闊達，於聖人微言奧
> 義，能深探而擴言之。先生淵源既邃，益研求精密，於世儒所忽、
> 不經意者，蹈閒覃思，獨闢天地，以為《連山》亡而尚存〈夏小正〉，
> 《歸藏》亡而尚有倉頡古文，略可稽求義類，故著《夏小正經傳考
> 釋》，以斗柄、南門、織女記天行之不變，以參中、火中記日度之差，
> 以二月丁卯知夏時以正月甲寅啟蟄為歷，元歲祭為郊，萬用入學為

禘，博覽載籍，精思而串貫之。著《古文甲乙篇》，謂許叔重始一終
亥，偏旁條例，所由出日辰幹支，黃帝世大撓所作沮誦，蒼頡名之，
以易結繩，伏羲畫八卦，作十言之教之後，以此三十二類爲正名百
物之本。故《歸藏》爲黃帝《易》。就許氏偏旁條例，以幹支別爲序
次，凡許書所存及見於金石文字者，分別部居，各就條理，皆義理
宏達，洞見原本，爲前賢所未有。五經悉所有撰著，旁及《逸周書》、
《尚書大傳》、《史記》、《白虎通》，於其舛句、訛字、佚文、脫簡，
易次換第，草雉腋補，咸有証據，無不疏通，曠然思慮之表，若面
稽古人而整比之也。所著書三十七種，若干卷，惟〈夏小正〉已具
甲乙篇，未竟而修理粗備，俟有志者成之。餘皆啓其端緒，引而申
之者存乎其人焉。〔註1〕

李兆洛所撰傳記，前半部簡單敘說述祖生平，後半部著重於申論述祖學術取
向及著作，本節則先介紹述祖生平事跡及學術培養之歷程，第二節方介紹其
師友淵源。

　　述祖生於乾隆十五年十二月十三日，卒於嘉慶二十一年六月廿三日，排
行第一，壽六十七。其父莊培因（1723～1759），字本淳，爲存與弟，莊柱
（1690～1759）次子。生於雍正元年，卒於乾隆二十四年，壽三十七。述祖
爲常州武進縣人，武進舊稱毗陵。莊氏一族多居武進境內，述祖五世祖莊廷
臣（1559～1643）曾於明朝任官，但在明末清初之際，莊家一度偃蹇。到述
祖祖父莊柱之時，家聲漸振。莊柱五兄弟中，出進士三人，舉人、副榜各一。
乾隆六年，莊柱於溫州知府內任引疾歸里，教其子存與、培因讀書。存與於
乾隆十年中一甲二名進士，培因則於乾隆十九年高中狀元，自此莊氏家族聲
名大顯。然好景不常，乾隆二十四年，莊柱卒於武進家中，培因哀毀不食者
七八日，尋亦亡故，朝野咸痛惜之，培因岳父彭啓豐（1701～1784）撰有〈翰
林院侍講學士莊本淳婿墓志銘〉，云：

本淳爲余婿二十年。余宦京師得相日夕者數載，迨本淳成進士而余
適引告歸，送至蘆溝而別。越二年，本淳奉使典闈試。又二年，復
奉使督閩學政。凡兩見余于里門。至其以奔喪歸也，余往舟中唁視，
會已病體屛弱，贏瘵不能支。閱三日而訃至。余甚悲，既爲詩以哭
之。今其孤述祖以狀來乞銘，余固當銘者，何可辭。……本淳性廉

〔註1〕〔清〕李兆洛撰：《續修四庫全書・養一齋文集》，冊1495，頁240～241。

潔，未嘗輕受人饋遺。官內翰七年，有謹厚稱，敦氣誼，喜賓客，
索書文者履綦錯階下。赴人急，如飢渴，橐中金常罄，不惜也。兼
通曲藝，知聲音。凡鼓琴、度曲、彈綦、六博之戲，一試，靡不工。
南村公訓子嚴，家書中時引馬伏波書以戒。及入詞館，邀主眷，益
自斂飭。余歸里後，屢詢北來者，知其器識學問日更進，謂不久當
大用，而孰知其止于是哉。其沒也，自朝中士大夫以及知父族黨，
無不欷歔泣下。卒之年三十有七。……今以十二月初四日葬于德澤
鄉青山莊之原。〔註2〕

莊培因死時，述祖方十歲，可謂少孤。而據彭啓豐所撰墓誌銘，可以看出莊
培因是個謹厚稱、敦氣誼，勤學多藝的才子，且對自己的要求甚高，器識學
問均有相當涵養。雖然墓誌銘所言不免有過諛之嫌，然述祖早年喪父，無法
多見其父風采，在母親、家人調教之下，父親形象之建立當與墓誌銘所述無
大差別，故莊培因謹厚的個性當亦得以體現於述祖身上。

　　莊培因死後，述祖便在武進家中讀塾，直至三十一歲時方中進士，然卻
為阿桂（1717～1797）誤會，殿卷名次不前，歸班詮選。宋翔鳳〈莊珍藝先
生行狀〉載其事云：

乾隆丁酉，以官卷中江南鄉試，庚子成進士。相國阿桂公以先生故
人子，欲羅致之，避嫌不往謁。時和相用事，阿公之門下士稍稍去，
亦以是疑先生。殿試卷已擬進呈，後卒置十卷，後引見，歸班詮選，
先生遂歸，奉母以居。〔註3〕

據《清代職官年表》所載，乾隆四十五年之閱卷官正是阿桂，莊述祖的殿試
名次本可名列前茅，卻因阿桂誤會他可能投靠和珅（1764～1799）陣營，遂
把述祖的試卷改置入二甲之中，因而也失去了進入翰林院的機會。在試場上
的不得意，使述祖一度失志，述祖〈亡妻倪孺人家傳〉言：

余屢見黜于有司，及成進士，又退歸，輒為之氣沮焉！〔註4〕

〈先妣彭恭人行述〉亦有云：

四十五年成進士，歸班銓選。自念先人兩世揚歷清華，而不肖甘為

〔註2〕〔清〕莊培因撰：《虛一齋集》（光緒九年刊本），前附。
〔註3〕〔清〕宋翔鳳撰：《樸學齋文錄・莊珍藝先生行狀》（臺北：聖環圖書公司影
　　　印《浮谿精舍叢書》，1998年），卷三，頁14。
〔註4〕《珍藝宧文鈔》，卷七，頁18。

下人，歸見吾母，狀有愧色。吾母慰之曰：「汝何不知足耶？汝十歲
而孤，又幼失學，吾何嘗望汝能成立耶？京朝官况味，吾已備嘗！
他日苟得祿養，亦可慰吾暮景，但患汝不勝其任耳。」不孝受命不
敢忘。〔註5〕

二甲十名進士之格，雖屬難得，然父爲狀元，大伯爲榜眼，對於述祖無形壓
力之大，可以想見。失志之虞，幸賴母親的鼓勵，述祖遂歸里奉母以居，潛
心於學術之研究。述祖於《夏小正經傳考釋》卷首〈序二〉云：

退歸後，乃求所以闚古人之學，莫得其階，不能自己，始從事於漢
人所謂小學家者。先治許氏《說文解字》，稍稍識所附古文，以爲此
李斯未改三代之制之前，倉籀遺文，留什一於千百者也，欲究心焉。

〔註6〕

宋翔鳳〈莊珍藝先生行狀〉云：

從事小學，治許氏書，以先求識字。謂六書之義，轉注、諧聲最繁，
而無定說。用《爾雅》之例，編《說文轉注》。用《廣韻》例，又博
考三代、秦、漢有韻之文，編《說文諧聲》。《說文》之字，以是遂
明，而周秦之書，無不可讀者。遂校《逸周書》，解〈夏小正〉，《詩》、
《書》次第皆有撰著。

可見述祖之學是從小學開始入手的，建立深厚的文字學功力後，再進而研讀
諸經，故述祖的學術是建立在文字訓詁的基礎之上。

青年時期的述祖，亦有愛好文藝的一面，觀其現存詩作，有〈贈牡丹〉、
〈鸚鵡〉、〈蘭〉、〈紅梅花〉、〈夜雨〉等詠物抒情詩，風格典雅細膩，試舉兩
詩：

綠蔭沈沈靜閉門，海棠初謝黯銷魂，酣春燕子啣泥懶，帶雨和花印
爪痕。〈閨怨詞〉〔註7〕

落花步步知多少，小燕飛飛任去留，怪得朝來渾似醉，欲消愁處益
增愁。〈清光須待玉人來〉〔註8〕

此等詩風與述祖精通浩博的儒者風範有相當落差。不過年少時的述祖，也曾

〔註5〕同上註，頁13。
〔註6〕同上註，卷五，頁3。
〔註7〕《珍藝宧詩鈔》，卷一，頁4。
〔註8〕同上註，頁5。

表現志節高尚的一面，如述祖十七歲時所作之〈臘梅〉詩云：

> 天教百卉讓芳妍，鼻觀清香次第禪。春到嶺梅消息好，此花早已獨
> 開先。〔註9〕

同樣是詠物之作，〈臘梅〉詩隱含述祖對自身志節的期許，於是其母彭氏乃讚云：「此非功名中人語也。」〔註10〕大概青年時的述祖，尚未體會現實官場的黑暗，對自身期許頗高，亦喜附庸風雅。然而在經歷仕途不遂的打擊後，述祖一改爲學風尙，開始立志研讀經典，宋翔鳳〈莊珍藝先生行狀〉云：

> 先是于經學之外，制詩賦詞章甚富，以不入翰林，遂棄去。

述祖《珍藝宧詩鈔·臘梅》詩自注亦有云：

> 迄今二十年，頑然之質無所成就，追念遺訓，抱痛於心，而寥落疾
> 病之餘，有見於外物之不足恃，始知向所從事者，雖早夜孜孜，適
> 足以墮志而去，聖賢之道日遠也。〔註11〕

這大概是乾隆五十一年，述祖三十七歲時所記。隔年，述祖便寫下〈珍藝宧詩〉以表明爲學之志向：

> 吾聞昔人慕東觀，謂之藏室蓬萊山。嬋嬛宛委目未睹，金銀宮闕非人
> 間。求之汗漫不可得，退處一室思訂頑。昭然先覺若日出，人我戶牖
> 開心顏。著在簡編藝有六，漢承秦弊傳之艱。專門名儒相授受，朽折
> 散絕重瞵編。祕府古文迄泯滅，向歆力薄新莠奸。于嗟乎！自秦無全
> 經，至晉無全傳，使我悢悢然，冥行擿埴窮追攀。詩毛禮戴春秋高赤
> 傳，至今存者猶班班。後來輩出顧居上，各阿所好私相扳。末師非古
> 務剿說，羿殼未入弓已彎。汗牛充棟費歲月，醫龂驢券宜從刪。聖賢
> 以心詔萬世，我心皆備夫何患？不然讀書萬卷虛車耳，豈得捫茲珍御
> 超塵寰？作爲長歌銘座隅，勿以古人糟粕來譏訕。〔註12〕

此乃理解述祖學行相當重要的一首詩。大抵就在此時，述祖對小學已有所得，於是開始潛心鑽研經學。且在〈珍藝宧詩〉中亦明確表明述祖的學術主張：《詩》崇毛，《禮》尊大小戴，而《春秋》不言《左傳》，述祖〈讀左雜詠〉亦云：

〔註9〕同上註，頁24。
〔註10〕同上註。
〔註11〕同上註。
〔註12〕同上註，卷二，頁1。

> 赤唯傳大義，高獨受微言……
>
> 柏舟廊邶邶，魯故短于毛。〔註13〕

以爲《春秋》傳微言大義者在於《公羊》、《穀梁》二傳，而《魯詩》說法短於《毛詩》，可見述祖對今古文並無特別區分喜好。

　　乾隆五十四年，述祖再度入京，待選于吏部。次年，獲選甘肅崇信縣知縣，以親老請改補近省，遂改山東省昌樂縣，乾隆五十七年再調山東濰縣，乾隆五十九年，述祖以卓異送部引見，卻因不拜和珅，記名籤遭和珅撤消，只得再回濰縣。宋翔鳳〈莊珍藝先生行狀〉有云：

> 甲寅歲大計，以卓異薦，引見。奉旨交軍機處記名。同時記名者，
> 必候和珅門，叩頭橋前。獨先生與雲南知州屠君申不往。屠君以知
> 州升通判，實則降一階。先生記名籤爲和珅所撤。

北京圖書館中藏有魏源《古微堂文稿》手稿，其中爲莊存與《味經齋遺書》所作之序提到莊存與及和珅不合。但在後來刊行的《味經齋遺書》裡，這段序言中有關和珅的部份被刪去了，當是事涉敏感，出於莊家的要求而刪除此段記載。然亦可看出莊家與和珅之間宿怨積深。述祖仕進之途屢次受阻，自此之後，遂無意於功名。嘉慶二年，述祖四十八歲，便請歸終養，離任南歸。兩年後，和珅伏誅，軍機處補述祖記名檔，朝中有欲起者，皆辭不就。〈莊珍藝先生行狀〉有云：

> 今上親政，章京有知其事者始補入，而先生已乞終養矣，以進士家
> 居，時梁階平相國欲使應召試官山東，時畢秋颿撫部，欲以府同知
> 題薦，皆辭不就。蓋非淡於榮進，恐以奔竟之習喪所守也。

官場的黑暗，讓述祖對前途失去信心，從此不復仕進，潛心著書，並在武進教育後進學子，劉逢祿、宋翔鳳、莊綏甲（1774～1829）、張惠言（1761～1802）之子張成孫（1789～?），皆於此時從學于述祖，可知述祖所教不限於莊氏一族。嘉慶二十一年，述祖卒于武進，享年六十七歲，敕授文林郎，貤贈光祿大夫。

　　茲將莊述祖生平事跡作一簡單年表，如下：

紀年	述祖年齡	重要記事
乾隆十四年	一歲	述祖於十二月十三日生于北京
乾隆二十三年	九歲	述祖及其母彭氏返回武進居留，述祖始入家塾隨莊

〔註13〕同上註，頁22。

		逢原（1735～1795，存與長子）學
乾隆二十四年	十歲	述祖祖父柱及父親培因先後卒于武進
乾隆三十四年	二十歲	述祖妻倪氏來歸
乾隆四十二年	二十八歲	述祖在南京中舉，並曾以所校《白虎通》往謁盧文弨（1717～1796）。
乾隆四十五年	三十一歲	述祖中進士，但為阿桂所阻，殿卷名次不前，歸班詮選。遂歸里奉母以居，潛心經學、小學。
乾隆四十六年	三十二歲	始從事〈夏小正〉研究
乾隆五十一年	三十七歲	述祖在武進家塾課弟子讀，臧庸（1767～1811）從述祖學。述祖於此年自注十七歲時舊作〈臘梅〉詩，是述祖學行事跡重要參考。
乾隆五十二年	三十八歲	述祖約于本年晉京候選，作〈珍藝宧詩〉，表明治學方向。
乾隆五十三年	三十九歲	莊存與卒于武進。
乾隆五十四年	四十歲	述祖至京，待選于吏部。妻倪氏卒于武進。
乾隆五十五年	四十一歲	述祖選甘肅崇信縣知縣，以親老改補山東青州府昌樂縣知縣缺。
乾隆五十六年	四十二歲	述祖奉母赴昌樂縣任，旋任益都。
乾隆五十七年	四十三歲	述祖任山東鄉試同考官，濰縣知縣。
乾隆五十八年	四十四歲	阮元之濟南山東學政任，嘗晤述祖。
乾隆五十九年	四十五歲	述祖以卓異送部引見，卻因不拜和珅，記名籤遭撤。
嘉慶二年	四十八歲	述祖請歸終養，返回武進。繼配吳氏來歸。
嘉慶四年	五十歲	乾隆崩，和珅自盡。軍機處補述祖記名檔，然述祖辭不就。
嘉慶十四年	六十歲	述祖刻《明堂陰陽夏小正經傳考釋》系列之一部分，並著《古文甲乙篇》以為《歸藏》為黃帝之《易》，古籀條例皆由此出。
嘉慶十七年	六十三歲	母彭氏夫人卒。
嘉慶十九年	六十五歲	述祖補刻《明堂陰陽夏小正經傳考釋》系列未刻部分。
嘉慶二十一年	六十七歲	述祖卒于武進。

據宋翔鳳〈莊珍藝先生行狀〉記載述祖的著作如下：

（一）《尚書今文授讀》四卷：未見刊行。

（二）《尚書記章句》一卷：未見刊行。

（三）《尚書今古文考證》一卷：道光十六年刊，收錄於《珍藝宦遺書》
第四、五冊。共七卷，與翔鳳所言卷數有異，其中可能有混雜述
祖其他《尚書》著作。《續修四庫全書》據之影印。

（四）《尚書雜義》一卷：未見刊行。

（五）《校尚書大傳》三卷：未見刊行。

（六）《校逸周書》十卷：未見刊行。

（七）《書序說義考注》二卷：未見刊行。然《珍藝宦文鈔》卷三全為針
對《尚書》各篇之《序》所作之解說，疑為其初稿。

（八）《毛詩授讀》三十卷：未見刊行，莊述祖《毛詩考證》有引《毛詩
長義》之文，疑其別名。

（九）《毛詩口義》三卷：又名《毛詩周頌口義》或簡稱《周頌口義》，
道光十五年刊，收錄於《珍藝宦遺書》第七、八、九冊。光緒十
四年王先謙（1842～1917）所刻《皇清經解續編》收有此書。

（十）《毛詩考證》四卷：道光十六年刊。收錄於《珍藝宦遺書》第六冊。
光緒十四年王先謙所刻《皇清經解續編》收有此書。

（十一）《詩記長編》一卷：未見刊行。疑《珍藝宦文鈔》卷四論《詩經》
之內容即為其初稿。

（十二）《樂記廣義》一卷：未見刊行。

（十三）《左傳補注》一卷：未見刊行。

（十四）《穀梁考異》二卷：未見刊行。

（十五）《五經小學術》一卷：道光十六年刊，收錄於《珍藝宦遺書》第
十冊。光緒十四年王先謙所刻《皇清經解續編》收有此書，卷數
為二卷。

（十六）《五經疑義》一卷：未見刊行。

（十七）《特牲饋食禮節記》一卷：未見刊行。

（十八）《論語集解別記》二卷：未見刊行。

（十九）《明堂陰陽夏小正經傳考釋》十一卷：收錄於《珍藝宦遺書》第
一至三冊。其中有《夏時明堂陰陽經》一卷，嘉慶十四年刊；《夏
時說義》上下二卷，嘉慶十四年刊；《夏小正等例文句音義》六
卷，道光十年刊；《夏小正等例》（又名《夏時等例說》）一卷，
道光十年刊。全書卷數共為十卷，與翔鳳所言卷數有異。

（二十）《明堂陰陽記長編》十卷：疑爲未刊稿本。

（二十一）《古文甲乙篇》四卷：又名《說文古籀疏證目》，此書乃《說文古籀疏證》初稿。收錄於《珍藝宧遺書》第十一冊。

（二十二）《甲乙篇偏旁條例》二十五卷：此書疑爲《說文古籀疏證》之長編初稿，未刊。

（二十三）《說文古籀疏證》二十五卷：《毗陵書目》云：「《說文古籀疏證》六卷。……初名《古文甲乙編》，未成書，無卷數。吳縣潘氏釐爲六卷刊之。」吳縣潘氏即光緒中之吳縣潘祖蔭（1830～1890）所輯之《功順堂叢書》收有此書。《續修四庫全書》亦收錄。但皆僅六卷本，與二十五卷差異甚大。莊述祖《毛詩考證》一書中所引《說文古籀疏證》資料，多不見於六卷本中，可見散失之多。〔註14〕

（二十四）《說文諧聲考》一卷：未見刊行。

（二十五）《說文轉注》二十卷；未見刊行。

（二十六）《鍾鼎彝器釋文》一卷：未見刊行。

（二十七）《石鼓然疑》一卷：道光十四年刊，收錄於《珍藝宧遺書》第十一冊。宋翔鳳輯刊《浮谿精舍叢書》、民國十四錢塘汪大鈞（1860～1911）輯刊《食舊堂叢書》均收入此書。

（二十八）《聲字類苑》一卷：未見刊行。

（二十九）《弟子職集解》一卷：道光十一年刊，收錄於《珍藝宧遺書》第十一冊。中華書局《叢書集成初編》據式訓堂叢書本排印收有此書。

（三十）《校正列女傳凡首》一卷：未見刊行。

（三十一）《校正白虎通別錄》三卷：此書疑即《白虎通德論・闕文》一卷，收錄於嘉慶本《廣漢魏叢書》之中。《白虎通考》一卷、《闕文》一卷，有嘉慶間餘姚盧文弨刊本。

（三十二）《史記決疑》五卷：未見刊行。

（三十三）《天官書補考》一卷：未見刊行。

〔註14〕李慈銘云：「莊氏《珍藝宧叢書》中僅刻《古文甲乙篇目例》，此本未成之槁，約存十之五六，奇零叢雜，全無首尾。」見《越縵堂讀書記》（臺北：世界書局，1961 年），中冊，頁 518。

（三十四）《校訂孔子世家》一卷：未見刊行。

（三十五）《歷代載籍足徵錄》一卷：道光十五年刊，收錄於《珍藝宧遺書》第十冊。光緒中貴築楊調元（1855～1911）輯刊《訓纂堂叢書》收有此書。

（三十六）《漢鐃歌句解》一卷：又名《漢鼓吹鐃歌曲句解》，道光十四年刊，收錄於《珍藝宧遺書》第十一冊。

（三十七）詩集三卷：此即《珍藝宧詩鈔》，道光十四年刊，收錄於《珍藝宧遺書》第十六冊。《續修四庫全書》據之影印，然卷數但有兩卷，與宋翔鳳所言有異。

（三十八）文集四卷：此即《珍藝宧文鈔》，收錄於《珍藝宧遺書》第十二至十六冊。《續修四庫全書》據之影印，然卷數有七卷，與宋翔鳳所言有異。疑七卷本中可能雜有述祖《詩經》、《尚書》著作之初稿。

（三十九）輯《鍼膏肓》、《起廢疾》、《發墨守》共七十一條：據盧文弨《抱經堂文集》卷七〈題鍼膏肓起廢疾發墨守〉所言，莊述祖曾輯有此書。

第二節　莊述祖之師友淵源

　　龔自珍〈常州高材篇〉詩云：「天下名士有部落，東南無與常匹儔。」常州學派作為繼乾嘉漢學之後的再一個高峰，是由莊氏家族所帶動而起。莊存與位居廟堂，動見觀瞻，學子莫不奉為典範。而莊述祖雖抑鬱不得志，但廣交當時漢學名儒，學養亦頗受時人推崇，今就莊述祖師友關係較為深厚之學人做一簡單介紹，亦可由此明白述祖為學志趣。

一、莊存與

　　莊存與，字方耕，號養恬。幼年讀書即以古人自期，篤志深邃，窮源入微。乾隆九年舉人，十年一甲二名榜眼及第，授翰林院編修。歷任侍講侍讀學士，詹事府少詹事，內閣學士等官職，以禮部左侍郎致仕而歸。

　　存與高居廟堂，然蕭然儒素，榮利之事，一不干懷。六經四子書皆有撰著，所著有《八卦觀象篇》、《彖象論》、《象傳論》、《繫辭傳論》、《序卦傳論》、《卦氣解》、《尚書既見》、《毛詩說》、《春秋正辭》、《周官記》、《樂說》、《算

法約言》等。道光八年，存與孫莊綬甲刻存與遺著，未刻竣而卒，道光十八年，李兆洛受存與後裔所託，校存與遺著數種，合綬甲所刻者一併刊行，當即今之《味經齋遺書》。

述祖受存與之影響頗深，莊勇成（1723～1800）〈學士仲淳弟傳〉云：

> 仲淳屬纊時，述祖年始八齡，其英俊勤學似父，而渾融沈默，得奉教於方耕。〔註15〕

李兆洛〈附監生考取州吏目莊君綬甲行狀〉亦云：

> 宗伯公經術淵茂，諸經皆有撰述，深造自得，不分別漢宋，必融通聖奧，歸諸至當；而君從父珍藝先生盡傳其業，復旁究〈夏小正〉、《逸周書》，暨古文篆籀之學，皆一代絕業也。〔註16〕

則述祖從存與學是族人、後學皆知之事。而在述祖《周頌口義》中，亦曾自言聞之世父。如論〈清廟〉云：

> 聞之世父曰：顯相者，周公也。

存與以〈清廟〉詩辭中之顯相爲周公〔註17〕，因此述祖便據存與之說強調〈清廟〉詩乃周公率諸侯從成王以祀文王，而非鄭玄、孔穎達所言之周公祭祀文王也。

再者，述祖《周頌口義》一再強調周公純臣之形象，其實這亦由存與之說而來。存與《尚書既見》云：

> 司馬遷嘗讀百篇之《序》，而不知成王、周公之事爲荀卿、蒙恬所亂。漢居秦故地，世習野人之言，於是有周公輔成王朝諸侯圖賜霍光者，成王幼不能踐阼階，遂記於《大》、《小戴記》，而列於學官矣。周公踐阼，君子有知其誣者，而不能知成王即位，其年不幼也。〔註18〕

存與之說幾爲述祖所繼承並發揮。存與但說周公之事爲荀卿、蒙恬所亂，述祖則更增加墨翟、尸佼多位嫌疑人。且《周頌口義》中論及周公之事，幾乎皆是爲存與之說尋找證據，劉逢祿曾作〈歲暮懷人雜詩〉云：「吾鄉大儒宗，好古竟忘耄，味經善識大，珍藝益精眇。」劉逢祿以「善識大」評存與，以「益精眇」評述祖，可見述祖之學術正是建立在存與的基礎之上。

〔註15〕《廬一齋集》，卷首，頁2。
〔註16〕《續修四庫全書・養一齋文集》，冊1495，頁235。
〔註17〕說見莊存與撰：《毛詩說》（光緒八年陽湖刊本），卷二，頁11。
〔註18〕《尚書既見》，卷二，頁6～7。

二、盧文弨

盧文弨，字弨弓，浙江餘姚人。乾隆十七年一甲三名進士，授翰林院編修，上書房行走，歷官左春坊左中允、翰林院侍讀學士，並曾任廣東鄉試正考官，充湖南學政。

盧文弨孝謹篤厚，潛心漢學，所著有《抱經堂集》四十卷、《鍾山箚記》四卷、《龍城箚記》三卷、《廣雅釋天以下注》二卷等。文弨又喜好校書，曾校《逸周書》、《孟子音義》、《荀子》、《呂氏春秋》、《新書》、《韓詩外傳》、《春秋繁露》、《方言》、《白虎通》、《獨斷》、《經典釋文》諸善本，其中亦頗有得力於述祖之處。乾隆四十五年，文弨曾抄錄述祖所輯之何休（129～182）遺著，據《抱經堂文集》卷七〈題鍼膏肓起廢疾發墨守〉云：

> 毗陵進士葆琛述祖，於各經疏所引，廣為搜輯，《鍼膏肓》得廿八條，《起廢疾》得卅八條，《廢墨守》得五條。……歸安丁孝廉小雅，鈔得莊書，並得朱石君學士前任晉藩時所進本，互相校讎。晉本不及莊本採輯之多，而《鍼膏肓》中，有一條尚為莊本所闕，余於是彙而鈔之。

除何休遺著外，述祖亦曾以所校《白虎通》呈盧文弨，並得文弨為其刊刻，《抱經堂文集》卷三〈校刻白虎通序〉云：

> 乾隆丁酉秋（乾隆四十九年），故人子陽湖莊葆琛見余於鍾山講舍，攜有所校《白虎通》本。此書譌謬相沿久矣，葆琛始為之條理而是正之，厥功甚偉。

述祖學問淵源蓋由校書始，其細心採輯之成就，深受盧文弨稱讚，故兩人之交誼即建立在校書之上。

三、段玉裁

段玉裁，字若膺，別號懋堂，別名硯北先生、僑吳老人、長塘湖居士。江蘇金壇人。生於雍正十三年，卒於嘉慶二十年，享壽八十一。

玉裁生而穎悟，讀書有兼人之長。乾隆二十五年舉人，與戴震師友淵源深厚。玉裁治聲音訓詁之學，於周、秦兩代之書無所不覽，積數十年精力，撰成《說文解字注》三十卷。王念孫（1744～1832）曾謂其弟子陳奐云：「若膺死，天下遂無讀書人矣。」可謂推崇備至。段玉裁其他經學著作，尚有重訂《毛詩故訓傳》三十卷、《詩經小學》三十卷、《古文尚書撰異》三十二卷、

《春秋左氏古經》十二卷、《汲古閣說文訂》六卷、《經韻樓集》十二卷等。

　　段玉裁與莊述祖的交誼並無書信流傳，但在兩人著作之中，彼此推重，亦可見一般。述祖於文字考證時有獨到見解，玉裁撰《說文解字注》時便曾取述祖之說，如《說文‧人部》俾字云：「俾，益也。从人，卑聲。一曰：俾，門侍人。」何謂「門侍人」，玉裁初言未聞，後得述祖之說：

　　　近得陽湖莊氏述祖說門侍人當是門持人之誤。挾下曰：俾，持也。

　　　正用此義。按：此條得此校正，可謂渙然冰釋矣。

　　而述祖對玉裁的推崇更不遑多言，在《毛詩考證》一書中，述祖甚採玉裁校訂《詩經》之成果，並云：「喜其先得意所欲言」，蓋有志同道合之喜悅也。另外，述祖在文集中亦頗推崇玉裁分古音十七部的成就，以爲可以補顧炎武《詩本音》之未備。諸此種種，皆可看出兩人學術上彼此的尊重。

四、孫星衍（1753～1818）

　　孫星衍，字淵如，江蘇陽湖人。星衍詩作頗佳，袁枚（1716～1797）品其詩云：「天下奇才！」然星衍不欲以詩名，深究經史、文字、音訓，旁及諸子百家，皆心通其義。

　　星衍爲乾隆五十二年一甲二名進士，授翰林院編修，充三通館理校。星衍個性誠正，無僞言僞行，和珅曾示意欲使往見，星衍不肯，可見其爲人之剛直。星衍博極群書，勤於著疏，金石文字，無不考其原委。積二十二年功力成《尚書今古文注疏》三十九卷，病古文尚書爲梅賾所亂，但取今文尚書爲說，論者以爲其書勝王鳴盛（1722～1797）《尚書後案》。星衍其他撰著有《周易集解》十卷、《夏小正傳校正》三卷、《明堂考》三卷、《考注春秋別典》十五卷、《爾雅廣雅古訓韻編》五卷、《魏三體石經殘字考》一卷、《史記天官書考證》十卷、《金石萃編》二十卷、《續古文苑》二十卷、《問字堂文稿》五卷、《岱南閣文稿》五卷、《五松園文稿》一卷、《平津館文稿》二卷等，著作豐富，且研究領域與述祖頗有相合之處。

　　《珍藝宧文鈔》存有〈答孫季述觀察書〉三封，所論者多爲《尚書》之爭議問題，如論周公稱王之說，王號、帝號之差別以及虞夏商周禘郊之制。述祖曾向孫星衍索討《尚書今古文注疏》，急欲一讀，並在讀後提出意見交流。其實述祖曾有撰《尚書今古文集解》的計畫，觀述祖〈答蔣松如問夏時說義書〉云：

> 近欲撰《尚書今古文集解》，僅載馬、鄭、王三家注，及《史》、《漢》
> 所引異同，亦不能遽定其是非。〔註19〕

〈答孫季述觀察書〉第二封亦云：

> 竊不自量，欲采集西漢以前諸儒傳記爲一書，以留微言大義於萬分
> 一，牽於吏事，不克卒業。〔註20〕

述祖急於取書閱讀，蓋隱有欲一較高下用意，之後述祖未得撰成《尚書》集解之著作，或亦有見於孫書之淵博邪？

又孫星衍嘗輯刊《岱南閣叢書》，其中第二種爲《春秋釋例》十五卷，署杜預（222～284）著，莊述祖、孫星衍校，可見星衍亦甚推崇述祖學術修養。

五、阮元

阮元字伯元，號芸臺，又號雷塘庵主、節性齋老人、頤性老人、北湖跛叟。爲江蘇揚州府儀徵縣人士，生於乾隆二十九年，卒於道光二十九年，享壽八十六歲。

阮元爲乾隆五十一年舉人，五十四年進士。由翰林院編修大考第一，擢少詹。歷任內閣學士，戶、禮、兵、工等部侍郎，山東、浙江學政，浙江、河南、江西巡撫，漕運兩湖、兩廣、雲貴總督，太子少保，體仁閣大學士等職，仕途顯赫，卒諡文達。

阮元素有乾嘉學派殿軍、最後重鎮之稱，其論學重實事求是，不墨守漢儒家法。以訓詁爲治經明徑，主張因考據以明古學，並對金石學有深入研究，可謂自經史小學以至金石詩文，無所不包，而尤以發明大義爲主。阮元督學時，對於能解經義及古今各體詩者，無不擢置於前，學子只要能通一藝者，皆予獎勵。所到皆以教學爲急，故阮元在學術上得有重鎮之稱。阮元著述甚豐，並曾集合門客編纂大型叢書，如《經籍纂詁》、《十三經注疏校勘記》、《皇清經解》者，傳布海內，深爲學者所取資。而其本身著作亦大量傳世，如《揅經室集》五十八卷、《詩書古訓》六卷、《曾子十篇注釋》四卷、《考工記車制圖解》二卷、《積古齋鐘鼎彝器款識》十卷、《疇人傳》四十六卷等。

阮元與述祖之交往，目前亦未見有書信流傳。乾隆五十七年，阮元之濟南山東學政任，嘗晤述祖，《味經齋遺書》卷首載阮元〈莊方耕宗伯經說序〉

〔註19〕《珍藝宧文鈔》，卷六，頁17。
〔註20〕同上註，頁3。

云：

> 公之弟學士本淳公之子述祖官山東，元視學時，常嘆其學有本原，
> 博雅精審，為不可及。

述祖論學，頗推重阮元十三經校勘成果。《毛詩考證》中有大部分說法採自阮元《毛詩注疏校勘記》，故兩人當是彼此尊重。然阮元時年方二十六歲，述祖已四十歲，亦可謂忘年之交，則述祖之推重阮元，不以後輩視之，無文人相輕之習，實屬不易。

六、張惠言

張惠言，字皋文，一字皋聞，號茗柯，江蘇武進人，嘉慶四年進士。時大學士朱珪（1731～1806）為吏部尚書，以惠言學行俱優，特奏改庶吉士，充實錄館纂修官。嘉慶七年卒，年四十二。

惠言少為辭賦，擬司馬相如（前179～前117）、揚雄（前53～18）之文，及壯，又學韓愈（768～824）、歐陽修（1007～1072）；篆書初學李陽冰，後學漢碑額及石鼓文。惠言雖游於文藝，但其學要歸六經，尤深《易》、《禮》、《茗柯文編》卷末阮元序云：「武進張皋文編修，以經術為古文，於是求天地陰陽消息於《易》虞氏，求古先聖王禮樂制度於《禮》鄭氏。」惠言著有《周易虞氏義》九卷、《虞氏消息》二卷、《虞氏易候》一卷、《虞氏易言》二卷。惠棟曾撰《周易述》，大旨即遵虞翻（164～233），但又補以鄭、荀諸儒，故學者以未能專一短之。惠言傳虞氏《易》，即傳漢孟氏《易》，皆孤經絕學也。惠言又著有《周易鄭氏義》三卷、《周易荀氏九家義》一卷、《周易鄭荀義》三卷、《易義別錄》十四卷、《易緯略義》三卷、《儀禮圖》六卷、《讀儀禮記》六卷，又有《茗柯文》五卷。

惠言與述祖之往來記錄，惲敬（1757～1817）有云：

> 五十二年，充咸安宮官學教習，時同邑莊述祖、莊有可、張惠言、
> 海鹽陳石麟、桐城王灼集京師，與之為友，商榷經義古文。〔註21〕

而惠言和述祖之間的往來書信，在《珍藝宧文鈔》錄有述祖〈答張茗柯編修書〉二札。一篇論字，一篇論韻，亦見二人學術之交流。

七、惲敬

〔註21〕張惟驤撰：《清代毗陵名人小傳》（臺北：明文出版社，1985年），卷五，頁37。

惲敬，字子居。乾隆四十八年舉人。敬個性秉直，矯然不肯隨群輩俯仰。曾任瑞金縣。瑞金俗好訟，素稱難治。惲敬張馳合宜，吏民咸就約束。曾有富人以千金願求惲敬脫罪，敬峻然拒之，至是廉名大著。然敬爲人負氣，矜尚名節，所至輒與上官忤。後署吳城同知，爲姦民誣告家人得贓，遂以失察被劾，士大夫咸惋息之。惲敬卒於嘉慶二十六年，年六十一。

惲敬曾與莊述祖等人集於京，相互爲友，與張惠言尤善。今《大雲山房文集》中載有惲敬答莊述祖之書信，其言云：

> 敬方自慚不暇，而先生大進之，敬不得不易慚爲懼，非特應喜先生，
> 且應吾黨以先生之言爲然，而深待敬。是先生之言，不實於天下也。
> 雖然，不敢以不勉。……敬所以實先生之言，將於是乎始。〔註22〕

大概莊述祖曾寫信勉勵惲敬，惲敬回信感謝，則惲敬蓋視述祖爲長輩也。

八、臧庸

臧庸本名鏞堂，字在東，號西成，別名拜經。江蘇武進人，生於乾隆三十二年，卒於嘉慶十六年，享年僅四十五歲。

臧庸爲臧琳（1650～1713）之玄孫，盧文弨主持常州書院時，臧庸曾持其高祖臧琳所著《經義雜記》質於文弨，驚異之，於校《經典釋文》時多引其說。阮元督學浙江學政，曾延臧庸助輯《經籍纂詁》，後復延之佐校《十三經注疏》，《周禮》、《公羊》、《爾雅》之校勘皆出自其手。其學根柢經傳，剖析精微，其所著《拜經日記》八卷，高郵王念孫亟稱之，用筆識其精確不磨者十之六七；阮元並曾抄錄副本，相當推重。其敘《孟子年譜》，辨齊宣王、湣王之訛，陳壽祺（1771～1834）嘆爲絕識。臧庸另撰有《拜經堂文集》四卷、《月令雜說》一卷、《樂記二十三篇注》一卷、《孝經考異》一卷、《臧氏文獻考》六卷等，並曾輯《子夏易傳》一卷、《詩考異》四卷、《韓詩遺說》二卷、《訂譌》一卷，顧廣圻（1766～1835）以爲集《韓詩》者，以此最精。

臧庸曾從述祖學，故以後學之姿問業於述祖。臧庸《禮部侍郎少宗伯莊公小傳》云：

> 庸堂少從公之從子葆琛進士問學。〔註23〕

宋翔鳳〈莊珍藝先生行狀〉亦載：

〔註22〕〔清〕惲敬撰：《大雲山房集》（臺北：世界書局，1984年），頁226。
〔註23〕《清碑傳合集‧碑傳集補》（上海：上海書店，1988年），冊四，頁3080。

今本《列女傳・文王太姒》條乙去數行，以爲後人羼入，後吳門顧
氏得宋本，則無此數行，臧文學庸嘆服焉。

嘉慶十四年，臧庸曾致書述祖，頗以論韻自負，稱精密可過於錢大昕、王念
孫，據《拜經堂文集》卷三〈與莊葆琛明府書〉云：

庸之言韻，往往與嘉定錢詹士（誤，當作事）、高郵王觀察暗合，而
精密實過於二家。若云有意於從王、從段也，則非敢聞也。先生之
誨庸讀書也，庸方弱冠，知之最深且久，故不覺一吐狂言，幸恕其
罔。

由此可見臧庸對述祖的豐厚學養，推崇備至，亦可見兩人往來之密，以致於
臧庸敢放狂言。述祖與臧庸另有論學之書信，今存於《珍藝宦文鈔》之中，
有述祖予臧庸〈與臧在東說虞庠四郊、西郊異同〉，並附有臧庸之來書，亦可
見兩人學術之往來。

九、劉逢祿、宋翔鳳

劉逢祿，字申受。莊存與爲其外祖，莊述祖乃其舅氏。逢祿本述祖晚輩，
然宋翔鳳〈莊珍藝行狀〉載述祖之言，有「吾諸甥中，劉申受可以爲師，宋
于廷可以爲友」之語，故將劉逢祿及宋翔鳳兩人一併列爲莊述祖之師友討論。

逢祿爲學務通大義，不專章句。由董仲舒《春秋繁露》窺六藝家法，由
六藝求觀聖人之志，著《公羊春秋何氏釋例》三十篇。又推原穀梁氏、左氏
之得失，作《申何難鄭》四卷，另有《論語述何》、《夏時經傳箋》、《中庸崇
禮論》、《漢紀述例》、《議禮決獄》、《左氏春秋考證》二卷、《尚書今古文集解》
三十卷、《詩聲演》二十七卷等。劉逢祿於《易》主虞氏，於《書》匡馬鄭，
於《詩》初尚《毛詩》，後好三家。

劉逢祿之學得自莊存與及莊述祖，尤其是莊述祖。嘗云：

後從舅氏莊先生治經，始知兩漢古文今文流別。〔註24〕

又云：

嘉慶初，先生歸自汴南。余始從問《尚書》今古文家法及二十八篇
敘義，析疑賞奇，每發神解。〔註25〕

逢祿子劉承寬〈先府君行狀〉亦云：

〔註24〕〔清〕劉逢祿撰：《劉禮部集》，卷九，頁 20。
〔註25〕〔清〕劉逢祿撰：《尚書今古文集解》，自序，頁 1。

從舅莊先生祖述自濟南乞養歸，與語群經家法，大稱善。時莊先生有意治《公羊》，遂輟業。府君復從受《夏時》等例及六書古籀之學，盡得其傳，學益進。莊先生嘗曰：「吾諸甥中，若劉甥可師，若宋甥可友也。」〔註26〕

莊述祖《珍藝宦文鈔》卷六載有述祖〈與劉甥申甫書〉，內容乃針對逢祿《毛詩聲衍》一書作評論，並稱讚劉逢祿云：

吾甥識高思深，若得成書，必能信今傳後，拭目俟之。〔註27〕

益可見述祖對逢祿學識的讚揚。

宋翔鳳，字于廷，長洲人。嘉慶時舉人，官湖南新寧知縣，以乞老歸。翔鳳博通訓詁名物，志在西漢家法，微言大義得莊氏真傳。著有《論語說義》十卷、《論語鄭注》二卷、《孟子趙注補正》六卷、《小爾雅訓纂》六卷、《周易考異》二卷、《卦氣解》一卷、《四書釋地辨證》二卷、《過庭錄》十六卷、《五經要義》一卷等，統名之曰《浮谿精舍叢書》。

翔鳳之學亦得自述祖，〈莊珍藝先生行狀〉云：

翔鳳先母為先生女弟，已未歲歸寧，命翔鳳留常州，先生教以讀書稽古之道，家法緒論，得聞其略。

而在《珍藝宦文鈔》亦存有述祖〈答宋甥于庭書〉，提到自己的著作《說文古籀疏證》，頗有新得，其云：

未知能竟其業否？如精力不繼而中輟，尚望吾甥與卿珊續成之。炳燭苦短，無可寄聞，特此此博吾甥一拊掌耳。〔註28〕

由此可以看出，述祖對逢祿及翔鳳兩人有著相當高的期許。

〔註26〕《劉禮部集》，卷十一附，頁1。
〔註27〕《珍藝宦文鈔》，卷六，頁23。
〔註28〕同上註。

第參章 《毛詩》文字考證之評述

　　莊述祖精於校書，文字校勘功力深厚，所校之書頗受盧文弨讚賞。而在《詩經》文字之考證方面，著有《毛詩考證》四卷，卷一論《國風》，卷二論《小雅》，卷三論《大雅》，卷四則論三《頌》。其寫作條例乃依照通行本順序，先舉某一詩句，繼而說明某版本所出現之異文，時依阮元、段玉裁或時人之說爲準，有時則加按語表達己意。全書共討論兩百四十七條詩歌異文，並未涵蓋每首詩，各詩考證比例亦不同，以下就述祖《毛詩考證》所討論之各條經文說明。先引《毛詩考證》原文，再舉其他學者之意見，最後則加按語針對上述說法進行考證、說明。

第一節 《國風》詩篇文字考證

一、周南詩篇

1. 鐘鼓樂之──《石經》鐘作鍾。──〈關雎〉

　　阮元《毛詩注疏校勘記》（以下簡稱《校勘記》）云：「鍾字是也，《五經文字》云：『今經典或通用鍾爲樂器。』」〔註1〕段玉裁《詩經小學》云：「《唐石經》鍾鼓作皆作鍾，馬應龍本〈靈臺〉篇作鐘，餘作鍾。」〔註2〕述祖不言

〔註 1〕〔清〕阮元校勘：《十三經注疏・詩經》（臺北：藝文印書館，1986 年），頁29。

〔註 2〕〔清〕段玉裁撰：《段玉裁遺書・詩經小學》（臺北大化書局，道光乙酉年春鐫抱經堂藏板，1977 年），上冊，頁439。

從何字，其意蓋亦以兩字可通用也。

按：銘文鐘、鍾二字通用。如《楚公鐘》作鐘，从童，《𧻹鐘》作鍾，从重，《己侯鐘》作鐘，偏旁雖左右相反，亦从重，是鐘、鍾兩字確有通用的情形。又馬王堆漢墓帛書《老子》乙本「動」作「童」，《經法》「動」作「僮」，望山楚簡動字作𨑨，是童與重通用。然《說文》云：「鍾，酒器也。」「鐘，樂鐘也。」兩字字義不同，經文當以樂器鐘字為正。且西周銘文多用鐘字，東周之後則漸从重，故據《說文》所言，當以鐘為本字，鍾為假借字。

2. 我馬虺隤——何焯云：「虺作虺，與仲虺之虺不同。」——〈卷耳〉

段玉裁《詩經小學》云：「《玉篇・允部》作虺尵。《說文》無虺尵字。」〔註3〕段意似仍猶疑。述祖逕舉何焯（?～1774）《義門讀書記》以為虺字當作虺，是認同何說也。《說文》有虺無虺，云：「虺，以注鳴者。《詩》曰：胡為虺蜥。」段玉裁注認為虺為蜥蜴之類的動物。《爾雅・釋魚》云：「蝮、虺，博三寸，首大如擘。」是《爾雅》以虺為蝮蛇，而虺字見於《玉篇・尢部》：「虺，虺尵，馬病。」《篇海類篇・身體類・尢部》云：「尵，虺尵，病也。」據《玉篇・尢部》云：「尢，跛，曲脛也。」是从尢部之字當多具跛腳之意，故何焯以為虺字應為虺字之譌。

又《釋文》云：「《說文》作𤺃。」今本《說文》但有瘣字，無𤺃字。𤺃見於《玉篇，疒部》「𤺃，馬病。」與《廣韻・灰韻》「𤺃，馬病。」兩書所釋相同。由於《釋文》所引與今本《說文》有所差異，因此對於𤺃字的來歷約形成兩派意見：

一者以為《說文》本有𤺃字，今本已逸。如李黼平（1770～1832）《毛詩紬義》云：「如《釋文》則唐初《說文》本有𤺃字，下引此《詩》云：『我馬𤺃隤。』陸乃得據而為說也。」〔註4〕

一者以為《釋文》誤瘣為𤺃。馬瑞辰《毛詩傳箋通釋》云：「《爾雅・釋文》引《字林》曰：『𤺃，病也。』則𤺃字始見《字林》耳。」〔註5〕郝懿行（1757～1825）亦云：「𤺃字誤。《說文》作瘣，云：病也。」〔註6〕

〔註3〕《段玉裁遺書・詩經小學》，上冊，頁441。

〔註4〕〔清〕李黼平撰：《皇清經解毛詩類彙編・李庶常毛詩紬義》（臺北：藝文印書館，1986年），頁894。

〔註5〕〔清〕馬瑞辰撰：《續經解毛詩類彙編・毛詩傳箋通釋》（臺北：藝文印書館，1986年），冊二，頁1169。

〔註6〕〔清〕郝懿行撰：《爾雅義疏》（臺北：藝文印書館，1987年），上冊，頁160。

　　按：《說文》尢字云：「𡯁也，曲脛人也。」所釋與《玉篇》尢字同。而
《說文》篆文字形爲𡯁，像人屈其一足，西周恭王時期的《牆盤》尢字作𡯁，
亦像屈足之形，故從尢部的字多和跛行有關。何焯、述祖似有理，然古文未
見尵字，亦有可能後人據《說文》改兀旁爲尢，而新造尵字，《毛詩》多假借
字，不妨但以尵爲假借，不需強改尵爲尵以合詩義。

　　考甲骨文鬼字作𤽈（商.甲 3243）、𢇍（商.前 4.18.6），周代中期之《鬼壺》
作𢇍，字象鬼形之頭，令人畏怖。而畏字，甲骨文作𤽈（商.乙 669），周代早
期之《盂鼎》作𤽈，可以看出，畏字是於鬼形旁持一杖，以示畏惡之意。由鬼
之形而令人怖畏，則兩字意義分別不大，王國維〈鬼方昆夷玁狁考〉云：

　　　周時畏字，漢人已用爲鬼字，故《莊子·天地篇》之門無畏，郭象
　　　本作門無鬼；又〈雜篇〉之徐無鬼，亦當爲徐無畏之誤也。〔註7〕

畏、鬼既爲漢人混用，則漢時瘣、瘒意亦當同。〈小弁〉「譬彼壞木，疾用無
枝」，《毛傳》云：「壞，瘣也。謂傷病也。」與《說文》同訓，則瘣、瘒皆病
也。本句《毛傳》詁尵隤爲病也，則尵可能爲瘒之假借字。阮元《爾雅注疏
校勘記》云：

　　　此蓋注作瘒頹字，經作尵頹，與《毛詩》同，假借字也。淺人援經
　　　改注亦作尵，校《釋文》者因云今經注無此字矣。……蓋《毛詩》、
　　　《爾雅》作尵，《韓》、《魯》詩作瘒。〔註8〕

尵字上古音爲曉紐沒部，瘣爲匣紐微部，旁紐對轉，聲韻相近可通假。據此，
當以瘒爲正字，《毛詩》作尵當爲假借字也。

3. 云何盱矣——《爾雅·注》引《詩》作旴，《石經》作盱，郭所引或三家詩也。——〈卷耳〉

　　《爾雅》郭璞（276～324）注所引多三家詩，《校勘記》云：「郭所稱未
必爲《毛詩》。」〔註9〕非《毛詩》，則應爲三家詩，故述祖據《唐石經》作盱，
定《毛詩》作盱。而旴字則爲三家詩。

　　「云何盱矣」乃〈卷耳〉經文，〈何人斯〉作「云何其盱」，〈都人士〉作
「云何盱矣」。《爾雅·釋詁》云：「盱，憂也。」郭注引《詩》「云何盱矣」

〔註7〕王國維撰：《海寧王靜安先生遺書·觀堂集林》（臺北：臺灣商務印書館，1979
　　　年），冊二，卷十三，頁 577。
〔註8〕《十三經注疏·爾雅》，頁 31。
〔註9〕《十三經注疏·詩經》，頁 38。

為證。《爾雅注疏校勘記》云：「按〈卷耳〉作云何吁矣。《箋》云：『而今云何乎，其亦憂矣，深閔之辭。』不作盱。〈何人斯〉作云何其盱，此誤記。」〔註10〕鄭《箋》以為當作吁字，《爾雅・注》作盱乃誤引，〈卷耳〉經文仍應作吁。然《校勘記》云：「考《釋文》、《石經》此作吁，而〈都人士〉及〈何人斯〉作盱者，盱為正字，吁為假借。」〔註11〕兩說似矛盾，但阮元蓋以〈卷耳〉毛詩作吁為假借字，鄭玄依吁字作解，非謂盱字誤也。戴震云：「吁，當為盱。〈何人斯〉之詩曰：『壹者之來，云何其盱。』〈都人士〉之詩曰：『我不見兮，云何盱兮。』皆不得見而遠望之意。《爾雅》『盱，憂也。』《毛詩》於盱字不復釋，則皆蒙〈卷耳・傳〉矣。今此詩及《傳》作吁者，後人轉寫之譌耳。」〔註12〕據戴震所言，《毛傳》於此釋吁為憂，乃并為〈何人斯〉及〈都人士〉二詩發傳，故三詩經文皆當作盱。段玉裁復又根據《毛傳》「吁，憂也。」及《說文》「忓，惪也。」斷吁為忓之假借。

按：「吁」字，《吳王光鑑》作𠮷，古璽文、望山楚簡作𠮷，《說文》作吁，《譙敏碑》作𠂹。「盱」字，《枕氏壺》作𥄐，《說文》作盱。「忓」字，金文《末距悍》作𢗞《說文》作忓。照三字的古文字字形看來，有從于及從亏二種分別。《說文》云：「于，於也。象氣之舒。于，从亏从一。」「亏，於也，象氣之舒。」徐鉉（916～991）注：「今變隸作于。」但于字甲骨文作𠂤（甲427）、𠂤（前1.43.4）、𠂤（佚518），皆不從亏一。李孝定（1918～1997）《甲骨文字集釋》云：

> 契文不從亏、一，其字形何以作于，無義可說。卜辭用「于」與經
> 傳「于」字同義，皆以示所在。〔註13〕

則氣舒之于可能是假借字，或是字形譌變後產生的後起字義。今考《漢石經魯詩碑圖》第八面第二十行載〈何人斯〉經文作疠，是《魯詩》作疠，從广部。而吁、盱、忓、疠，當是于字再衍生出的分化字。從目之盱，《說文》以為張目之意，《易・豫》「盱豫悔。」虞翻注亦曰：「張目也。」《漢書・王莽傳》云：「盱衡厲色。」注云：「盱衡，舉眉揚目也。」是盱字字義當與張目而視有關。《爾雅》訓盱為憂，當是假借義。

〔註10〕《十三經注疏・爾雅》，頁31。
〔註11〕《十三經注疏・詩經》，頁38。
〔註12〕〔清〕戴震撰：《皇清經解毛詩類彙編・戴吉士詩經補注》，頁467。
〔註13〕李孝定撰：《甲骨文字集釋》（臺北：中央研究院歷史語言研究所，1970年），第五，頁1683。

从口之吁，《說文》云：「驚也。」在經文中多用來表示話語之發語詞，其義有如「呼」字。《書・堯典》「帝曰：吁！嚚訟，可乎？」《孔傳》云：「吁，疑怪之辭。」〈堯典〉又云：「吁！咈哉！」《孔傳》云：「凡言吁者，皆非帝意。」《法言・君子》「吁！是何言歟。」注云：「吁者，駭歎之聲。」是吁字乃不順而嘆之詞。从心之忬，《說文》云：「忬，憂也。」《玉篇》云：「忬，痛也，憂也。」而从疒之痜，《玉篇・疒部》云：「痜，病也。」所從偏旁不同，其字意亦有所區別。回歸〈卷耳〉二、三章最後一句云：「維以不永懷」、「維以不永傷」，皆是希冀借由飲酒而忘卻憂思，但最後「云何吁矣」則是疲憊至極，哀思不斷，而產生出深深歎息的憂傷之情。前面提到，氣之舒可能是于字後起之義，則歎息應是引申義，故加口旁表意。後再由歎息引申為憂傷，因而改從心旁，當是更後起之字，且未見作忬之本，因此，據《毛傳》釋吁為憂，是《毛詩》經文當作「云何吁矣」，以吁字為是。至於痜字，當為三家詩，訓為病，與毛義不同。

4. **薄言襭之——《釋文》：「擷，一本作襭，同。」阮元云：「《說文・衣部》襭擷文重，實一字耳。」——《芣苢》**

陳喬樅（1809～1869）《詩經四家異文攷》云：「《毛傳》襭訓扱袵，則字當從衣作襭為正。《說文・衣部》云：『以衣衽扱物謂之襭。』或從手作擷。」〔註14〕

按：《說文》釋襭為：「以衣衽扱物謂之襭。」所謂以衣衽扱物乃是將衣襟插在腰帶上兜東西，朱駿聲（1788～1858）《說文通訓定聲》云：

今蘇俗謂之衣兜。按：兜而扱于帶間曰襭。〔註15〕

是從衣則以衣襟為主，從手則著重於兜物，兩字所指實同一動入，當為異體字無誤。

5. **不可休息——《釋文》：「舊本皆爾，本或作休思，此以意改耳。」《正義》：「詩之大體，韻在辭上。疑休求為韻，二字俱作思，但未見如此之本，不敢輒改耳。」阮校：《正義》是也。——〈漢廣〉**

《焦氏易林・萃之漸》云：「喬木無息，漢女難得。」是三家詩有作息者。

〔註14〕 〔清〕陳喬樅撰：《續經解毛詩類彙編・詩經四家異文攷》，冊三，頁2904。

〔註15〕 〔清〕朱駿聲撰：《說文通訓定聲》（北京：中華書局，影印臨嘯閣刻本，1998年），頁643。

然而阮元認同《正義》之說，以爲當作「不可休思。」並批評惠棟思、息相通之說。今考惠棟《九經古義》云：「《韓詩外傳》息作思。〈樂記〉云：『使其文足論而不息。』荀卿子息作諰。《說文》云：諰，思之意，从言从思。《禮記》多古文，或思、息通也。」〔註16〕

馬瑞辰《毛詩傳箋通釋》則進一步云：「息與思同在心母，以雙聲爲韻……古雙聲字多通用，思之通息，亦以其字之同母耳。」〔註17〕

黃焯（1902～1984）云：「古音息在德部，思在咍部，德即咍之入，故息思通用。」〔註18〕從聲韻著手，爲息思相通找到證據。

《毛詩傳箋通釋》又云：「據《毛傳》釋下二句云：『漢上游女無求思者』，讀求思爲思想之思，不以思爲語詞，則詩本以求思與休息對文。」〔註19〕則馬瑞辰認爲此句應作「不可休息」。

按：思字古音爲心紐之部字，息字古音爲心紐職部字，雙聲對轉，當可通假。然鄭《箋》解不可休息爲：「人不可就而止息也」，或可以爲鄭作息之證。但〈瞻卬·傳〉云：「休，息也。」《說文》云：「休，止息也。」據此，則休字有止息之義，鄭《箋》「人不可就而止息」，或僅就休字作解，未必鄭本作「不可休息」。陳奐《詩毛氏傳疏》云：

> 思訓辭，辭當作詞。休思、求思、泳思、方思皆詞也。《傳》爲全詩
> 思字句末語助之發凡也。〔註20〕

思作語詞解，是今人較爲接受的說法。然遍考先秦古籍，未見有以息字作語詞者。馬瑞辰雖以求思與休息爲對文，但此句《毛傳》分明釋思爲辭，且在「漢上游女無求思者」之上，則「漢上游女無求思者」或衍思字，原句應作「漢上游女無求者」。若思字並非衍文，則由《毛傳》解釋的順序看來，「思，辭也。」乃是爲上句「不可休思」發傳，「漢上游女無求思者」乃爲下句「不可求思」發傳，縱使「求思」爲思想之思，但上句「不可休思」之思並不解爲思想。故從《毛傳》推論，毛所據之本當作「不可休思」。因此，馬氏之說

〔註16〕〔清〕惠棟撰：《皇清經解諸經總義類彙編·惠徵君九經古義》（臺北：藝文印書館，1986年），冊一，頁297。

〔註17〕《續經解毛詩類彙編·毛詩傳箋通釋》，冊二，頁1175。

〔註18〕〔唐〕陸德明撰，黃焯彙校：《經典釋文彙校》（北京：中華書局，2006年），頁123～124。

〔註19〕《續經解毛詩類彙編·毛詩傳箋通釋》，冊二，頁1175。

〔註20〕〔清〕陳奐撰：《續經解毛詩類彙編·詩毛氏傳疏》，冊一，頁608。

未盡恰當。

　　再從古文字字形分析，思字從心，然古陶文作ⓔ，長沙子彈庫帛書文字作🅔，古璽文作🅑；息字古璽文字有作🅓者，心部皆譌作廿，而自、田形體相近，有可能是因字形而產生之譌誤。且據全詩經例看來，息當爲思字之譌，戴震《毛鄭詩考正》云：

> 凡詩中用韻之句，韻下有一字或二字爲辭助者，必連用之，數句並
> 同，不得有異。惟不可休思，思譌作息；及歌以誶止，止譌作之，
> 遂亂其例。〔註21〕

至於兩字雖有聲韻相通之處，但究應以思爲正字，作語詞解。而據《易林》所引，三家詩或有作息者，後人遂據以改《毛詩》。

6. 漢有游女──《正義》：「定本：游作遊。」──〈漢廣〉

　　《毛傳》云：「漢上游女。」鄭《箋》云：「賢女雖出游流水之上。」鄭玄當據《毛傳》引申。而《韓詩外傳》云：「鄭交甫將南適楚，遵彼漢皋。臺下乃遇二女，佩兩珠，大如荊雞之卵。」劉向（前77～前6）《列仙傳》亦云：「江妃二女者，不知何所人也。出游於江漢之湄。」三家詩則把游女實際身份道出，《文選・琴賦》注引薛君《章句》曰：「游女，漢神也。」以游女指漢水水神，是把詩歌神化。朱熹（1130～1200）《詩集傳》則云：「江漢之俗，其女好遊，漢魏以後猶然。如〈大堤〉之曲可見也。……故其出游之女，人望見之，而知其端莊靜一，非復前日之可求矣。」〔註22〕朱子又把游女從神話之說拉回現實情境。然以上諸家大致皆以游女爲在漢水旁嬉遊之女。近代程俊英（1901～1993）先生始將游女設定爲在漢水中游泳之女，其《詩經譯注》云：「游女，潛行水中的女子。」〔註23〕

　　按：從所引諸家解說來看，《毛傳》釋義不明顯；三家詩則以游女指漢水之女神，不作游泳義；鄭玄、朱熹是以游女爲出遊之女；程俊英先生則以游女作游泳之女。古今說解歧異，值得深入探討。然而在解決「游女」之歸屬前，且先判斷《毛傳》「漢上游女」之說，究竟是指游泳之女，或是出遊之女。《毛傳》云：「漢上游女無求思者」，以現代語法來看，漢上之游女，似應解

〔註21〕〔清〕戴震撰：《皇清經解毛詩類彙編・戴吉士毛鄭詩考正》，頁431。
〔註22〕〔宋〕朱熹撰：《朱子全書・詩集傳》（上海：上海古籍出版社，2002年），冊壹，頁409。
〔註23〕程俊英著：《詩經譯注》（上海：上海古籍出版社，2004年），頁15。

爲在漢水游泳的那位女子。然而古今語法不同，漢上究竟是漢水之上，或是漢水之旁呢？關於這項問題的解決，同時代之相關典籍內容可爲我們作一釐清。

　　《鄭風‧清人》言駟介於「河上乎翱翔」、「河上乎逍遙」，馬車當不可能於水中逍遙翱翔，則河上乃指河旁也。又《左傳》言河上者甚多，如閔公二年云：「鄭人惡高克，使帥師次于河上。」部隊之駐紮，自在河旁。襄公七年又云：「公送晉侯，晉侯以公宴于河上。」設宴亦不可能於河水之中，是河上亦指河旁之意。再如僖公八年云：「沙鹿者何？河上之邑也。」成公五年云：「梁山者何？河上之山也。」都邑、大山自應皆位於河旁。再如《論語‧子罕》云：「子在川上曰。」川上亦是川旁，此皆水上指爲水旁之證。是先秦時自以河上、川上代表水旁，則漢上當指漢水之旁，此與後代用法不同。明白漢上即漢水旁，則《毛傳》「漢上游女」應解作漢水旁的那位女子，該是出遊無誤。至於有三家以漢水女神爲飄行於流水之上者，當亦誤解漢上之意。

　　確定《毛傳》亦指出遊之女後，則古說皆無以游女爲游泳之女者。然而檢視《詩經》中使用游字之詩句後，卻發現仍有例外。《詩經》提到「游」字之詩句者共有九篇，分別爲〈山有扶蘇〉「隰有游龍」、〈白駒〉「愼爾優游」、〈采菽〉「優哉游哉」、〈小戎〉「游環脅驅」、〈蒹葭〉「溯游從之」、〈谷風〉「泳之游之」、〈卷阿〉「來游來歌」，「伴奐爾游矣」，「優游爾休矣」、〈板〉「及爾游衍」及本詩「漢有游女」。其中明顯指爲游泳者乃〈谷風〉「泳之游之」，游與泳相對而言，確實是游泳之意，對照〈谷風〉詩句，則本詩「游女」亦有可能指游泳之女。然莊穆《詩經綜合辭典》釋游字時云：

> 《邶風‧谷風》四章：「就其淺矣，泳之游之。」《廣雅‧釋詁》：「游，浮也。」《集疏》：「《說文》汓下云：『浮行水上也。……』是游正字當作汓，與浮同訓。」〔註24〕

莊穆先生以〈谷風〉之游乃汓之假借，其說可從。《說文》云：「汓，浮行水上也。從水，從子。」〈谷風〉「泳之游之」，泳乃潛行水中，若將游改作汓字，則爲一浮一潛，即是游泳之動作。且汓、游之古音，陳新雄先生皆歸爲定紐幽部字，更增添假游作汓之可能。另外何琳儀《戰國文字通論》曾歸納戰國文字有增繁的情形存在，其中有幾例爲增汃之字，如石鼓《吾水》申字作䍐，而石鼓《田車》則加汃作䍐；中山國文字古作䍐（中山18），亦有加汃作䍐（中

〔註24〕莊穆撰：《詩經綜合辭典》（呼和浩特：遠方出版社，1999年），頁1091。

山 55）者；石鼓文《靁雨》湯字作（圖），長沙帛書則加脈作（圖）；又遑字，長沙帛書加脈作（圖）〔註 25〕。另外，郭店竹簡〈性自命出〉遊字作（圖），包山楚簡則作（圖），一從脈，一不從，益證汙字作游亦有可能是戰國文字演變時所產生之繁化情形，這種繁化是純屬假借，或毫無深意，暫無定論。因此〈谷風〉「泳之游之」，游、汙若非假借，便是繁化關係，當以汙為本字，故與本句「游女」無涉。

　　然而游字究竟有無游泳之義，則必需再從古文字字形來探討。《說文》云：「游，旌旗之流也。」「遊，古文游。」以遊、游為一字。阮元《毛詩注疏校勘記》云：「游，古文作遊，隸變作遊。《說文》云：『旗流者』，正訓也。出游、泳游皆假借，非有區別。當以《正義》本為長。」游字甲骨文作（圖）（甲1566）、（圖）（後 1.13.13）、（圖）（鐵 132.1），金文《曾仲斿父壺》作（圖），皆象從子執旗，不從水。《原本玉篇殘卷・水部》云：「游，斿（當為旌）旗之游為斿字。」〔註 26〕則本字當為斿，《說文》云：「旌旗之流也」，蓋為斿字本義。而從水之游，從辵之遊皆後起孳乳字，且兩字字義實不同，戰國文字多為通假關係，故許慎（約 58～147）誤以為一字，然古當只有斿字也。山西渾頭出土魚顛匕（三代 18.30.1）銘文：「出斿水蟲」，字作斿漢碑《斥彰長田君碑》「乃始斿學」，《敦煌長史武斑碑》「久斿太學」，字皆作斿，則漢時亦有只用斿者。後斿字孳乳為游、遊，游取旌旗飄揚狀水流貌，〈蒹葭〉「溯游從之」，《毛傳》云：「順流而涉曰溯游」，則游乃指水流也，與游泳無涉。而遊則引申為出遊、嬉遊義。商承祚（1902～1991）云：

　　　　竊謂斿、遊、游當分訓。旌旗之游應作斿，俗作旒。遊為遨遊之專
　　　　字。游則水流皃，今以游為旗流者，借字也。〔註 27〕

後世游、遊分用，但初文則應作斿，而游字並無游泳之義，今以游作游泳，當為後起之假借義，故「游女」當指出遊之女，非游泳之女也。

二、召南詩篇

7. 召伯所憩——《釋文》：「憩，本又作愒。」今本訛揭，阮校改。
　　——〈甘棠〉

〔註 25〕參何琳儀撰：《戰國文字通論》（南京：江蘇教育出版社，2003 年），頁 219。
〔註 26〕〔梁〕顧野王編撰：《原本玉篇殘卷》（北京：中華書局，2004 年），頁 353。
〔註 27〕商承祚撰：《說文中之古文考》（臺北：學海出版社，1979 年），頁 63。

《校勘記》云：「惠棟云：『《說文》無憩〔註28〕字，當作愒。』今考《釋文》云：『憩，本又作愒。』《小雅‧苑柳》、《大雅‧民勞》經皆作愒。憩但愒之俗字耳。《釋文》舊有誤，今訂正。」〔註29〕阮元所引惠棟之說出自《九經古義》論〈假樂〉「民之攸墍」一條，但阮元截取其說卻斷章取義，今詳舉其文如下：「《說文》：『墍，仰塗也。』非休息之謂。又《說文‧口部》引《詩》云：『犬夷呬也。東夷謂息為呬。』《正義》以墍與呬為古今字，未知何據。〈釋詁〉云：『憩，休、呬，息也。』《玉篇》云：『屃，息也。』今為憩，屃與墍字相似。毛公傳《詩》多據《爾雅》，《說文》無憩字，則〈釋詁〉憩字當依《玉篇》作屃，故某氏于此下引《詩》云民之攸墍。《大疋‧民勞》云汔可小愒。《傳》云：『愒，息。』〈甘棠〉詩云：召伯所憩。《釋文》云：『憩，本又作揭。』揚雄賦云：度三巒兮偈棠梨。師古曰：『偈讀曰憩。』《說文‧心部》云：『愒，息也。從心曷聲。』徐鉉曰：『今別作憩，非是。』然則〈甘棠〉詩憩字當作愒，〈假樂〉詩墍字當作屃。」〔註30〕

按：《爾雅‧釋詁》云：「憩，息也。」則憩與愒義皆為息。《說文》有愒無憩，黃焯云：「唐寫本作憩，英倫藏本又作憩。」〔註31〕則憩、憩當皆為俗寫。經文本字當如阮元所說，依〈苑柳〉及〈民勞〉為據，作愒字為是。又揭字，《說文》云：「高舉也。」〈匏有苦葉‧傳〉云：「揭，褰裳也。」〈碩人‧傳〉曰：「揭，揭長也。」則揭字為譌誤無疑。

8. 白茅包之——《釋文》：「本包作苞。」段玉裁校：「今本作包，譌。」——〈野有死麕〉

段玉裁云：「《釋文》『苞，逋茆反，裹也。』是陸本不誤，注疏本《釋文》改為包，逋茅反。本上聲而讀平聲矣。其誤始於《唐石經》。苞、苴字皆從艸。〈曲禮‧注〉云：『苞苴裹魚肉，或以葦，或以茅。』〈木瓜‧箋〉云：『以果實相遺者，必苞苴之。』引《書》「厥苞橘柚」。今《書》作包，譌。」〔註32〕《校勘記》云：「今考〈木瓜‧正義〉引此經作苞，是《正義》本當亦是苞字，與《釋

〔註28〕 諸引據文獻所載憩與憩左右不分，今據盧文弨《經典釋文考證》云：「舊憩字舌在左旁，今從宋本正。」（臺北：新文豐出版社，1984年），頁48。
〔註29〕 《十三經注疏‧詩經》，頁60。
〔註30〕 《皇清經解諸經總義類彙編‧惠徵君九經古義》，冊一，頁308。
〔註31〕 《經典釋文彙校》，頁126。
〔註32〕 《段玉裁遺書‧詩經小學錄卯卷》（武進臧氏拜經堂本），上冊，頁585。

文》本同。此《正義》作包者，南宋合併時，依經注本改之也。」〔註33〕依段玉裁所言，包乃苞之譌誤，述祖從段玉裁說，阮元亦同。

　　陳奐《詩毛氏傳疏》云：「《說文》：『勹，裹也。』勹本字，古假作苞，今俗作包。」〔註34〕以爲包、苞兩字皆是假借字，本字應該是勹。

　　按：本省吾（1896～1984）云：

　　　甲骨文从勹的字常見，例如芍字（陳一四九）从勹作**☉**，芍字屢見，

　　　从勹作**乀**。**☉**與**乀**象人側面俯伏之形，即伏字的初文。〔註35〕

　　馮良珍云：

　　　《說文》「象人曲形有所包裹」之勹，在古文字中是存在的。而且《說

　　　文》从勹之字中亦確有从包裹之「勹」的。**☉**演變的過程應該是**勹**（甲

　　　骨文，象形意味濃）──**乀**（金文，象形意味漸失，具有訛變）──

　　　──**☉**（篆文，規範後將同類相近字形統一起來，筆劃圓滑規整）。〔註

　　36〕

于省吾以勹之本義爲伏，馮良珍則以作包裹之勹字形有訛變的現象。則《說文》訓「裹也」，象包裹形之**☉**，當是形體譌誤後所產生之後起義。《毛傳》釋包亦爲裹也，則白茅包之應如鄭《箋》所云以白茅裹束野中田者所分麕肉，則以勹字爲是。《正字通・勹部》亦云：「勹，包本字。」，則本詩苞、包字，皆爲勹之假借。又考敦煌《尚書》殘本隸古定〈禹貢〉（伯3469）作包，是衛包改字之前本即如此。且日本岩崎本皆作「苞」，內野本、足利本則作「包」，故段玉裁以包爲譌字者，恐非。

9. 于嗟乎騶虞──《說文・虍部》云：「虞，騶虞也。白虎黑文，尾長
　　於身，仁獸，食自死之肉。从虍，吳聲。」按：鍾鼎：虞从矢，从虍。
　　矢，側行也。〈王會篇〉曰：「央林以酋牙。酋牙者，若虎尾參於身。」
　　酋牙即騶虞也。陸璣《詩義疏》云：「騶虞不食生物，不履生草，故
　　側行以辟之也。」──〈騶虞〉

〔註33〕《十三經注疏・詩經》，頁70。

〔註34〕《續經解毛詩類彙編・詩毛氏傳疏》，冊一，頁621。

〔註35〕于省吾撰：〈釋勹、鳧、匐〉《甲骨文字釋林》（臺北：大通書局，1981年），頁
　　　　374。

〔註36〕馮良珍撰：〈說文勹及从勹之字探源〉《文物研究》，第一期。轉引自《古文字
　　　　詁林》（上海：上海教育出版社，2004年），冊八，頁143。

　　述祖以虞字鐘鼎文從矢，矢爲側行，與騶虞側行辟生物生草之仁慈本性合，由此定騶虞爲獸名。

　　關於騶虞之說，歷代爭議不斷，但主要可分爲《毛詩》及三家詩兩種說法。《毛傳》以爲騶虞是一種神獸：「騶虞，義獸也。白虎黑文，不食生物。有至信之德則應之。」三家詩說法則見於許慎《五經異義》：「今詩《韓》、《魯》說：騶虞，天子掌鳥獸官。」後儒或從毛，或從三家，未有共識。戴震《毛鄭詩考正》云：「蓋騶，趣馬也。虞，虞人也。」〔註37〕陳奐《詩毛氏傳疏》則說：「《正義》引鄭志荅張逸問：《傳》曰：白虎黑文，何謂？荅曰：白虎黑文，周史王會云。今《逸周書・王會篇》佚此文。然亦可證騶虞爲獸，古無異說。」〔註38〕馬瑞辰《毛詩傳箋通釋》更舉出四證〔註39〕，駁斥歐陽修謂《毛詩》未出前，未有以騶虞爲獸名者。胡承珙《毛詩後箋》則調和諸說，謂古時先有此仁獸之名，故掌鳥獸之官遂取以名之。〔註40〕馬氏、胡氏之說文長，茲不引。

　　按：依毛說，騶虞本義可能爲神獸之名。然就詩歌本文看來，前云：「彼茁者葭，壹發五豝。」很明顯是在進行狩獵。後文云：「于嗟乎騶虞！」讚嘆騶虞之意，溢於言表。若以騶虞爲仁獸，則狩獵之時稱讚騶虞，不知用意何在，且將導致前後詩意無法連貫。況且諸說以騶虞爲仁獸者，其性不食生物，不履生草，則詩中「壹發五豝」不正與騶虞仁德之性相砥觸乎！當如胡承珙所云，以騶虞爲獸名，後用以名掌鳥獸之官。然而述祖取《毛傳》之說，以鐘鼎銘文，斷騶虞爲獸名。今考鐘鼎銘文之虞字，《虞司寇壺》作𧆞，《散盤》作𧆚，從虍、從吳。而甲骨文有𦰩字，葉玉森（1874～1933）疑即虞字，郭店〈唐虞之道〉虞字但作吳，不從虍，當即此字，葉玉森云：

> 古之虞人乃掌田獵之官。獵時或被虎首以攝群獸。故其字从虍从大，
>
> 大乃人形。〔註41〕

是矢乃大字，當是人形之大誤爲傾頭之矢，述祖以矢爲側行，虞字象騶虞側行避草木，實過迂曲。

〔註37〕　《皇清經解毛詩類彙編・戴吉士毛鄭詩考正》，頁432。

〔註38〕　《續經解毛詩類彙編・詩毛氏傳疏》，冊一，頁623。

〔註39〕　說見《續經解毛詩類彙編・毛詩傳箋通釋》，冊二，頁1193。

〔註40〕　說見《續經解毛詩類彙編・毛詩後箋》，冊二，頁1681。

〔註41〕　葉玉森撰：〈說契〉《學衡》，第三十一期。轉引自《古文字詁林》，冊五，頁126。

三、邶風詩篇

10. 願言則嚏──毛本作疐,竹利反。《箋》讀嚏,詳《音義》。《音義》本又訛疌,段校是。──〈終風〉

通志堂本《釋文》云:「疌,本又作嚏,又作疐。舊竹利反,又丁四反,又豬吏反,或竹季反,劫也。鄭作嚏,音都麗反。」《注疏》本《釋文》嚏作嚏。則此句共有疐、嚏、疌、嚏四字異文。段玉裁云:「毛作『疐,跲也。』鄭云:『疐讀當為不敢嚏咳之嚏。』此鄭改字也。《唐石經》以下經傳皆從口,是用鄭廢毛。嚏不得訓跲,明矣。」〔註42〕述祖從段玉裁校訂,以為經文應作疐。

按:陳啟源(?～1689)《毛詩稽古編》云:

> 願言則嚏,《釋文》嚏作疐。案:作疐是也。《毛傳》云:「疐,跲也。」
> 毛不破字,若有口旁,不應訓跲矣。是毛公傳《詩》時本作疐也。
> 鄭《箋》云:「疐讀為不敢嚏咳之嚏」,若本來有口旁,鄭何須破字
> 乎?是鄭氏箋《詩》時猶作疐也。〔註43〕

陳氏由《毛傳》及鄭《箋》語句之敘述,判斷經文作疐無誤。考睡虎地秦簡文字〈封五三〉云「刺其鼻不疐」,不從口,是秦漢時疐與嚏通。故鄭玄以嚏釋疐。然〈狼跋·傳〉云:「疐,跲也。」與本詩皆為礙而不行之義。今諸本作嚏者,當是依鄭而改。而《釋文》所云:「疌,本又作嚏。」盧文弨曰:

> 崔集注作疌,是六朝舊本皆然,故陸氏從之。嚏即疌之異文,《一切
> 經音義》十六引《詩》「願言則嚏」,《正義》則從王肅作疐。今注疏
> 本經文從鄭《箋》作嚏,《說文》引《詩》亦同。〔註44〕

《說文》云:「疌,疾也。從止,從又。」徐鍇(920～970)《繫傳》釋疌云:「止,足也;又,手也。手足共為之,故疾也。」是疌字乃捷字之本字,疌當為疐之誤,與詩義無關。至於嚏字,《廣韻》云:「嚏,鼻氣也。嚏,俗。」嚏為嚏之俗字,或為嚏之誤,總之,毛作疐,鄭作嚏,作疌、嚏皆非也。

11. 濟盈不濡軌──岳本作軌,《石經》作軓,《釋文》從軓,段校定作軌。──〈匏有苦葉〉

《釋文》云:「軓,舊龜美反,謂車轊頭也。依《傳》意宜音犯。案《說

〔註42〕《段玉裁遺書·毛詩故訓傳定本小箋》,上冊,頁326。
〔註43〕《皇清經解毛詩類彙編·陳處士毛詩稽古編》,頁25。
〔註44〕《經典釋文考證》,頁51。

文》云：『軌，車轍也。從車、九聲。』龜美反。『軓，車軾前也，從車、凡聲。』音犯，車轊頭，所謂軓也。」《正義》所論同，以經文軌字當作軓。

戴震云：「《詩》以軌與牡韻，當爲車轍之軌，古音讀如九，《毛詩》蓋譌作軓，遂以車軾前之軓解之。」〔註45〕

段玉裁云：「古者輿之下，兩輪之間方空處謂之軌。高誘注《呂氏春秋》云：『車兩輪間曰軌。』此以廣陿言之。凡言度涂以軌謂此。《毛詩傳》曰：『由輈以下曰軌』，此以高下言之。凡言濡軌、滅軌謂此。《穀梁傳》曰：『車軌塵。』謂以軌高廣節塵之高廣。《中庸》：『車同軌』，亦謂車制高廣不差。軌亦云徹，徹者，通也。其中通也。近人專以在地之跡謂之軌徹，古經不可解矣。毛不云由輿以下者，水濡至於輿下軸上之輈，則必入輿矣，故以輿下之輈爲高下之節，喻禮義之不可過也。自下譌作上，乃議改軌爲軓。唐以前龜美反，則古本不誤也。」〔註46〕戴震、段玉裁以經文作軌，述祖從段校。

按：《漢石經魯詩碑圖》第一面第三十八行作：「濟盈不濡軌。」是《魯詩》作軌，則戴震、段玉裁以爲作軌字，是也。然而段玉裁以軌爲輿之下，兩輪之間方空處，王引之（1766～1834）《經義述聞》反駁其說：

> 《傳》文三言由，三言以上，皆謂水之所至。今以由膝以上，由帶以上爲水濡之度，而由輈以上則但釋車軌之名，而不及水之高下，同一文義而上下異訓，其誤一。《傳》文由軸以上爲濡軌，今本誤作由輈以上爲軌，輈字誤而上字則不誤，未嘗云由輈以下，則今改上爲下，而創爲輿下輪內爲軌之說，遍考書傳，皆無此訓，其誤二。經言濡軌，實有其物，若輿下輪內之空處，則不可以言濡矣。《傳》曰：「濡，漬也。」謂轊頭入水爲水所漚也。輿下輪內之空處，何物可漚乎？其誤三。……要而論之，《毛傳》本謂水由軸以上爲濡軌，非謂車由輈以下爲軌，則輿下之說無根。高注本謂兩輪閒之徹廣，非謂兩輪閒之空方，則輪閒之訓亦舛。至徹之爲車跡，古今所同，乃以空方之處言之，謂爲中空而通，則考之經典，驗之傳注，無一合者矣。此段氏千慮之一失，學者勿爲苟同可也。〔註47〕

王引之指出段玉裁以軌爲中空之處的不合理，認爲仍應指車轍之軌跡言，其

〔註45〕《皇清經解毛詩類彙編·戴吉士毛鄭詩考正》，頁432。
〔註46〕《段玉裁遺書·毛詩故訓傳定本小箋》，上冊，頁327。
〔註47〕《皇清經解諸經總義類彙編·王尚書經義述聞》，冊一，頁715～716。

說可從。

12. 湜湜其沚——段校從《說文》所引作止，以沚為鄭改字。——〈谷風〉

段玉裁云：「毛作止，鄭始易作沚，義異。」〔註 48〕〈蒹葭〉「宛在水中沚」，《毛傳》云：「小渚曰沚」。毛不於此發傳，則《毛詩》此句或非沚字。而詩之作沚字，學者多認為是由鄭《箋》所致。鄭云：「小渚曰沚。涇水以有渭故見渭濁。湜湜，持正貌，喻君子得新昏，故謂己惡也。己之持正守初如沚然不動搖。」《說文》湜下引《詩》作湜湜其止。段玉裁云：「清字為湜湜作訓，謂涇渭相入之處，愈見涇濁，愈見渭水止處湜湜然。《說文》曰：『湜，水清見底也。』此毛說也。鄭乃改止為沚，訓湜湜為持正。人之持正，如水中有沚礙流。」〔註 49〕述祖從段說，以《毛詩》作止，鄭玄改止為沚。

按：沚字，甲骨文作𣥲（甲 2406）或𣥲（前 6.25.6），象步行於水中。步行於水上當尋陸地以便行走，或由此而引申為小渚，故毛鄭皆云：「小渚曰沚。」《校勘記》云：

> 此鄭以經止字為沚字之假借。不云讀為，而於訓釋中直改其字以顯之也。例見〈關雎〉怨耦曰仇下。此實漢代注經之常例，而後來往往有依注改經者。〔註 50〕

則阮元亦以止為本字，但不認為鄭玄直改經文，與段玉裁意見有所歧異。然而據鄭玄所云「小渚曰沚」，「如沚然不動搖」，分明就沚作訓，若《箋》以止為本字，則如止然不動搖為不辭矣。故述祖贊同段玉裁所言，以沚為鄭玄所改，實為有見。

13. 賈用不售——錢大昕《石經攷異》云：「售，蓋本作讎。」段校「讎」正字，「售」俗字。——〈谷風〉

《校勘記》云：「《唐石經》售字磨改。錢大昕《唐石經考異》云：蓋本作讎。……今考《釋文》：『售，市救反。』是《釋文》本作售，《石經》磨改所從也。」〔註 51〕述祖蓋依阮元立說。錢大昕《唐石經考異》云：「售字磨改，

〔註 48〕《段玉裁遺書・毛詩故訓傳定本小箋》，上冊，頁 328。
〔註 49〕《段玉裁遺書・毛詩故訓傳定本小箋》，上冊，頁 328。
〔註 50〕《十三經注疏・詩經》，頁 97。
〔註 51〕同上註，頁 98。

字亦劣。蓋本作讎，後人依俗本妄改。」〔註52〕段玉裁云：「讎正字，售俗字。史漢尚多用讎。〈高祖紀〉讎數倍，價屢負而不與也。」〔註53〕述祖又依段玉裁斷讎爲正字，售俗字。

李富孫（1784～1844）《詩經異文釋》云：「《石經》後改作售，殆因上文已有讎字，今本多從之。《說文》售爲新坿字。段氏曰：物價之讎，後人妄易其字作售，此俗字，不可從。」〔註54〕是眾家皆以「讎」爲正字，「售」爲俗字。

按：讎字，《讎尊》作𧦛，《鬲比盨》作𧭴，从兩隹相背，夾一言字，蓋有應對之意。《玉篇》云：「讎，對也。」〈抑・正義〉云：「相對謂之讎，讎者相與用言語。」讎之初義當爲相對談洽，買賣雙方以言語達成交易，引申爲賣出之義。賈用不讎意指如賣物之不讎。而售字蓋讎之省，〈抑〉「無言不讎」，《釋文》云：「售本作讎。」《原本至篇殘卷》亦作「無言不讎」〔註55〕。《史記・高祖紀》：「讎數倍。」如淳曰：「讎亦售也。」售字於卜辭中用作地名，並無賣義。戴家祥（1906～1998）曰：

> 金文从言之字多可改从口，售即讎無疑。〔註56〕

述祖此校從段玉裁說，當無誤。

14. 昔育恐育鞫——《石經》、宋本鞫皆作鞫。——〈谷風〉

段玉裁云：「今注疏考證云：《蜀石經》昔育恐鞫下少一育字，錢唐張賓鶴云：親見《蜀石經》本如此。」〔註57〕則《蜀石經》亦作鞫。《校勘記》云：「此經《蜀石經》無下育字，誤也。以《傳》、《箋》、《正義》考之，皆當有。《蜀石經》之不可信，每類此。」〔註58〕以《蜀石經》不可盡信。而述祖所引石經乃指《唐石經》，此處未作說明者，蓋仍依《唐石經》也。

顧炎武（1613～1682）《詩本音》曰：「《唐石經》凡《詩》中鞫字自〈采

〔註52〕〔清〕錢大昕撰：《續修四庫全書・唐石經考異》（上海：上海古籍出版社，1995年），冊184，頁158。

〔註53〕《段玉依遺書・毛詩故訓傳定本小箋》，上冊，頁328。

〔註54〕〔清〕李富孫撰：《續經解毛詩類彙編・詩經異文釋》（臺北：藝文印書館，1986年），冊一，頁437。

〔註55〕《原本玉篇殘卷》，頁9。

〔註56〕戴家祥主編：《金文大字典》（上海：學林出版社，1995年），上冊，頁1787。

〔註57〕《段玉裁遺書・詩經小學》，上冊，頁454。

〔註58〕《十三經注疏・詩經》，頁98。

芑〉、〈節南山〉、〈蓼莪〉之外竝作鞫，今但〈篤公劉〉、〈瞻卬〉二詩從之。」
〔註59〕段玉裁云：「鞫从革，匊聲，蹋鞠也。或作籟。籟，窮治罪人也。从卒，
从人，从言，竹聲。或作𥷰，今俗作鞫。《毛詩傳》或云窮也，或云究也，
或云盈也，或云告也。告爲假借，窮、究、盈皆本義，其字皆當作鞫。〈蓼
莪·傳〉云：養也。亦當作鞫。鞫爲窮，亦爲養。相反而成，猶治亂曰亂也。」
〔註60〕以爲當作鞫。

　　按：鞫字，《爾雅·釋言》：「鞫，窮也。」《說文》作籟，云：「窮治皋人
也」。又作𥷰，云：「窮也。」段玉裁以爲鞫乃𥷰之假借，且爲籟之俗字，又
以爲鞫與窮爲一聲之轉，故以窮治罪人釋鞫，引申爲凡窮之稱。漢印文字有
鞫字，字形作鞫，馬王堆一號漢墓竹簡鞫字作鞫，則鞫當非俗字。而鞠字，
漢印作鞠，《說文》曰：「蹋鞠也。」《文選·曹植·名都篇》注引《三蒼》云：
「鞠，毛丸可蹋戲者。」是鞫、鞠字義不同。回歸詩句而言，《毛傳》云：「鞫，
窮也。」鄭《箋》云：「恐至老窮匱。」《正義》云：「恐至長而困窮。」皆釋
爲窮，則當以鞫字爲是。

四、鄘風詩篇

15. 玼兮玼兮——段校從《釋文》及《周禮·內司服·釋文》，玼本或作瑳，定爲同文異本。非二卓作玼，三章作瑳也。——〈君子偕老〉

　　本詩二、三章各有一句玼兮玼兮，《唐石經》二章作玼，三章作瑳。段玉
裁云：「玼字一作瑳，淺人乃以分別二三章。」〔註61〕述祖依段校，以本詩有
二本，一本二章皆作玼，一本二章皆作瑳，斷二章作玼，三章作瑳之本爲誤。

　　《釋文》云：「沈云：毛及呂忱竝作玼解。王肅云：顏色衣服鮮明貌。本
或作瑳，此是後文瑳兮。王肅注：好美衣服潔白之貌。若與此同，不容重出。
今檢王肅本後不釋，不如沈所言也。然舊本皆前作玼，後作瑳字。」是陸德
明（556～627）所見王肅（195～256）本並不爲瑳字作解。《釋文·周禮音義》
曰：「玼，音此。劉：倉我反。本亦作瑳。與下瑳字同，倉我反。」是陸所見
有本兩章皆作瑳。

　　按：阮刻本〈內司服〉鄭注引亦爲前玼後瑳，然而據《釋文》「本亦作瑳。」

〔註59〕〔清〕顧炎武撰：《皇清經解毛詩類彙編·顧處士詩本音》，頁339。
〔註60〕《段玉裁遺書·詩經小學》，上冊，頁454。
〔註61〕《段玉裁遺書·毛詩故訓傳定本小箋》，上冊，頁332。

蓋鄭注《周禮》時據《韓詩》兩章竝作瑳。而《毛詩》瑳字，《傳》、《箋》均無釋，是鄭玄箋詩改從《毛詩》兩章竝作玼。後人誤合《毛》、《韓》爲一，而妄分二章作玼，三章作瑳也。

16. 揚且之皙也——阮校皙作晳，从白。——〈君子偕老〉

十行本作晳，《唐石經》作晳。《校勘記》云：「案，晳字是也。《五經文字》云『晳，相承多從日，非。』《說文》：『晳，人色白也。从白，析聲。』皆在白部可證。」〔註62〕段玉裁說同，述祖則依阮校作從白之晳。

按：從日之晳，當與晰同，《正字通·日部》云：「晳，明也。晰，同晳。」今典籍晳、晳多相亂。《周禮·地官·大司徒》云：「其民晳而瘠。」《漢書·霍光傳》云：「光爲人沈靜詳審，長財七尺三寸，白晳。」皆从白作晳。《論衡·死僞》云：「湯晳以長，頤以髯，銳上而豐下，倨身而揚聲。」《篇海類篇·天文類·日部》：「晳，白色也。本从白。」則从日作晳。諸文所引，雖有从日、从白之異，但均用於形容皮膚潔白。而本詩乃稱宣姜之美色，言其眉上揚，面色白晳，當以白部之晳爲是。

17. 終焉允臧——《石經》、宋本皆作終然，閩本亦不誤。明監本、汲古本作焉，阮改。——〈定之方中〉

《校勘記》云：「《正義》云：『終然信善。』又云：『何害終然允臧也。』皆可證明。」〔註63〕是《正義》本爲終然。則宋代以前之本皆作終然，述祖依阮校作終然。

按：焉、然古音皆爲元部字，兩字可通假，如《小雅·大東》「潸焉出涕」，《荀子·宥坐》、《後漢書·劉陶傳》引作然；《論語·子罕》「忽焉在後」，《史記·孔子列傳》焉作然；《禮記·檀弓下》「穆公召縣子而問然」，鄭注云：「然之言焉也。」可證二字通用。而漢《白石神君碑》銘曰：「卜云其吉，終然允臧。」陳喬樅《魯詩遺說攷》引蔡邕（132～192）〈崔夫人誄〉亦作「終然允臧」〔註64〕。《文選·注》、《晉書·樂志》、《釋詁·疏》、《御覽》竝引作終然，所見古本皆作終然，故阮元、莊述祖以爲古作終然。然二字漢代時已有通用情形，恐不得定何字爲是。

〔註62〕《十三經注疏·詩經》，頁119。
〔註63〕同上註，頁121。
〔註64〕《續經解毛詩類彙編·魯詩遺說考》，冊三，頁2372。

五、衛風詩篇

18. 如切如磋——岳本作瑳。阮校據《說文》無磋字，定磋為瑳之俗字。
　　——〈淇奧〉

　　　《唐石經》作磋。《校勘記》云：「考《五經文字》：『磋，治也。』在石部。『瑳，玉色鮮。』在玉部。是唐人有以此字從石，與瑳兮瑳兮字別者。《說文》有瑳無磋，蹉本瑳之俗字耳。此經及《傳》并《小雅·谷風》、《大雅·卷阿》、〈桑柔·箋〉皆當本是瑳字。《周禮》、《禮記》二釋文亦作瑳。」〔註65〕述祖依阮校，以《說文》無磋字，定磋為瑳之俗字。

　　　按：今段注本《說文》刪瑳字。徐鍇《說文繫傳》云：「瑳，玉色鮮白。」白疑兒之譌。《荀子·天論》、《韓詩外傳》、《禮記·釋文》、《說苑·建本》、《論衡·量知》引作瑳。黃焯云：「敦煌本、唐寫本作瑳。」〔註66〕《爾雅·釋器》：「象謂之磋。」《玉篇·石部》：「磋，治象也。」是磋、瑳有通用情形。

　　　《說文》有瑳無磋，故阮元定磋為俗字。然《定州漢墓竹簡論語·學而》載：「如切如磋，如琢如磨。」〔註67〕雖原簡已遭毀壞，僅存摹本，未能確認，但亦為間接證據，可推漢初已有磋字，未必為俗字也。

19. 美目盼兮——《石經》盼作盻。——〈碩人〉

　　　諸本皆作盼，《唐石經》、敦煌寫本作盻。

　　　按：東漢《詩經銘文鏡》引作「美目瞋兮」，羅福頤（1905～1981）先生鑒定為《魯詩》。徐鍇《說文繫傳》云：「盼，《詩》曰：美目盼兮。」直引《詩》曰，不合許慎釋例。唐代玄應《一切經音義，卷八》云：「盼，《說文》：目白黑分也。」是徐鍇本《詩》曰上脫「目白黑分也」五字。段注本即據玄應引補。《玉篇·目部》盼字云：「《詩》云：美目盼兮，謂黑白分也。」《繫傳》云：「盼，目好流視也。」則與《說文》：「盼，恨視也。」釋義有別。《說文》、《玉篇》引詩皆為盼字，《釋文》引《韓詩》云：「黑色也。」則《韓詩》亦當為盼字。盼為眼珠黑白分明，自是美目流轉之義。而「盻，恨視也」與詩歌中宣姜形象不合，故據詩文判斷，當以盼字為是。至於《詩經銘文鏡》所引瞋字，由於盼字上古音滂母諄部字，瞋上古音並母真部字，滂並旁紐，諄

〔註65〕《十三經注疏·詩經》，頁132。
〔註66〕《經典釋文彙校》，頁140。
〔註67〕《定州漢墓竹簡論語》（北京：文物出版社，1997年），頁10。

眞旁轉，可爲假借，當是假瞋爲盼。《史記・司馬相如列傳》云「瞋嫣文鱗」，《漢書》作玢，《文選》亦然，亦爲「賓」、「分」音通之證。而《說文》云：「瞋，恨張目也。」與盼義相近，是兩字皆與詩義不類，故仍應以盼爲正字。

20. 總角之宴——《釋文》：「之宴如字，本或作卝者，非。」《正義》：「經有作卝者，以〈甫田〉總角卝兮而誤也。定本作宴。」——〈氓〉

　　述祖此段考證全引《校勘記》文。而阮元於此句出校兩次，顧廣圻舊校如考證所述，但多出一段文字：「考〈羔裘・傳〉：『宴，鮮盛貌。』此義當與彼同。《釋文》、《正義》皆不從或本，是也。」而阮元新校則云：「鄭〈羔裘〉作晏，鮮盛貌，非宴字也。宴不得訓鮮盛。」〔註68〕述祖不取〈羔裘・傳〉，當亦同意新校之說。

　　馬瑞辰云：「作卝〔註69〕者是也。卝即丫字之渻，爲總角貌。卝與晏古音正合。《箋》『宴然』亦當爲『卝然』之誤。作宴者，因下晏晏而誤也。《釋文》、《正義》轉以作卝者爲非，失之。」〔註70〕

　　按：本詩總角，《毛傳》云：「結髮也」，釋《齊風・甫田》總角爲「聚兩髦也」。〈甫田・正義〉云：「總角聚兩髦，言總聚其髦以爲兩角也。」安陽殷墟婦好墓出土玉器中，有一件孩童玉人作品，其形象以笄將頭髮束爲兩結，向上分開，形狀如角，當是總角。陶潛（365～427）〈榮木〉詩序云：「總角聞道，白首無成。」《世說新語・識鑒》云：「夷甫時總角，姿才秀異。」是總角除爲髮飾外，亦可借指童年。《堯典》「文思安安」，《考靈曜》作晏晏，則二字可通假，故總角之宴其意當爲指童年安然之時，鄭《箋》云：「我爲童女未笄結髮宴然之時。」是鄭本亦作宴。而《邿公華鐘》銘文云：「以宴士庶」，《鄂侯鼎》銘文作「王休宴乃射」，是宴又有宴饗之義，但宴饗義與本詩當無涉，故不論。而《說文》：「丫，羊角也」述祖《說文古籀疏證》引鍾鼎羊字作羊，「从丫象頭角，下象足尾之形。」而丫爲羊之省，強調角形。馬瑞辰以卝爲丫字之省，丫象頭角突出之角形。則總角之卝，形容童年時髮束如丫之角形，則四字皆指代童年之時。回歸詩文，〈氓〉詩乃婦女遭棄悔恨之辭，最後憶及幼年時，與男子歡笑和樂，而今卻使我老怨，是總角乃借指童年無疑。而宴字乃指初本相安歡樂，非同今日之不安於室。且宴訓毛公已於《邶・谷

〔註68〕《十三經注疏・詩經》，頁143。
〔註69〕黃焯云：「案宋本卝作卝，凡從卝者皆然。」《經典釋文彙校》，頁142。
〔註70〕《續經解毛詩類彙編・毛詩傳箋通釋》，冊二，頁1235。

《風》發傳，故毛於此不再說明，而廾字之傳又始於〈甫田〉方出，是《毛詩》此處當作宴，加上鄭玄不言改字，則毛、鄭所見本皆作宴爲是。

21. 遠父母兄弟──《石經》作遠兄弟父母。──〈竹竿〉

《唐石經》、小字本、閩本、明監本皆作「遠兄弟父母」，相臺本作「遠父母兄弟」。

陳喬樅《齊詩遺說考》載荀爽（128～190）〈女誡〉引《詩》作「遠父母兄弟」〔註71〕。

按：《邶風‧泉水》作「遠父母兄弟」、《鄘風‧蝃蝀》上句作「遠父母兄弟」，下句作「遠兄弟父母」，而本條所論乃《衛風‧竹竿》之詩句。今考《釋文》爲「遠兄」作音，則《釋文》所據之本亦作「遠兄弟父母」。臧琳《經義雜記》云：

> 《詩‧竹竿》：「女子有行，遠父母兄弟」。家藏明人舊刻本作「遠兄弟父母」，始知俗本爲誤。母讀若每，與上淇水在右爲韻。後見《唐石經》亦然。或疑父母不當在兄弟下，不知詩人取韻正不必拘，如〈蝃蝀〉首章遠父母兄弟，次章遠兄弟父母，可證也。〔註72〕

考〈閟宮〉母與有韻，〈汋水〉母與友韻，則此詩母右爲韻，古音均入之部，符合詩歌韻腳，而弟字，段玉裁分入十五部，右字入一部，兩字古少合用，故作「遠兄弟父母」較佳。

六、王風詩篇

22. 將其來施施──《顏氏家訓‧書證》：「河北《毛詩》皆云施施。江南舊本悉單爲施。俗遂是之，恐有少誤。」臧琳云：「經文一字，《傳》、《箋》重文。《邶‧谷風》：『有洸有潰。』《傳》、《箋》皆然。以江南本爲是。」──〈丘中有麻〉

《正義云》：「其將來之時，施施然甚難進而易退。」是《正義》本作施施。阮元以爲或由顏說而定。

臧琳《經義雜記》云：「顏氏述江南、江北書本，江北者往往爲人所改，江南者多善本。則此之悉單爲施，不得據河北本以疑之矣。若以毛鄭皆云施

〔註71〕〔清〕陳喬樅撰：《續經解毛詩類彙編‧齊詩遺說考》，冊三，頁2594。
〔註72〕《皇清經解諸經總義類彙編‧經義雜記》，冊一，頁505。

施，而以作施施爲是，則更誤。經傳每正文一字，釋者重文，所謂長言之也。……是可知毛鄭皆云施施，與正文悉單作施，爲各成其是矣。」〔註73〕

按：《邶風・擊鼓》「憂心有忡」，《傳》云：「憂心忡忡然。」《衛風・芄蘭》「谷兮遂兮，垂帶悸兮」，《傳》云：「佩玉遂遂然，垂其紳悸悸然。」《衛風・氓》「咥其笑矣」，《傳》、《箋》重言之曰咥咥。《小雅・十月之交》「噂沓背憎」，《傳》、《箋》皆云：「噂噂、沓沓。」《商頌・那》「庸鼓有斁」，《傳》、《箋》皆云：「斁斁然。」諸多例據皆是經文一字，《傳》、《箋》以重文二字釋之，證明臧琳所言有本。且據詩歌本文來看，「將其來施」正與「將其來食」相對，故述祖據臧琳所定爲是。

七、鄭風詩篇

23. 叔于田——《石經》，宋本皆作大叔于田，阮校以爲《正義》本。《釋文》云：「叔于田，本或作大叔于田者，誤。」——〈大叔于田〉

此條所論乃《鄭風・大叔于田》首句異文。《唐石經》作大叔于田。《正義》本標起止爲「大叔至傷女」，則《正義》本亦作大叔。然《釋文》以大叔于田爲誤，當作叔于田。《校勘記》云：「此詩三章共十言叔，不應一句獨言大叔。或名篇自異，詩文則同。如《唐風・杕杜》、〈有杕之杜〉二篇之比。其首句有大字者，援序入經耳。當以《釋文》本爲長。」〔註74〕述祖既引阮校，是從阮說也。

《漢書・匡衡傳》云：「鄭伯好勇而國人暴虎。」顏師古（581～645）注：「《詩・鄭風・大叔于田》之篇……叔，莊公之弟大叔也。」雖以大叔名篇，但釋叔爲大叔，是小顏所見經文當作叔于田爲是。

按：《毛傳》釋首句大叔于田曰：「叔之從公田也。」則毛公所本亦只爲叔于田。本詩所以名爲大叔于田者，蓋以《鄭風》有兩篇〈叔于田〉，且舊說皆以「叔」乃指共叔段，共叔段又號京城大叔，故後人於本篇加「大叔」以分別之。蘇轍《詩集傳》云：

> 二詩皆曰叔于田，故此加大以別之，非謂段爲大叔也。然不知者，又加大于首章，失之矣。〔註75〕

〔註73〕 《皇清經解諸經總義類彙編・經義雜記》，冊一，頁522。

〔註74〕 《十三經注疏・詩經》，頁167。

〔註75〕 〔宋〕蘇轍撰：《詩集傳》（北京：書目文藝出版社，1990年），卷四，頁11。

24. 不寁故也——《釋文》：「故也，一本作故兮。後好也亦爾。」——
〈遵大路〉

　　《唐石經》作「故也」。《正義》標起止爲「遵大至故也」。則《正義》本
亦作故也。

　　按：《漢石經魯詩碑圖》第三面第二十五行作兮字，其下有「其二」二字，
馬無咎（1881～1955）認爲當是〈遵大路〉末句作不寁好兮〔註76〕。據《漢
石經》殘石，《魯詩》當作「不寁故兮，不寁好兮」，《釋文》一本應即《魯詩》。
此詩全篇八句，六句皆用兮字，不應於章末一句用也字，作兮爲是。

25. 東門之墠——《正義》、《釋文》本皆作墠，定本作壇。——〈東門
之墠〉

　　《毛傳》云：「東門，城東門也。墠，除地町町者。茹藘，茅蒐也。男女
之際近而易，則如東門之墠；遠而難則茹藘在阪。」《華嚴經義》上引《韓詩》
曰：「墠猶坦也。」則《毛》、《韓》皆作墠，指平地而言。鄭《箋》云：「城
東門之外有墠，墠邊有阪，茅蒐生焉。茅蒐之爲難淺矣，易越而出。此女欲
奔男之辭。」《釋文》云：「墠音善，依字當作壇。」《毛詩正義》云：「遍檢
諸本，字皆作壇。《左傳》亦作壇。其《禮記》、《尙書》言壇墠者，封土者謂
之壇，除地者謂之墠。壇墠字異，而作此壇字，讀音曰墠，蓋古字得通用也。」

　　按：據《釋文》所云：「音善，依字當作壇」者，是陸德明所見《毛詩》
字作壇，假借爲墠，《正義》亦云：「遍檢諸本，字皆作壇。」故《毛詩》字
當作壇。然而《毛傳》以除地町町解，則毛公是讀作墠。今本《毛詩》作墠
者，當是依《韓詩》或《毛傳》所改。壇、墠二字古音通，《周禮·大司馬》
云：「暴內陵外則壇之。」鄭司農（?～83）曰：「壇，讀從憚之以威之憚，書
亦或爲墠。」鄭玄曰：「壇讀如同墠之墠。」是先鄭、後鄭皆以墠、壇字通。
然而兩字雖音近可通假，但其義實有不同。對詩義之表達亦微有分別，試就
壇、墠兩字論述如下：

　　《說文》云：「壇，祭壇場也。」又云：「㐭，穀所振入。宗廟粢盛，倉
黃㐭而取之，故謂之㐭。从入从回，象屋形，中有戶牖。」又云：「亶，多穀
也。」壇、亶當是由㐭所孳乳而出之字。甲骨文無壇字，亦無亶字，但有㐭字，
即㐭字，其中有一字形作𠅏（師友 1.170），象在高台建室中有通道之形，與

<hr>

〔註76〕見馬無咎編：《漢石經集存》（臺北：藝文印書館，1976年），卷一，頁5。

壇字爲祭壇場之義對照，應爲築土以爲祭神場所之義，殆即壇之初字也。

　　《說文》釋墠字云：「墠，野土也。」《毛傳》詁墠爲「除地町町者。」町町乃平意。《左傳・昭公元年》載子羽之辭云：「以敝邑褊小，不足以容從者，請墠聽命。」伯州犁對曰：「若野賜之，是委君貺於草莽也，是寡大夫不得列於諸卿也。」結合兩人對話及《毛傳》來看，墠是野外之平地也。〈祭法〉云：「王立七廟，一壇一墠。」鄭注曰：「封土曰壇，除地曰墠。」是壇爲土台，墠爲整除之地。此解與《說文》亦合。

　　明白壇、墠字義之差異後，再觀詩辭以「東門之壇，茹藘在阪」比喻「其室則邇，其人甚遠」，則東門之壇乃易接近之處，故以之比況其室則邇；茹藘在阪則代表難以踰越，象徵其人甚遠。然而壇爲高臺之義，墠爲平地之義，兩者所指實不同，究竟該以何字爲是？《韓詩》以爲當作墠字，《毛傳》以除地町町解，則毛公亦以爲壇爲墠之假借。然而欲解決究竟該作墠字，或作壇字，應就阪字來思考。《爾雅・釋地》云：「陂者曰阪。」《說文》云：「阪，坡者曰阪。」《小雅・正月》：「瞻彼阪田」，鄭《箋》云：「崎嶇墝埆之處。」則阪當有斜坡之義。

　　阪既有斜坡之義，則配合甲骨文向字之作𠂤形來看，「東門之壇」或可釋爲東門外的那座高台，「茹藘在阪」則指通往高台的斜坡通道長滿了茹藘，階梯布滿蒨草，容易腳滑，登陟自然不容易，則作壇字於詩意似較合適。若作墠字，解爲野外之平地，則茹藘在阪之斜坡將無著落。至於鄭玄以茹藘易越而出，與下兩句比喻不甚符合，故不取鄭說。

26. 聊樂我員──《釋文》：「員，本亦作云。」《正義》云：「云、員古今字。」──〈出其東門〉

　　《釋文》云：「員，本亦作云。《韓詩》作魂，神也。」《文選》注引《韓詩》同。黃焯《經典釋文彙校》引唐寫本作「我云」〔註77〕。《御覽》八百一十九引同。〈秦誓〉「若弗云來」，《正義》：「員即云也。」是孔所據本云作員。〈秦誓〉「雖則云然」，《漢書・韋賢傳》顏注引作員。《小雅・正月》「昏姻孔云」，《釋文》云：「本又作員」。《商頌・玄鳥》「景員維河」，鄭《箋》云：「員，古文作云。」據以上例證，可知「云」、「員」兩字相通。

　　至於《韓詩》魂字，惠棟曰：「魂亦與云通。《中山經》曰：『其光熊熊，

────────────

〔註77〕　《經典釋文彙校》，頁150。

其氣魂魂。』魂魂猶云云也。《呂覽・圜道篇》曰：『雲氣西行云云然。』薛夫子訓魂爲神，失之。」〔註78〕

　　李富孫曰：「《古微書》引《援神契》云：『魂，芸也。芸芸，動也。』《白虎通》云：『魂猶伝伝也，行不休也。』是魂與云通。」〔註79〕

　　按：云、員、魂古音皆爲匣紐諄部字，可通假，郭店〈緇衣〉篇引「云」皆作「員」，可證。而據鄭玄所言，云爲古字，員爲今字，兩字通假。阮元《校勘記》誤植爲：「以員爲古字，云爲今字」〔註80〕今訂正。而《韓詩》魂字，惠氏等人以爲魂、云互通。陳喬樅云：

　　　　《毛》、《韓》師傳各異，訓義不必強同。《孝經援神契》曰：「情者，
　　　　魂之使。」此詩言有女如雲，匪我思存。而獨以縞衣綦巾者爲聊樂
　　　　我魂，其情深如此。下章言聊可與娛，娛亦樂也。人悲則神傷，而
　　　　樂則神怡。故《韓詩》以魂爲神，其說殆未可厚非。〔註81〕

以爲三家說不必與《毛詩》強同。

27. 零露溥兮──《正義》云：「靈作零字，故爲落也。」段校：「經本作靈，《箋》假爲零，訓落。依《說文》則是假靈作霝。」《釋文》：「溥，本作團。」《匡謬正俗》云：「《詩》古本有作水旁專者，亦有單作專者，後人輒改爲團字，讀爲團圓之團。」──〈野有蔓草〉

　　《說文》以霝爲正字，訓雨零也。靈、零皆爲假借字。《正義》曰：「靈作零字，故爲落也。」則以零爲正字，靈爲假借。

　　《文選・謝玄暉・京路夜發詩》、謝靈運（385～433）〈初發都詩〉、陸士衡（261～303）〈苦寒行〉、謝惠連（407～433）〈詠牛女詩〉，李善（約630～689）注竝引《詩》「零露團兮」，則六朝古本當作團兮。《御覽・地部二十》亦作團。《說文》無溥字，《玉篇》始有。《說文新附》云：「溥，露皃。」則溥當爲後起字。陳奐曰：「疑古本《毛詩》作專，專爲團之假借字。《周禮・大司徒》注：『專，圜也。』《說文》：『團，圜也。』露上草成團如珠，是曰團，重言之曰團團，故《傳》訓盛多也。」〔註82〕據陳奐所云，大概《毛詩》

〔註78〕《皇清經解諸經總義類彙編・惠徵君九經古義》，冊一，頁300。
〔註79〕《續經解毛詩類彙編・詩經異文釋》，冊一，頁459。
〔註80〕《十三經注疏・詩經》，頁184。
〔註81〕《續經解毛詩類彙編・韓詩遺說考》，冊三，頁2754。
〔註82〕《續經解毛詩類彙編，詩毛氏傳疏》，冊一，頁687～688。

作專，乃團之假借，顏師古以古本有溥字及專字者，後人改爲團字，殆次序顛倒也。

按：今考霝字甲骨文作𣲷（續 4.4.5），从∞者正象霝形，即雨滴之形。故《說文》雨霝之訓，當爲本義無誤。古霝、令二聲字多通用，《說文》輷爲輪之或體，《文選・顏延年・五君詠》云：「劉伶善閉關」，注：「臧榮緒《晉書》曰：靈潛嘿少言」。亦伶、靈互見，則零爲霝之通假字。至於靈字，《說文》以爲靈巫，《楚辭・九歌》云：「靈偃蹇兮姣服。」王注曰：「靈，謂巫也。」金文《庚壺》靈字從示旁作霝，楊樹達（1885～1956）以爲蓋神靈之本字〔註83〕，與雨霝義不合，用於本詩乃霝字之假借。郭沫若（1892～1978）曰：

> 又銘文中數見靈字，除第二「遣武霝公」及「霝命難老」假用霝字而外……〔註84〕

是金文中靈、霝有互用情形。

又據述祖引述段玉裁云：「《箋》假爲零」，則述祖認爲段氏以《箋》零字爲假借。然《詩經小學》原文爲：「經文本作靈露，《箋》本作靈落也，經文假靈爲零。」〔註85〕馬瑞辰曰：

> 據《正義》云：靈作零字，故爲落也。是《正義》本經原假靈作霝，
> 《箋》當云：靈，落也。唐以後始作零耳。〔註86〕

則段氏所引鄭《箋》「靈，落也」，說當與馬氏同。是段玉裁以鄭玄作靈字，爲假借，非述祖所引作零字者。

八、齊風詩篇

28. 無庶予子憎——《正義》云：「今定本作與子憎。據鄭云我，我是予之訓，則作與者非也。」按：定本與《傳》合。《傳》曰：「無見惡於夫人。」夫人訓庶，見惡訓憎。此與子與上與子相應，定本是也。——〈雞鳴〉

馬瑞辰曰：「《爾雅》：『庶，幸也。』《大雅・抑詩》『庶無大悔』，《傳》：『庶，幸也。』無庶即庶無之倒文。……合言之，則無庶即無也。故《傳》

〔註83〕 楊樹達撰：《積微居金文說》（北京：中華書局，2004 年），頁 159。
〔註84〕 郭沫若撰：《郭沫若全集・兩周金文辭大系圖錄攷釋》（北京：科學出版社，2002 年），冊八，頁 441。
〔註85〕 《段玉裁遺書・詩經小學》，上冊，頁 472。
〔註86〕 《續經解毛詩類彙編・毛詩傳箋通釋》，冊二，頁 1264。

但以無字釋之。《箋》釋庶爲眾，失矣。予、與，古今字。予子憎，《正義》引定本作與子憎。與猶遺也。遺猶貽也。無庶與子憎即庶無貽子憎。猶《詩》言無父母貽罹，《左傳》無貽寡君羞也。《毛傳》但曰：『無見惡於夫人。』不解予字。予即與之通用字，《箋》讀予爲予我之予，失之。」〔註87〕

　　按：述祖以庶訓夫人，《禮記‧曲禮》云：「天子之妃曰后，諸侯曰夫人。」齊侯之夫人應爲嫡，非庶。故庶當依馬瑞辰所云，以無庶爲庶無之倒。而定本「與」字，與《正義》本之「予」字當爲通假字。古籍之中，「予」、「與」通假情形相當普遍。《鄘風‧干旄》「何以予之」，《論衡‧率性》引作與。《小雅‧采菽》「何錫予之」，《後漢書‧東平憲王傳》引作與。《禮記‧曲禮上》「生與來日，死與往日」，鄭注：「與或爲予。」《左傳‧宣公三年》「與之蘭而御之」，《史記‧鄭世家》引作予。凡此之類，不勝枚舉。予即與，其義則如馬瑞辰所云猶遺也，貽也。今考《毛傳》釋此句爲：「無見惡於夫人。」，庶無即無，憎爲見惡，予爲貽，連續其意爲「無使見惡於子」，「子」即指夫人。如此解釋，即可與《毛傳》配合。故本詩應爲嬪妾侍君之言。《箋》以爲眾臣未見君主而散朝，將憎惡於此嬪妾。然《禮記‧昏義》曰：

　　　　古者天子后立六宮、三夫人、九嬪、二十七世婦、八十一御妻，以
　　　　聽天下之內治，以明章婦順。

是諸侯夫人當爲內治之主，嬪妾若使君主晏起不朝，所擔憂者，當爲夫人之見惡，而非外治眾臣。故《毛傳》釋以無見惡於夫人，其義較優。

29. 總角丱兮──石經丱作廾。──〈甫田〉

　　段玉裁云：「廾者，古文卵字。出《說文》。《禮記‧內則》以卵爲鯤字。此釋廾爲幼穉，其意同也。」〔註88〕

　　《校勘記》引十行本、小字本作丱，《唐石經》作廾。黃焯《經典釋文彙校》云：「宋本、葉鈔及唐寫本並作廾，筆勢小變作丱。」〔註89〕

　　按：此條解說參本節第二十條「總角之晏」，當以《唐石經》廾字爲是。

30. 突而弁兮──《正義》本作突若弁兮，定本作突而弁兮。按而、如古通。突如即突若也。──〈甫田〉

〔註87〕《續經解毛詩類彙編‧毛詩傳箋通釋》，冊二，頁1268。
〔註88〕《段玉裁遺書‧毛詩故訓傳定本小箋》，上冊，頁349。
〔註89〕《經典釋文彙校》，頁152。

《釋文》爲「突而」作音，是《釋文》同定本作「突而」。《正義》本作突若。今阮刊本《箋》、《疏》具引作「突耳」。《校勘記》云：「《箋》作突爾，猶突然也。俗本作耳，乃大誤。」〔註90〕述祖云以「而、如古通，突如即突若」，其意以而與如通、如與若通，故而與若通。

按：今考古籍而、如通用之例甚繁，如：《易・繫辭上》「其受命也如嚮。」《潛夫論・卜列》如引作而。《小雅・都人士》「垂帶而厲」，《禮記・內則》鄭注引作如。《左傳・隱公七年》「猒如忘」，《說文・欠部》引作而。而、若通用之例則有：《易・夬・九三》「遇雨若濡」，帛書本作如。《老子》九章「不如其已」，帛書乙本如作若。《尚書・微子》「若之何其」，《史記・微子世家》引作如。據此，則述祖以三一律推斷突而通突如，亦通突若，當爲無誤。

又如字古音在泥紐魚部，若字古音爲泥紐鐸部，雙聲對轉，而字古音爲泥紐之部，與如、若爲雙聲旁對轉，皆可通假。如、若二字，古籍亦頗有通用之例。如《尚書・康誥》：「若有疾」，《荀子・富國》引作而。《齊風・猗嗟》：「頎而長兮」，《正義》引作「頎若長兮」，云：「而與若義並通也。」皆是明證。

31. 頎而長兮──《正義》本作頎若長兮，定本作頎而長兮，《釋文》亦作頎而，與上突而同讀如。──〈猗嗟〉

按：參看上條解說。

九、魏風詩篇

32. 不知我者──《石經》作不我知者。小字宋本同，岳本同明監本、閩本、毛本作不知我者，阮校從《石經》。──〈園有桃〉

鄭《箋》云：「不知我所爲歌謠之意者。」《正義》云：「不知我者，見我無故歌謠。」據此，則鄭《箋》與《正義》乃作「不知我者」。《校勘記》云：「《箋》倒經作不知我者，《正義》依之耳，不可據以改經。」〔註91〕述祖則依阮校，以爲當作不我知者。

馬瑞辰云：「不我知，猶《論語》云：『不患莫己知。』古人自有倒語耳。今本作不知我，蓋因《箋》云不我所爲歌謠之意者而誤。」〔註92〕

〔註90〕《十三經注疏・詩經》，頁204。
〔註91〕《十三經注疏・詩經》，頁213。
〔註92〕《續經解毛詩類彙編・毛詩傳箋通釋》，冊二，頁1279。

按：古代漢語語句中，若動詞之前有「不」、「未」、「毋」等否定字時，在這種句子中，動詞的賓語如果是代詞，這個代詞賓語一般要放在動詞前面。如《易·鼎九二》「不我能即」，《小雅·黃鳥》「不我肯穀」，《小雅·小旻》「不我告猶」，《孟子·萬章上》「父母之不我愛。」《論語·陽貨》「歲不我與」等，因此本詩當作不我知者，今語即為不知我者。

33. 父曰嗟予子──武億云：「子與已，止韻。季與寐，棄韻。弟與偕，死韻。子、季、弟斷句，行役向下讀。」──〈陟岵〉

《正義》曰：「父教戒我曰：嗟！汝，我子也。汝從軍行役。」孔穎達（574～648）突出予子之解釋，其意似於此斷句，雖下句從軍行役前有一汝字，當是順文勢而增，非可據此判斷。朱子則於行役斷句，曰：「嗟呼，我之子行役，夙夜勤勞，不得止息。」〔註93〕顧炎武云：「李因篤曰：父曰、母曰、兄曰，皆至行役為句，而子、季、弟於句半為韻，各協下音，猶之半句為讀也。擊壤歌：帝何力於我哉？力字與上息食為韻，與此正同。」〔註94〕顧炎武已見出子季弟可為韻，但仍以父曰至行役斷句。於是段玉裁、武億（1745～1799）、江有誥（1773～1851）更直接將此句斷為「父曰嗟予子，行役夙夜無已」，將此句斷為前句五字，後句六字。

按：《漢石經魯詩碑圖》第四面第十三行引作：「父兮父□曰嗟予子行役夙夜毋已尚慎」，父字下、曰字前少一字。段玉裁以為所缺乃兮字，為疊上文父兮而言。多此一字，則全詩可分為四字句或六字句。作四字句者，斷為「父□曰嗟，予子行役，夙夜毋已。」使全詩符合《詩經》四言詩之通例；作六字句者，則為「父□曰嗟予子，行役夙夜無已」，使此詩成為四字句、六字句摻雜之詩，但符合詩韻，故當以六字句者較優。《毛詩》雖未必如《魯詩》多此缺字，但不失為一思考方向。

34. 桑者閑閑兮──《釋文》本作「閒閒音閑，本亦作閑。」《正義》本作閑閑。──〈十畝之間〉

《校勘記》云：「《釋文》云：『閒閒音閑，本亦作閑。』《正義》標起止云：『《傳》閑閑』，《正義》本與《釋文》亦作本同。」〔註95〕述祖說與阮元

〔註93〕 《朱子全書·詩集傳》，冊壹，頁493。
〔註94〕 《皇清經解毛詩類彙編·顧處士詩本音》，頁351。
〔註95〕 《十三經注疏·詩經》，頁214。

同。

按：《阜陽漢簡詩經》S146 引作：「者閒＝猗行。」《穆天子傳》注引《詩》曰：「桑者閒閒兮。」《文選・宋玉賦》李善注引《詩》亦作閒閒。《白帖》八十二引作「桑柘閑閑」，皆閒、閑互見。閒字上古音爲見母元部字。而閑字上古音爲匣母元部字。閒、閑乃疊韻旁紐，故閑、閒聲音相近，當可假借。考閒字，《宗周鐘》作閒，徐鍇《繫傳》曰：「夫門夜閉，閉而見月光，是有閒隙也。」從門見月，門有隙也，故《說文》釋爲「隙也。」閑字，《說文》曰：「闌也。」《易・家人》：「閑有家。」注云：「闌也。」則閒、閑兩字字義不同。金文《同簋》云：「毋女又閑」，字形爲閑，從門，中有木。毋女又閑者，乃戒敕之語，言勿女怠惰而有閒隙也。亦可證明閑爲閒之假借。《毛傳》於此釋閒閒爲：「男女無別往來之貌。」陳奐云：「閒閒猶寬閒。」正是形容來往之貌。故本詩正字當爲閒閒，閑閑乃借字。

35. 誰之永號——永，鄭讀詠，歌也。《釋文》本作詠，《正義》本作永。阮校以永為長。——〈碩鼠〉

《說文》云：「詠，歌也。詠或從口。」先秦古文字中，作口作言者常通用。《校勘記》曰：「《箋》云：『永，歌也。』乃讀永爲咏。不改其字者，以爲假借也。《正義》本爲長。《釋文》本作咏，當是因《箋》并改經字。」〔註96〕

陳奐云：「誰則永號，猶言樂郊之地，民無長嘆耳。」〔註97〕

馬瑞辰云：「古詠歌字多渻作永，永號猶詠歎也。《正義》云：『永是長之訓。』以永號共文，故以永爲歌，失之。」〔註98〕

于省吾云：「誰、唯古通。……誰之永號，應讀作唯之咏號。樂郊樂郊，唯之永號，言樂郊樂郊，唯以歌呼也。歌呼者，舒其鬱結，得其處所之謂也。李斯〈諫逐客書〉：『而歌呼鳥鳥快耳者，眞秦之聲也。』可資佐證。」〔註99〕綜合以上諸家意見，誰之永號可有兩種解釋，一者以永作詠，作歌呼解。一者釋永爲長久之意，以永號爲歎息。

〔註96〕同上註，頁 214。
〔註97〕《續經解毛詩類彙編・詩毛氏傳疏》，冊一，頁 703。
〔註98〕《續經解毛詩類彙編・毛詩傳箋通釋》，冊二，頁 1283。
〔註99〕于省吾撰《澤螺居詩經新證・澤螺居楚辭新證》（北京：中華書局，2003 年），頁 12。

　　按：永字在甲骨文、金文中，除了用於人民及地名之外，另有下面所述兩種意義：《井人妄鐘》銘文云：「賁屯用魯，永冬于吉。」言渾厚而嘉美，長久止于祥瑞之境也。《宗婦鼎》銘文云：「永寶用」，其意爲永久寶藏享用。永字之義猶長也、久也。然甲骨文於祭祀時，每言咏或不咏，乃指歌頌與否之意。如「小臣詠王」（甲 1267），即是小臣歌咏王。故由永字之義，實難判定本詩意旨。然而號字卻可提供思考方向。《說文》：「號，嘑也。」「号，痛聲也。」今考先秦典籍中，號字作爲聲者，多爲哀傷呼喊之音，《易‧同人‧九五》「先號咷而後笑。」〈易‧夬‧上六〉「無號，終有凶。」《小雅‧北山》「或不知叫號。」《禮記‧曲禮下》「三諫而不聽，則號泣而隨之。」《孟子‧萬章》「舜往于田，號泣于旻天。何爲其號泣也？」《莊子‧養生主》「老聃死，秦失弔之，三號而出。」號皆有哀傷悲鳴之意，尚未發現如于省吾以永號爲歌呼歡樂之意。本詩誰之永號，若以永爲歌聲，號爲哀傷歎息聲，則不倫矣。故永字當釋爲長、久之義。

十、唐風詩篇

36. 弗鼓弗考——《正義》本鼓作擊，云：「今定本云『弗鼓弗考。』注云『考，擊也。』無亦字，義並通也。」《釋文》云：「鼓如字。本或作擊，非，《定本》同。」——〈山有樞〉

　　《文選‧潘安仁‧河陽縣詩》李善注曰：「《毛詩》曰：子有鍾鼓，弗擊弗考。毛萇曰：考亦擊也。」

　　盧文弨《經典釋文考證》云：「《正義》曰：今定本云弗鼓弗考，注云：『考，擊也。』無亦字，義竝通也。據此知孔本作弗擊弗考。《毛傳》：『考，擊也。』作：考亦擊也。」〔註100〕

　　黃焯《經典釋文彙校》云：「唐寫本作擊。」〔註101〕

　　按：《說文》鼓字收有二形，一作𪔂，一作𪔐，釋義則有名詞、動詞的不同。然契文中二字實不分。壴字乃鼓之象形。而偏旁乃象手持物擊之也。唐蘭（1901～1979）《殷虛文字記》云：

　　　蓋古文字凡象以手執物擊之者，從攴、殳或支，固可任意也。〔註102〕

〔註100〕《經典釋文考證》，頁66。
〔註101〕《經典釋文彙校》，頁155。
〔註102〕唐蘭著：《殷虛文字記》（北京：中華書局，1981年），頁67。

田倩君則綜合各家對鼓字之解釋，以為鼓字在甲金文之中：

在形體上曾有許多變化，但變化雖多，卻只在其擊鼓棒上演化而已。
〔註103〕
則鼓字乃係擊鼓之形。再考銅器銘文，《蔡侯▨編鎛》云：「自乍歌鐘，元鳴
無期，子孫鼓之。」鼓字即作動詞用。則本詩弗鼓弗考，鼓即有擊之義，不
煩改字。《說文》缶字云：「秦人鼓之以節謌。」《韻會》鼓作擊。《周易‧離‧
九三》：「不鼓缶而歌。」《周易注疏校勘記》云：「鼓，鄭本作擊。」〔註104〕
是兩字可通用。

37. 白石皓皓——《石經》皓作晧。阮校《說文》無皓字，定從日作晧。——〈揚之水〉

《說文‧日部》云：「晧，日出皃。从日，告聲。」段玉裁注云：「謂光
明之皃也。天下惟絜白者取光明，故引申為凡白之偁，又改其字從白作皓矣。」
〔註105〕

《校勘記》云：「《唐石經》初刻同，後磨改作晧。案：晧字是也。《說文‧
白部》無皓字，是晧字本從日也。」〔註106〕述祖依阮校。

王筠（1784～1854）《句讀》：「晧，日出皃，皃蓋光之譌……《釋詁》：
晧，光也。當為許君所本，字俗作皓。」〔註107〕

按：《說文》有晧無皓，《玉篇》則兩字皆有。《小爾雅‧廣詁》云：「皓，
白也。」《類篇‧白部》云：「皓，白皃。」皆以皓為白義。據此，晧字當取
日出之光為義，後引申為潔白，從白者蓋隸字俗寫所致。

38. 有杕之杜——《顏氏家訓》：「《詩》云：有杕之杜。江南本竝木傍施大。《傳》曰：『杕，獨皃也。』徐仙民音迨計反。《說文》云：『杕，樹皃也。』在木部。《韻集》音次第之第。而河北本皆為夷狄之狄，讀亦如字，此大誤也。」——〈杕杜〉

〔註103〕田倩君撰：〈釋鼓〉《中國文字》（臺北：臺灣大學古文字學研究室，1974年），第十二卷，冊52，頁272。
〔註104〕《十三經注疏‧周易》，頁81。
〔註105〕〔清〕段玉裁注：《說文解字注》（臺北：洪葉文化事業有限公司，2003年），頁307。
〔註106〕《十三經注疏‧詩經》，頁221。
〔註107〕〔清〕王筠撰：《說文句讀》（上海：上海古籍出版社，1983年），冊二，頁877。

《唐石經》作杕字。《釋文》云：「本或作狄字，非也。」與顏之推（531～約595）說同。《說文》云：「杕，樹皃。從木，大聲。《詩》曰：有杕之杜。」徐鍇《繫傳》不引《詩》。但有「臣鍇按：《詩傳》：樹特生皃。故曰：有杕之杜，生于道左是也。」據徐鍇所云，是大徐本《說文》當亦有引《詩》。據此，許慎當有引《詩》作「有杕之杜」，且狄字並無可形容樹木貌狀之義，故以杕字爲是。

按：今考上海博物館戰國楚竹書《孔子詩論》第十八簡作：「𣂆杜則情憙其至也。」𣂆字與《說文》折字籀文合，《齊侯壺》銘文與上博簡字體亦相似，是作折無誤。則杕杜乃折杜。然杕字上古音爲定紐月部字，折爲透紐月部字，疊韻旁紐，則折字當是杕字之假借。

39. 安且燠兮——《釋文》本作奧。《正義》本作燠。——〈無衣〉

《尚書·洪範》云：「時燠若。」《漢書·五行志》引作奧。顏師古注云：「奧讀曰燠，省通。」盧文弨曰：「古燠煖字多作奧。」〔註108〕

黃焯《經典釋文彙校》云：「《唐寫本》作燠，《注疏本》同。」〔註109〕

按：奧字，《說文》釋爲「宛也，室之西南隅。」林義光以奧從宀、從釆，釆象探索之象，故有深義。〈周語〉「野無奧草」，注云：「奧，深也。」奧爲室之深處，故許慎以西南隅釋之。而室之深處不透氣而易熱，蓋加火旁以示熱意。故《說文》以燠爲「熱在中也。」本詩安且燠兮，燠爲熱暖之意，當以燠字爲是。奧則省借也。

40. 人之爲言——《釋文》：「爲言，于偽反，或如字，下文皆同。本或作偽字，非。」《正義》、王肅諸本皆作爲言。定本作偽言。段校從《釋文》。——〈采苓〉

《正義》云：「人之詐偽之言。」是《正義》亦從定本作偽。段玉裁校訂作人之爲言，並云：「定本作偽言。古爲、偽通也。」〔註110〕

《校勘記》云：「古爲、偽、訛三字皆聲類所近，用作假借，用作訓詁，其理一也。」〔註111〕

〔註108〕《經典釋文考證》，頁67。
〔註109〕《經典釋文彙校》，頁156。
〔註110〕《段玉裁遺書·毛詩故訓傳定本小箋》，上冊，頁357。
〔註111〕《十三經注疏·詩經》，頁230。

王引之《經義述聞》云:「《序》曰刺獻公好聽讒,則人之爲言即民之僞言也。《說文》曰:『譌,譌言也。從言、爲聲。《詩》曰:民之譌言。』今《小雅・沔水》、〈正月〉竝作民之訛言。〈沔水・箋〉曰:『訛,僞也。言小人好詐僞爲交易之言。』〈正月・箋〉曰:『訛,僞也。人以僞言相陷入。』〈晉語〉曰:『譌言誤眾』,是其義也。此《箋》謂爲人爲善言,殆失之迂矣。」〔註112〕

按:《說文》云:「僞,詐也。」《左傳・襄公四年》云:「恃其讒慝詐僞而不德于民。」《孟子・萬章上》「然則舜僞喜者與?」趙岐(約 108~201)注:「僞,詐也。」《廣韻・寘韻》云:「僞,欺也。」皆以僞有欺詐之義。荀子雖以「人爲」釋僞,當是就思想意義上賦予新解,非僞字本訓也。且據〈沔水〉、〈正月〉經文,均以訛言形容讒言,故據《詩序》刺聽讒來看,當以人之僞言爲是。

十一、秦風詩篇

41. 蒹葭淒淒——《釋文》本作萋萋,云:「本亦作淒。」明監本、閩本、毛本同《釋文》本。《石經》、宋本皆作淒。——〈蒹葭〉

《說文》云:「淒,雨雲起也。《詩》曰:有渰淒淒。」「萋,艸盛。《詩》曰:菶菶萋萋。」今《小雅・大田》作有渰萋萋。

按:《毛傳》訓渰爲雲興貌,則當以淒爲正字,萋當係假借。《原本玉篇殘卷》渰下引《毛詩》即作有渰淒淒。〔註113〕而本詩《毛傳》云:「萋萋猶蒼蒼也。」蒼蒼爲盛貌,乃形容蒹葭茂盛狀,則本詩當以萋字爲是。

今考《詩經》經文作淒淒者,有《鄭風・風雨》「風雨淒淒」、《小雅・四月》「秋日淒淒」,均和風雨、天候有關。作萋萋者,有《小雅・出車》「卉木萋萋」、《小雅・杕杜》「其葉萋萋」、《周南・葛覃》「維葉萋萋」、《大雅・卷阿》「菶菶萋萋」,均用於形容草木盛狀。據此,〈大田〉當作有渰淒淒,本詩則爲蒹葭萋萋爲是。

42. 有紀有堂——《釋文》:「紀,本亦作屺。」《正義》云:「集注本作屺,定本作紀。」——〈終南〉

《校勘記》云:「《正義》云:集注本作屺,定本作紀。標起止云:《傳》

〔註112〕〔清〕王引之撰:《皇清經解諸經總義類彙編・王尚書經義述聞》,冊一,頁723~724。
〔註113〕《原本玉篇殘卷》,頁356。

紀基。是《正義》本與定本同。屺是山有草木字，集注當誤。」〔註114〕

《說文》云：「屺，山無草木也。」段玉裁以爲無當作有。然而山之有草木乃屬平常，何需另造一字形容之。焦循（1763〜1820）以爲：「前有條有梅，以草木言。此有紀有堂，以平地言。終南雖高峻，其平處亦有屺有堂。屺堂，無草木者也。」〔註115〕以爲前句有條有梅表有草木之處，後句有屺有堂表無草木之平地。則焦循以紀爲屺之假借。

王引之曰：「紀讀爲杞，堂讀爲棠。條、梅、杞、棠皆木名也。紀、堂假借字耳。考《白帖》終南山類引《詩》正作有杞有棠。唐時《齊》、《魯詩》皆亡，唯《韓詩》尙存，則所引蓋《韓詩》也。」〔註116〕

按：《說文》云：「紀，別絲也。」《玉篇》云：「紀，十二年也，緒也，絲別名也。」《禮記·禮器》云：「紀散而眾亂。」《禮記·月令》云：「毋失經紀。」《說苑》云：「袁氏之婦，終而失其紀。」是紀乃端緒之謂，並無山基之義，則紀字當是假借。《毛傳》釋紀爲基，堂爲畢道平如堂也，是《毛詩》與三家有別，不將紀堂視爲植物也。《尙書·大誥》亦云：「厥子乃弗肯堂，矧肯構？」《孔傳》云：「子乃不肯爲堂基。」亦可爲《毛傳》訓作基堂之佐證。今考《周頌·絲衣》「自堂徂基」，《毛傳》云：「基，門塾之基。」是《毛傳》之基當爲基址之義，非高處平地。〈陟岵〉言「陟彼屺兮，瞻望母兮」，登高方得瞻望，則屺乃是高處，與《毛傳》釋基義不合，故屺字當非《毛詩》。據此，《毛詩》當作「有紀有堂」，紀乃基之假借，故《毛傳》以基釋之。

然而從詩歌全文來看，前云「終南何有，有條有梅」，條、梅乃植物，則後句紀、堂依王引之所言作杞、棠爲佳，而《毛傳》所謂「畢道平如堂也」之訓，實嫌迂曲，當依《韓詩》爲是。

十二、陳風詩篇

43. 可以樂飢——宋本皆作樂。《石經》初刻同，後加广作瘵，沈重所謂晚詩本也。《釋文》以爲鄭本。阮校：《傳》本作樂，音洛。鄭讀瘵，力召反。非於毛本外別有本也。——〈衡門〉

《毛傳》云：「樂飢，可以樂道忘飢。」鄭《箋》云：「飢者見之，可飲

〔註114〕《十三經注疏·詩經》，頁247。
〔註115〕〔清〕焦循著：《皇清經解毛詩類彙編·焦孝廉毛詩補疏》，頁873。
〔註116〕《皇清經解諸經總義類彙編·經義述聞》，冊一，頁724。

以藥飢。」是毛作樂,而鄭作藥也。《韓詩外傳》、《列女傳》、《太平御覽》引《詩》皆作療,《說文》云:「藥,治也。或從寮。」《文選‧王元長‧永明十一年策秀才文》「豈非療飢,不期於鼎食。」李善注云:「鄭玄曰:泌水洋洋然,飢者見之可飲以藥飢。藥音義與療同。」則鄭玄藥字即療字。

　　盧文弨《經典釋文考證》引臧庸云:「鄭作藥飢,不云樂當爲藥,是經本作藥也。」又曰:「以樂飢爲樂道忘飢,說甚支離,必非毛語。」〔註117〕以鄭玄未破字,且否定樂道忘飢爲毛傳之語,認爲《毛詩》原本亦作藥。

　　按:鄭玄讀藥,力召反,蓋據《韓詩》改之也。《校勘記》云:

> 此《箋》不云樂讀爲藥者,以樂爲藥之假借,而於訓釋中改其字以顯
> 之也。〔註118〕

阮元以爲鄭《箋》改字不一定要破字改讀,可直接於箋釋中訓解以顯示之。而臧庸以樂道忘飢,說甚支離,非《毛傳》之語。黃焯則反駁云:

> 《傳》申補經義之處極多,如〈野有死麕〉「有女如玉」,《傳》云:
> 「德如玉。」〈長發〉「至于湯齊」,《傳》云:「至湯與天心齊。」如
> 此諸文,亦可云非毛語耶?〔註119〕

可見臧庸之說仍有缺陷,難據之否定樂道忘飢之爲《傳》語。是則本句《毛詩》當作樂飢,而鄭玄作藥飢,或據《韓詩》改之耳,非謂《毛詩》另有本作藥也。

44. 彼美淑姬——《釋文》:「叔音淑,本亦作淑,善也。」是詩本作叔,鄭讀淑也,《釋文》從之。《注疏》本誤作「淑,音叔。」當從通志堂本改正。——〈東門之池〉

　　《校勘記》云:「《釋文》云:叔姬音叔,本亦作淑,善也。」〔註120〕今阮刻本作叔音淑。段玉裁曰:「《釋文》:叔音叔。按:音叔,猶如字也,以別於作淑。與〈東門之枌〉:且,鄭音且,以別於作且,七也反,正同。《正義》作淑姬,即《釋文》之亦作本也。」〔註121〕阮、段所據乃宋本也。述祖則取通志堂本,以音叔爲誤。

〔註117〕《經典釋文考證》,頁70。
〔註118〕《十三經注疏‧詩經》,頁259。
〔註119〕《經典釋文彙校》,頁161。
〔註120〕《十三經注疏‧詩經》,頁259。
〔註121〕《段玉裁遺書‧毛詩故訓傳定本小箋》,上冊,頁361。

黃焯《經典釋文彙校》云：「穀旦，《釋文》云：鄭音旦，乃對王肅作且言之，不得引以爲比。宋本音叔，叔字當誤。不然則當依小字本、相臺本、十行本所附作淑，音叔，本亦作叔也。」〔註122〕

按：今考鄭《箋》云：「淑姬賢女。」將淑、賢對比，乃釋淑爲善。《正義》云：「言彼美善之賢姬。」是《正義》本亦作淑。又《詩經》中凡言淑字者，毛鄭幾乎皆訓爲善，如〈關雎〉、〈君子偕老〉、〈韓奕〉之《毛傳》，〈燕燕〉、〈中谷有蓷〉、〈尸鳩〉、〈鼓鐘〉、〈桑柔〉、〈泮水〉之鄭《箋》，僅〈抑〉詩於箋釋中直接以善解之。然則此詩鄭玄未訓淑字，亦有可能鄭所據之本作叔，然未有明據，難以論定。

叔字，金文《叔卣》作𣆚，季旭昇先生以爲本義當爲以木椿插土〔註123〕。甲骨文有𣆚（甲1870），金文《寡子卣》有𣆚字，容庚（1894～1983）以爲𣆚即弔字，舊則多以爲此乃叔字，然叔、弔字形實有差別，季旭昇先生以爲弔可假借有淑善之意。《寡子卣》銘文云：「辜不𣆚策乃邦」，不𣆚猶言不叔，即不善。〈節南山〉「不弔昊天」，〈天保〉「神之弔矣」；《左傳》「若之何不弔」，「穆爲不弔」，皆假借爲淑善之意。《說文》訓俶爲善。則叔字有善訓，與毛鄭訓釋合。故叔、淑二字當皆爲俶字假借。

45. 歌以訊之——《釋文》：「訊，本又作誶。音信。徐：息悴反，告也。」

按：訊於韻不叶。段云：「誶、訊義別。誶多譌作訊。《爾雅》『誶，告也』、《國語》『誶申胥』、《詩》『莫肯用誶』，及此皆當作誶，息悴反。《釋文》以音信爲正。王逸《楚辭注》引《詩》『誶予不顧』。《廣韻·六至》誶下引《詩》『歌以誶止』，可證其誤。」——〈墓門〉

戴震云：「訊乃誶字轉寫之譌。《毛詩》云：『告也。』《韓詩》云：『諫也。』皆當爲誶。誶音碎，故與萃韻。訊，音信，問也。於詩義及音韻咸扞格矣！」〔註124〕

王引之則曰：「訊非譌字也。訊，古亦讀若誶。《小雅·雨無正》篇『莫肯用訊』，與退、遂、瘁爲韻。張衡〈思元賦〉『愼竈顯于言天兮，占水火而妄訊』，與內、對爲韻。左思〈魏都賦〉『翩翩黃鳥，銜書來訊』，與匱、粹、

〔註122〕《經典釋文彙校》，頁161。
〔註123〕季旭昇撰：《說文新證》（臺北：藝文印書館，2004年），上冊，頁194。
〔註124〕《皇清經解毛詩類彙編·戴吉士毛鄭詩考正》，頁436。

－65－

溢、出、秩、器、室、莅、日、位爲韻。則訊字古讀若誶。故〈墓門〉之詩亦以萃、訊爲韻，於古音未嘗不協也。訊、誶同聲，故二字互通。」〔註125〕

黃焯亦云：「惟訊訓問，誶訓告。凡問者必告，於義實相承受，故《廣韻》訊注有問、告兩訓。又誶古屬沒部，訊屬先部，先沒對轉，故二字恆得相通。」〔註126〕

按：《阜陽漢簡詩經》S128：「椊止夫也不良歌以誶」，可證漢代《詩經》有作誶之本。《原本玉篇殘卷・言部》誶字下云：

> 《周禮》「用情誶之」，鄭玄曰「誶，告也。」《爾雅》亦云。郭璞曰：「相問誶也。」《毛詩》「歌以誶之」，《傳》曰：「誶，告也。」〔註127〕

則顧野王（510～581）所見《爾雅》、《毛詩》皆作誶字。而據陸德明《釋文》所言，《毛詩》有誶、訊兩本。考《虢季子白盤》「執訊五十」，字形作𢓲，从糸，从口，象獲醜之形，陳介祺（1813～1884）釋爲訊字。執繫之，故從糸；以言訊，故從口，則訊字本義當爲問罪。〈皇矣〉「執訊連連」、〈出車〉「執訊獲醜」、《漢書・張湯傳》「訊鞫論報」，皆用本義，後乃引申爲問，與告義實有差別。又訊字上古音爲心母享部字，誶字上古音爲心母沒部字，雙聲對轉，聲韻相近，有可通假之理。而六朝書卒字有作卆者，與卂相近，亦可能因字形而致譌。

46. 月出皓兮——《石經》皓作晧。——〈月出〉

按：參見 37 條，當以晧字爲是。

47. 從夏南——《石經》南下旁添姬字，下句同。惠棟云：南與林叶，不容闌入姬字。《正義》本作從夏南兮，云定本無兮字。——〈株林〉

《正義》云：「從夏氏子南之母爲淫泆兮。……從夏氏子南之母兮。……定本無兮字。」是《正義》本有兮字也。今諸本皆作從夏南，當依《正義》本改作從夏南兮。又《唐石經》南字下添姬字，作從夏南姬。惠棟以韻腳不協，否定其說。述祖則依惠棟之說。

〔註125〕 《皇清經解諸經總義類彙編・王尚書經義述聞》，冊一，頁 725。
〔註126〕 《經典釋文彙校》，頁 162。
〔註127〕 《原本玉篇殘卷》，頁 228。

馬瑞辰亦曰：「《詩》以南與林爲韻。《唐石經》作從夏南姬，則不與林韻。且夏姬爲夏南之母，若稱夏南姬，則不辭。」〔註128〕

　　按：夏姬本姬姓，故以姬爲氏。後嫁於陳大夫公子夏御叔，爲夏氏之婦，故曰夏姬。古代女子出嫁後稱呼多由此而定，未有冠於兒子名下的。《毛傳》既釋夏南爲夏徵舒，則夏南姬爲不辭，故《毛詩》當不至於作夏南姬。

48. 乘我乘駒──《釋文》：「本作乘驕，音駒。沈云：或作駒字，是後人改之。〈皇皇者華〉篇內同。」《正義》本作乘駒。段校沈重說是。顧校從《正義》本。按：〈漢廣·傳〉：五尺以上曰駒。〈株林·箋〉云：馬六尺以下曰駒。《說文》云：馬高六尺爲驕。引《詩》我馬維驕。或詩本作驕，後人依韻改駒。段從沈說是也。──〈株林〉

　　《校勘記》出兩校，顧廣圻前校云：「考〈汝墳·傳〉云：五尺以上曰駒。《正義》云：五尺以上即六尺以下，故〈株林·箋〉云：六尺以下曰駒也。毛於此及〈皇皇者華〉皆更不爲驕字作《傳》，當皆是駒字，未必後人改之。」阮元後校云：「沈重說是也。其詳見段玉裁《說文解字注》。」〔註129〕則顧、阮兩人見解不同。

　　《說文解字注》云：「鄭司農云：『馬三歲曰駣、二歲曰駒。』〈月令〉曰：『犧牲駒犢，舉書其數。』犢爲牛子，則駒馬子也。《小雅》『老馬反爲駒』，言已老矣，而孩童慢之也。按：《詩》駒四見，而〈漢廣〉、〈株林〉、〈皇皇者華〉，於義皆當作驕，乃與《毛傳》、《說文》合，不當作駒。依韻讀之，則又當作駒乃入韻，不當作驕。深思其故，蓋〈角弓〉用字之本義，〈南有喬木〉、〈株林〉、〈皇皇者華〉則皆讀者求其韻不得，改驕爲駒也。駒未可駕車，故三詩斷非用駒本義。」〔註130〕作駒字，則與鄭司農及《說文》之釋義不合；作驕字則於聲韻不合。然段玉裁過信《說文》，故仍定本句爲驕。述祖則依段說。

　　按：考《漢石經魯詩碑圖》第五面第十五行載〈株林〉詩字爲駒，則沈重後人改字說不攻自破。林義光《詩經通解》云：

　　　愚謂段說非也。金文《伯晨鼎》、《兮田盤》皆云：「錫駒車」，此謂

〔註128〕《續經解毛詩類彙編·毛詩傳箋通釋》，冊二，頁1318。
〔註129〕《十三經注疏·詩經》，頁260。
〔註130〕《說文解字注》，頁465。

駕車之駒，與諸詩駒字義合，而字皆作駒，則《詩》之駒字本不作驕明矣。〔註 131〕

季旭昇先生《詩經古義新證》又舉《癲鼎》「王在豐，王呼虢弔召癲，賜駒兩。」及《晉侯穌編鐘》「王親賜駒三匹。」為證，並云：

王賞賜給癲、晉侯的馬當然應該不會是小馬。此外，本詩從前後章的對比也可以知道此處的「駒」絕不會是小馬，前章說「言秣其馬」，此章說「言秣其駒」，二者當然同義，只是為了換韻而換字罷了，林氏之說當可從。〔註 132〕

依林義光及季旭昇先生所云，字仍作駒為是。

十三、檜風詩篇

49. 我心蘊結兮——《唐石經》初刻作蕰，後改蘊。阮校蘊即俗蕰字。
——〈素冠〉

《說文》云：「蕰，積也。从艸，溫聲。《春秋傳》曰：『蕰利生孽。』」蘊字《說文》未收，故阮元定為俗字，述祖則依阮元。

《左傳·昭公十年》云：「蕰利生孽，姑使無蕰乎。」杜預注及《釋文》均作蕰。《唐石經》亦刻作蕰。《左傳·襄公十一年》：「毋蕰年」，杜預注：「蕰積年穀而不分災。」亦作蕰，積訓與《說文》合。

按：〈都人士〉「我心苑結」，《正義》云：「我心為之苑然盤屈，如繩索之為結也。」則苑字當為菀。《詩經》中以結字形容者，多與心憂有關。如〈正月〉「心之憂矣，如或結之。」〈鳲鳩〉「心如結兮。」則「我心蘊結兮」當與「我心苑結」《正義》所云：「如繩索之為結也」同義，故《校勘記》云：

苑結即〈素冠〉之蕰結，以苑字為是。〔註 133〕

菀古音為影紐元部字，蕰古音為影紐諄部字，雙聲旁轉，故可通假。故以菀結即蕰結，其說是也，但以菀字為是，則誤矣。《說文》云：「菀，茈菀，出漢中房陵。」《玉篇》云：「菀，紫菀，藥名。又菀，茂木也。」菀字於《詩經》中皆用以形容樹木之茂盛，如「有菀者柳」、「菀彼桑柔」、「有菀其特」，用於形容繩結則不倫。故當以蕰字為是，菀則為假借字。

〔註 131〕林義光撰：《詩經通解》（臺北：臺灣中華書局，1971 年），頁 7。
〔註 132〕季旭昇撰：《詩經古義新證》（北京：學苑出版社，2001 年），頁 11。
〔註 133〕《十三經注疏·詩經》，頁 519。

十四、豳風詩篇

50. 八月萑葦——萑或作蒮，蓋萑字之誤。《說文》：「蒮，薍也。从艸，萑聲。」段云：「《毛詩》借萑作蒮，非誤萑草之萑也。」——〈七月〉

　　段玉裁《詩經小學》云：「《說文》：蒮，从艸，萑聲。《五經文字》曰：蒮從艸下萑。今經典或相承隸省省艸作萑。」〔註134〕

　　《御覽》引作蒮。〈小弁〉「萑葦淠淠」，《韓詩外傳》七引作蒮。

　　按：敦煌殘卷英倫藏本作蒮。萑、蒮蓋字形之譌，《說文》萑、葦二字相連，以蒮為是。蒮字，甲骨文作𣛙（摭續309），從四木。而萑字甲文字形與蒮同從四木，但偏旁亦有從二木，如𣚣（存下527），或從三草，如𦫳（河746）者，則蒮、萑字佳形旁之草木並無定數，兩字當亦無分別。而萑字，甲、金文皆為萑鳥之形，吅為雙目，象萑鳥雙眼炯然，視察銳利。而金文亦有省吅者，遂為萑字混。

51. 七月鳴鵙——王肅云：「古五字如七。」《箋》如字。《石經》鵙作鶪，是。——〈七月〉

　　《正義》述鄭云：「五月陰氣動而伯勞鳴，是將寒之候也。〈月令〉仲夏鵙始鳴，是中國正氣五月則鳴。今豳地晚寒，鳥初鳴之候，從其鄉土之氣焉，故至七月鵙始鳴也。」

　　嚴粲曰：「五月伯勞始鳴，應一陰之氣。至七月猶鳴，則三陰之候，而寒將至矣，故七月聞鵙之鳴，先時感事。」〔註135〕

　　按：《說文》云：「鶪，伯勞也。」《玉篇》、《五經文字》亦作鶪，則作鵙者蓋字之譌也。又〈七月〉「五月鳴蜩」，蜩即蟬，〈月令〉仲夏「蟬始鳴」，《莊子‧達生》痀僂丈人言其承蜩之道曰：「五、六月累丸二而不墜，則失者錙銖。」皆與本詩五月鳴蜩季節合。再如「五月斯螽動股，六月莎雞振羽」亦顯示豳地五六兩月氣候炎熱，正是昆蟲活動的季節，則豳地五月季候與〈月令〉仲夏當同。王肅或有見於此，故據〈月令〉仲夏鵙始鳴，定七月為五月之譌。而鄭玄則以晚寒釋之。其實豳地處中國內陸，應屬溫帶大陸性氣候，冬、夏較長，春、秋較短，因此以中原氣候為主的〈月令〉，自然不可能與《豳風‧

〔註134〕《段玉裁遺書‧詩經小學》，上冊，頁491。
〔註135〕〔宋〕嚴粲撰：《詩緝》（臺北：廣文書局，1989年），卷十六，頁9。

《七月》完全吻合。況且伯勞乃季節性候鳥，冬季南飛，夏季返回，自然受到鄉土氣候之影響。故鄭玄及孔穎達所說有理。本詩屢稱七月，乃以該月氣候將寒，故以「七月流火」、「七月在野，八月在宇」昆蟲開始移位，象徵氣候將變，《國語・周語》亦云：「火見而清風戎寒。」因此，七月當為豳地暑轉換的分野點，故詩歌一再吟詠七月。此月伯勞鳴叫，象徵氣候將寒，又將南飛尋暖。若以五月鳴叫，前有四月秀葽、蠶月條桑，是氣候早已溫暖，伯勞應已北返，不應待至五月方鳴。

52. 上入執宮功——《正義》本作宮公，云：「經當云執於宮公，本或公在宮上，誤耳。今定本云執宮功，不為公字。」《石經》執下旁添於字，非。——〈七月〉

　　《校勘記》云：「《箋》云執宮中之事，與上載纘武功《傳》：『功，事也。』相承。當以定本為長。」〔註136〕段玉裁《詩經小學》云：「今本公作功，誤也。〈采蘩・箋〉云：『公，事也。』〈天保〉、〈靈臺・傳〉云：『公，事也。』此《箋》云治宮中之事。《正義》云：『言治宮中之事，則是訓公為事。經當云執宮公，本或公在宮上，誤耳。今定本執宮功，不為公字。』玉裁按：今襲唐定本之誤。〈六月・傳〉云：『公，功也。』今俗人用膚功，亦非。」〔註137〕阮元、段玉裁意見不同，然述祖但明異文之版本來源，並未作出評斷。

　　馬瑞辰曰：「《爾雅》：『公，事也。』宮公即宮事也。公事即何休《公羊・注》所云：民皆入宅，男女同巷，相從夜績者，于茅索綯。即宮事之一也。宋儒以宮公為公事，宮府之役，誤矣。《正義》本作執宮公，今本作執宮功者，從唐定本改也。公、功古通用。」〔註138〕

　　按：《漢石經魯詩碑圖》第五面第三十四行作「上入執宮公」，是《魯詩》作公。工字，甲文作ㄓ（甲1161），又作ㄓ（摭87）。金文《木工鼎》作工。吳其昌（1904～1944）據銘器金文，以為工字本義為斧之一種。李孝定不以為然，認為金文的工，是由ㄓ變化而來，其云：

　　　　疑工乃象矩形。規矩為工具，故其義引申為工作，為事功，為工巧，

　　　　為能事。〔註139〕

〔註136〕《十三經注疏・詩經》，頁290。
〔註137〕《段玉裁遺書・詩經小學》，上冊，頁493。
〔註138〕《續經解毛詩類彙編・毛詩傳箋通釋》，冊二，頁1338。
〔註139〕《甲骨文字集釋》，第五，頁1593。

何金松云：

> 工字用築牆杵的象形表示土木建築工程，甲骨文中的司工即主管建
> 築工程，先秦典籍中作司空。〔註140〕

劉恒云：

> 凸實象夯築之夯，口為夯所為之石，上端丁則象連石夯之把。
>
> 〔註141〕

以上述，均以工字本義為建築工作，而功字乃工之孳乳字。《中山王響鼎》「休
又成功」，功作工，工即功字。而甲骨文公作凸（甲 1378），金文《秦公簋》
作凸，朱芳圃（1895～1973）《殷周文字釋叢》云：

> 凵象侈口深腹圓底之器，當為瓮之初文。〔註142〕

徐中舒（1898～1991）亦云：

> 象甕口之形，當為甕之初文，卜辭借為王公之公。〔註143〕

朱氏、徐氏雖釋為器瓶之形，但學術界關於公字之本義仍有爭議，然金文中
則借公為國君的一種尊稱，本詩上入執宮功，乃入宮協助工作，則當以工為
本字，功乃孳乳。而作公者則假借字也。

53. 予所蓄租——《釋文》：「租，子胡反，本又作祖，如字，為也。」
《正義》祖訓始也。「物之初始必有為之，故云：祖，為也。」段
云：「《正義》同又作本。今《釋文》、《正義》皆譌租，當改正。」
段校是也。《釋文》又云：「《韓詩》云：積也。」〈魯語〉「祖識地
德」注引虞翻云：「祖，習也。」虞《易》注：「習有積訓。」是《韓》
與《毛》皆作祖，不知何時改租，子胡反也。——〈鴟鴞〉

《毛傳》云：「租，為也。」《說文》「祖，始廟也。从示且聲。」《正義》
以為毛訓為，則字應作祖為是。述祖依段玉裁校訂，以租字為譌誤。且據〈魯
語〉注及虞《易》注，《韓詩》亦作祖，則鄭玄不當作租，租字當誤。

按：卜辭金文中作祖宗之祖字只有少數从示从且，餘但作「且」，「且」
象木主之形，一說象男性生殖器之形。《說文》云：「租，田賦也。」以禾為

〔註140〕何金松撰：〈漢字形義考源〉，《華中師範大學學報》1994 年第 4 期，頁 117。
〔註141〕劉恒撰：〈殷契偶札〉《于省吾教授百年誕辰紀念文集》，收錄於《古文字詁
　　　　林》，冊四，頁 754。
〔註142〕朱芳圃撰：《殷周文字釋叢》（臺北：臺灣學生書局，1972 年），頁 94。
〔註143〕徐中舒撰：《甲骨文字典》（成都：四川辭書出版社，1988 年），卷二，頁 71。

租，語原疑亦出於且。厲王時的《禹攸从鼎》租即作且。則祖、租兩字皆爲且之孳乳字也。何楷（1594～1644）《詩經世本古義》云：

> 租，通作葅。《說文》云「茅藉也」。禮，封諸侯以土，葅以白茅。《周禮音義》亦作租，上文綢繆牖戶，必取桑根之皮。此但納茅秀于窠中以爲之藉，蓋作窠之始事也。〔註144〕

胡承珙云：

> 《傳》以「爲」訓租者，「爲」疑「薦」字之誤。篆文「爲」作𤔔，「薦」作𧱅，字形相近。《說文》引《禮》葅以白茅，《白虎通義》、《獨斷》皆作「苴以白茅」。鄭注〈士虞禮〉云：「苴猶藉也。」毛訓租爲薦者，猶《說文》之「且，薦也」。《韓詩》訓租爲積，積聚所以爲薦藉，義亦相近。《釋文》租又作祖者，乃古字通借。《正義》謂祖訓始，物之初始必有爲之者，故云租，爲。解釋迂回，蓋「薦」之誤「爲」，其來久矣。〔註145〕

何楷、胡承珙兩人以爲租當是葅字假借，可備一說。

54. 予尾翛翛——《石經》翛翛作脩脩。《正義》云：「定本消消作翛翛。」又云：「予尾消消而敝」，脩脩誤消消。蓋《釋文》作翛，《正義》作脩。《石經》用《正義》本也。——〈鴟鴞〉

《校勘記》云：「考此經相傳有作脩、作翛二本也。《沿革例》云：『監、蜀、越本皆作脩脩，以《疏》爲據。興國本及建寧諸本皆作翛翛，以《釋文》爲據也。』又引《疏》云：『定本作翛翛。』今《正義》誤，見下。又《正義》云：『予尾消消而敝』，乃《正義》所易之字，如易令令爲鈴鈴，易遂遂爲璲璲，非其本經傳作消消也。以《定本》作翛翛推之，《正義》本當作翛翛矣。」〔註146〕

按：《說文》未見翛字。脩字云：「脯也。」脯字云：「乾肉也。」是《說文》以脩爲乾肉。《釋名・釋飲食》云：「脩，脩縮也，乾燥而縮也。」〈中谷有蓷〉「中谷有蓷，嘆其脩矣。」《毛傳》云：「脩且乾矣。」則脩有乾枯、萎縮之義，與《毛傳》敝義近。據此，字當作脩爲是。

〔註144〕〔明〕何楷撰：《詩經世本古義》（上海：上海古籍出版社，景印文淵閣四庫全書，1987 年），冊 81，頁 227。

〔註145〕《續經解毛詩類彙編・毛詩後箋》，冊二，頁 1911。

〔註146〕《十三經注疏・詩經》，頁 298。

55. 勿士行枚——《釋文》：「行，毛音衡，鄭音銜，王戶剛反。」段校
《釋文》誤。按：《箋》云：「亦初無行陳銜枚之事。」是鄭亦讀戶
剛反矣。《正義》云：「定本云：勿士行枚，無銜字。」定本是當時
本，行下或衍銜字。《正義》据定本改正也。毛音衡，俟攷。——
〈東山〉

　　《校勘記》針對此句共出校兩次。顧廣圻舊校以《釋文》所云鄭音銜者，
即為經文中之行枚，行為銜之假借，不云讀為，而是直接在箋釋中顯示。而
新校則否定此說，認為鄭《箋》行陳銜枚之事便是解釋經文之行枚。並且以
古音杭、銜相異，絕不在讀如、讀若、讀為、讀曰之例。《釋文》所云鄭氏音
銜者，當是陸德明之誤。述祖於此採段玉裁校訂，既以《釋文》誤，當亦如
新校所云。述祖又以《箋》中所云行陳銜枚，與經文行枚比較，則鄭玄乃是
將行枚二字增為行陳銜枚四字以解經，行即行陣之解，讀戶剛反，如此則鄭
音銜者，乃《釋文》據《箋》文銜枚而誤判，鄭玄仍應讀戶剛反。而《正義》
所云定本無銜字者，則當時或有他本衍銜字。

　　按：黃焯《經典釋文彙校》云：「英倫藏本行作銜。」〔註147〕則敦煌殘
卷為「勿士銜枚」，非如《正義》所指為衍字。則唐時至少有三種寫法，一為
《定本》，作「勿士行枚」，一為《正義》所云他本，作「勿士行銜枚」，一為
敦煌本，作「勿士銜枚」。據《毛傳》釋枚為微，則毛本行枚為行微義，與銜
枚之事無關，陳奐據《荀子・堯問篇》：「執一無失，行微無怠，忠信無勌，
而天下自來。執一如天地，行微如日月……。」以毛公受業於荀子，則《傳》
義當用師說。故銜枚之解乃鄭玄易《傳》，本句經文應以定本為是，後兩種版
本應是受到鄭《箋》影響而致誤。至於毛音衡者，李黼平《毛詩紬義》云：

　　　　《釋文》「士行」云：毛音衡，衡即橫字，是謂毛意作無事橫銜其枚

　　　也。〔註148〕

胡承珙《毛詩後箋》云：

　　　　《釋文》毛音衡者，作衡聲，同衡，即橫也。此或六朝以前說詩者

　　　相傳之古音古義，不然行字毛無《傳》，何由知其音衡。〔註149〕

橫銜其枚仍是以鄭說為據，與毛義有別，則《釋文》以毛音衡，殆亦誤矣。

〔註147〕《經典釋文彙校》，頁167。
〔註148〕《皇清經解毛詩類彙編・李庶常毛詩紬義》，頁976。
〔註149〕《續經解毛詩類彙編・毛詩後箋》，冊二，頁1914。

56. 四國是皇——按鍾鼎古文匡从貝、皇省聲，匡，正也。經典借皇作匡。〈釋言〉曰：「皇、匡，正也。」此《傳》曰：「皇，匡也。」皆古文假借例。皇本無匡訓，以古文匡从皇得聲，故以皇為匡。王應麟《詩攷》：「《齊詩》四國是匡，董氏曰：《齊詩》作四國是匡，賈公彥引以為据。」此皇、匡通借之證也。——〈破斧〉

　　述祖據《釋言》及《毛傳》，以皇、匡為假借之例。其意以皇為借字，匡為正字。

　　按：皇、匡兩字，歷代學者多認為此乃假借之例，皇借作匡，其說最早出於《毛傳》「皇、匡也」之訓，《齊詩》文字亦為「四國是匡」，用在本詩，即是匡正四國之意。述祖遂根據《毛傳》、《釋言》及《齊詩》所引，斷定皇、匡為通借。段玉裁、馬瑞辰乃至今人屈萬里（1907～1979）等，皆持此說。然而季旭昇先生《詩經古義新證》則根據甲骨文字形，判定皇字本義即有匡正義，其說云：

> 甲骨文有兩個寫作「𤔲」的字（見《甲骨文編》附錄下第 5287 號），我認為它從戉（或王）、𤇾（煌）聲，就是「皇」字。這個字的右旁和甲金文的𤇾字完全相同，也就是王獻唐認為是「象火把植立，上作燭光射出火焰者也」的那個字，而其左旁則是「戉」字。「戉」字應該是象斧鉞之形的鉞字的初文，因此此字和斧鉞有關。從甲骨文例和《詩經·豳風·破斧》來看，它應該有征討、匡正的意思。由於「戉」、「王」是一個字的分化，聲音也非常近，因此金文中把「戉」字橫過來寫成「王」字，從而「皇」字所從的「王（戉）」既表示戰爭討伐的意義，同時也起了聲符的作用。〔註150〕

依季旭昇先生所說，則歷來被認為是假借的皇，反而才是本字，其意義為征討、匡正，後來假借為輝煌、盛大、帝王；而原本認為是本字的匡，卻是假借，其本義為《說文》所云之竹製飯器，後假借為匡正之義。毛公所據之本雖多假借字，但此皇字正是本字，但因戰國秦漢時代，皇字的假借義大行，遂使本義湮晦，故《齊詩》改以匡為本字，反而誤假借為本義。近世出土之甲骨文提供我們了解的方向，但在乾嘉時期，無法根據甲骨文判斷，自然得出皇為匡借字的結論。

〔註150〕《詩經古義新證》，頁 65～67。

57. 無使我心悲兮——《正義》云：「本或心下有西，衍字，與〈東山〉相涉而誤耳。定本無西字。」——〈九罭〉

　　《校勘記》亦引《正義》，以西字爲衍文。

　　按：〈九罭〉「無以我公歸兮，無使我心悲兮」，若添西字，則兩句不對稱，故西字當衍無疑。而誤衍的來源，則以〈東山〉詩：「我東曰歸，我心西悲」最有可能。《正義》所云，當爲定論。阮元《校勘記》亦引《正義》佐證，今傳世眾本皆無西字。

第二節　《小雅》詩篇文字考證

一、鹿鳴之什

1. 我馬維駒——《釋文》：「駒音俱，本亦作驕。」詳〈株林〉。——〈皇皇者華〉

　　按：參看第一節第四十八條論「乘我乘駒」。

2. 況也永歎——《釋文》：「況，或作兄，非也。」段云：「〈桑柔〉、〈召旻〉及今文《尚書》毋兄曰，皆作兄，作況非。」宋本歎作嘆，《石經》亦作嘆。通志堂本《釋文》作歎。《注疏》本《正義》、《釋文》皆作嘆，是《正義》本作嘆，諸本作歎者，從《釋文》改也。——〈常棣〉

　　段玉裁曰：「〈出車〉『況瘁』，《箋》云：『茲益憔悴』，戴東原曰：『茲，今通用滋。《說文》「茲，艸木多益也。」「滋，益也。」詩之辭意言不能如兄弟相救，空滋之長歎而已。韋注《國語》云：「況，益也。」』玉裁謂：此與〈桑柔〉、〈召旻・傳〉、《今文尚書》毋兄曰則兄自正同，作兄是，作況非。」〔註151〕

　　李富孫曰：「《漢・辛慶忌傳》，師古注：『兄，讀曰況。』漢《修華嶽碑》云：『兄乃盛德。』蓋兄爲古況字，而陸氏以爲非，誤也。」〔註152〕

　　陳奐云：「《書・無逸》『則皇自敬德。』《漢石經》殘碑作則兄自敬德。王肅本作況。注云：況茲益用敬德。訓況爲益。與詩傳訓兄爲茲，其義一也。」

〔註151〕《段玉裁遺書・毛詩故訓傳定本小箋》，頁371。
〔註152〕《續經解毛詩類彙編・詩經異文釋》，冊一，頁489。

〔註153〕

胡承珙云：「古書中凡言而況者，爲更進之詞。又覘賜之覘，古字只作況，皆茲益義之引申也。此蓋本無其字，依聲託義。其字或作況，或作兄，又作皇，不得定以何者爲是也。」〔註154〕

據述祖所引，惟通志堂本《釋文》作歎，餘作嘆。嘆，《說文》云：「吞歎也。一曰：大息也。」段玉裁注云：「嘆、歎二字，今人通用。《毛詩》中兩體錯出，依《說文》則義異。歎近於喜，嘆近於哀，故嘆訓吞歎，吞其歎而不能發。」〔註155〕

歎字，《說文》云：「吟也。謂情有所悅，吟歎而歌詠。」段玉裁注云：「古歎與嘆義別，歎與喜樂爲類，嘆與怨哀爲類。」〔註156〕述祖云諸本作歎皆從《釋文》而改，蓋以嘆字爲是也。

按：兄字甲骨文作𠃬（甲2292），金文亦同，从口从儿。《說文》云：「兄，長也。」依字形看，殊無義理。徐鍇謂：「以口教其下，故从口。」說亦牽強。段玉裁以滋益爲本義，兄弟之兄爲借義；王筠謂篆文當與兒字同例，本象人形，不从口；朱駿聲謂本訓當爲滋益之詞，從口在人上，與欠同意；徐灝謂从人从口乃生長之義，諸子同生以長者當之，故謂先生爲兄。以上諸家說兄字者，義皆難通。李孝定曰：

> 兄之本誼，未可確指，應與「人」之形體、動作有關。……訓長，段氏以爲疊韻爲訓，訓茲、訓滋則長義之引申；兄弟之義，或以爲長義之所本，竊疑「兄」字無緣以兄長爲本義，此義蓋借字也。

〔註157〕

今據甲骨文字形來看，兄象一人跪地之形，而卜辭中兄字有作爲祝字之用者，如「祝于父甲」（甲801），字形作𠃬；「其至祖丁，祝王受祐」（甲1655），字形作𠃬，人跪地或有禱祝之意，故兄字之本義可能即是祝字。則兄長之兄當爲借義，而滋益之義亦爲借義。胡承珙所云爲是。兄、況古音皆在曉紐陽部字，可通假，但兩字皆假借字，無由定何字爲是。

〔註153〕《續經解毛詩類彙編・詩毛氏傳疏》，冊一，頁753。
〔註154〕《續經解毛詩類彙編，毛詩後箋》，冊二，頁1933。
〔註155〕《說文解字注》，頁61。
〔註156〕同上註，頁416。
〔註157〕李孝定撰：《金文詁林讀後記》（臺北：中央研究院歷史語言研究所，1982年），卷八，頁331～332。

《原本玉篇殘卷》存歖字，並引《禮記・郊特牲》云：

> 辛爵而樂闋，孔子屢歖之。鄭玄曰：「歖美也此禮。」野王案：意有
> 所欽悅，歌謠吟歖也。《禮記》言之不足故嗟＝歖＝不足故不知手之
> 舞之，足蹈之是也。《說文》：「歖，吟也。」《聲類》或爲嘆字。《說
> 文》以嘆傷之嘆爲嘆字，在口部。〔註158〕

據顧野王按語，《說文》原本只有「歖，吟也」之語。徐鍇本《說文》則無段
注本「吟也。謂情有所悅，吟歖而歌詠」之文。徐鍇《繫傳》云：「此悲歖也。
古詩曰：『一彈而三歖』，從口作嘆。嘆息也。」嘆字，《繫傳》云：「鍇曰：
欲言不能，吞恨而太息也。」《文選・曹子建・三良詩》「臨穴仰天歖」，李善
注引《說文》曰：「歖，太息也。」據以上資料，顧野王、段玉裁將歖與嘆分
別爲喜樂與悲傷之義。而徐鍇、李善則以歖爲太息哀傷之義，當同嘆。

據顧野王按語，《說文》原本作「歖，吟也。」顧、段兩人以爲有喜樂義，
蓋因《說文》歖字列於欳字前。然吟字，《說文》以呻吟互訓，不見有喜樂義。
或顧、段二人誤解也。今考古籍嘆、歖兩字多相通，《禮記・樂記》「壹倡而
三歖」，《史記・樂書》作嘆；《禮記・祭義》「愾然必有聞乎其嘆息之聲」，《公
羊傳・桓公二年》何注引作歖。是嘆、歖當爲異體字也，未必如《說文》所
云有喜、悲之分。

3. 史禦其務——《正義》云：「定本經御作禦，訓爲禁。集注亦然。俗
   本以《傳》禦爲御，《爾雅》無訓，疑俗本誤也。」是《正義》本亦
   從定本作禦，唯《傳》尚作御耳。阮校：《正義》「禦爲御」當作「爲
   御禦」，詳《傳》下。《春秋》內外傳引《詩》皆作外禦其侮。《爾雅》
   曰：「務，侮也。」按：詩務與戎韻。《傳》若借務爲侮，不應無訓。
   務當爲教。《說文・夊部》：「敄，彊也。从夊，矛聲。」《唐韻》亡
   遇切，讀與務同。目部：「瞀，低目謹視也。从目，敄聲。」《唐韻》
   莫候切。《唐韻》从矛之字，如罞、鶩、霿皆讀莫紅切。《說文・雨部》：
   「霿，天气下，地不應曰霿。霿，晦也。从雨瞀聲。」《唐韻》莫弄
   切，《廣韻》省作雺。霿、霚並上同。《說文》霚即俗霧字。《廣韻》
   誤。要而論之，敄未嘗不可讀莫紅切，則敄正與戎韻，字當訓彊。《春
   秋》內外傳與《毛詩》同爲古文而讀異者，或後人從三家詩改定耳。

〔註158〕《原本玉篇殘卷》，頁116。

錢大昕跋吳棫《韻補》云：「詩外禦其務，讀謨逢切。《集傳》不從，反讀戎為汝，以叶侮。今之叶音未可歸咎於吳。」又以為才老博攷古音，有功《詩》、《易》、《楚辭》，故推其說而識之。──〈常棣〉

段玉裁云：「此《正義》譌脫，不可讀，當謂定本經作禦，《傳》作『禦，禁也』，俗本經作御，《傳》作『御，禦也』，《正義》從定本。然『御，禦也』見於〈谷風·傳〉，俗本為勝。又『御，禦也。務，侮也。兄弟雖內鬩而外禦侮也』十六字當是傳文。今《注疏》完以『箋云』，『箋云』二字恐誤衍。」〔註159〕

陳奐云：「《正義》禦、御二字互誤。俗本經作御，《傳》作禦，當是古本傳文如是。『御，禦。』《邶·谷風》同，《詩》作御，內外傳引《詩》皆作禦，故以禦釋御也。韋昭、杜預注《禦，禁也。》後人因改此經傳作『禦，禁耳。』」〔註160〕是段、陳兩人皆以《正義》引文有譌脫，當依俗本經作御，傳作禦為是。

黃焯云：「英倫藏本務作侮」〔註161〕，與《春秋》內外傳同。莊祖述以《毛傳》未訓務字，疑經應作敄。並舉《唐韻》切字，以為敄可讀莫紅切，以與戎韻。

按：楊樹達《積微居甲文說·釋禦》云：

甲文有禦字，字作𥄂，或省作卸，為祭祀之名，即《說文》之禦字也。《說文·一篇上·示部》云：「禦，祀也。从示，御聲。」考甲文用此字為祭名者，往往有攘除災禍之義寓於其中。〔註162〕

所謂有攘除災禍之義者，如「戊子卜，鼎：卸年于囿？五月。」（庫方1684），即為此意；又如「鼎，卸疒身于父乙？」（乙編6344），這是卜問是否卸除腹病于父乙，可見禦確實是一種攘除災殃的祭祀名稱。御字，甲骨文作𢍆（燕72），《遹毀》作𢾭，《犬馭毀》作𢾭。《說文》云：「御，使馬也，从彳卸。𢾭，古文御，从又馬。」季旭昇先生云：

《說文》把御和馭字混為一字，學者已指出其誤。馭本義為使馬，與御字無關，文獻多混用。〔註163〕

〔註159〕《段玉裁遺書·詩經小學》，上冊，頁498。
〔註160〕《續經解毛詩類彙編·詩毛氏傳疏》，冊一，頁754。
〔註161〕《經典釋文彙校》，頁170。
〔註162〕楊樹達撰：《積微居金文說·甲文說》（臺北：大通書局，1974年），頁17。
〔註163〕《說文新證》，上冊，頁120。

則《說文》釋義爲誤。而關於御之本義，李孝定曰：

> 御之本義當訓迓，其訓進訓用者，均由此誼所孳乳。其用爲祭名者，
> 則假爲禦。〔註164〕

季旭昇先生云：

> 甲骨文初形从卩午會意，午亦聲，會人跪坐持杵操作之意，因此有
> 用、治的意思。〔註165〕

據二氏所言，御字並無可引申「禁」義之理，而禦爲攘除災害之祭，引申仍
有禁制之義，而御又可假作禦，故《邶風・谷風》「以我御冬」，《毛傳》釋御
爲禦，蓋以禦爲本字，而御乃假借字也。據此，本詩當依俗本，作「禦」字
爲是。

> 孜字，《毛公鼎》作𢽤，孫詒讓（1848～1908）曰：
>
> > 孜从攴，矛聲。此左从𢀛，即古文矛字。矛爲刺兵，故作是形。……
> > 孜、務聲類同。〔註166〕

務字，《中山王䁧壺》「務在得賢」，字形作𢾿，不從力。睡虎地秦簡作𠜶，從
力。是孜、務兩字當通。今考《毛公鼎》銘文作「毋敢龔橐酒孜鰥寡」，意即
不敢侮鰥寡，又《古文四聲韻》上聲九虞引古《孝經》侮字作𦎧，下半雖不清
晰，上半則從矛明甚。爲孜、侮字通又添一證。據此，述祖所說當可從。然
述祖乃自聲韻入手，據《唐韻》考證孜可讀莫紅切，與戎韻，其意似不以孜
可與侮通。況《唐韻》乃中古音系統，以之證《詩》，證據力似不足。

4. 宜爾室家——宋本作家室，《石經》作室家。阮校作室家是。——〈常棣〉

《校勘記》云：「作室家者是也。《禮記》引同，以家、帑、圖、乎爲韻，
《唐石經》可據也。《正義》云：然後宜汝之室家，亦其證。」〔註167〕

按：〈鴟鴞〉「予手拮据，予所捋荼，予所蓄租；予口卒瘏，曰予未有室
家。」据、荼、租、瘏、家古音皆爲魚部字，可爲韻。〈采薇〉「靡室靡家，
玁狁之故；不遑啓居，玁狁之故。」家、故、居皆魚部字，可爲韻。再如〈桃
夭〉「桃之夭夭，灼灼其華。之子于歸，宜其室家。桃之夭夭，有蕡其實。之

〔註164〕《甲骨文字集釋》，第二，頁589。
〔註165〕《說文新證》，上冊，頁120。
〔註166〕〔清〕孫詒讓撰：《籀膏述林》（臺北：廣文書局，1971年），頁319。
〔註167〕《十三經注疏・詩經》，頁326。

子于歸，宜其家室。」前句華、家皆魚部字，故作「室家」以押韻。後句「實」、「室」為質部字，故倒室家為家室以為韻。可證家室、室家倒字乃為押韻。本詩家與啟、圖、乎亦為魚部字，可為韻，故當依《唐石經》，以室家為是。

5. 伐木許許──《石經》初刻滸滸，後去水旁。阮校：「《釋文》許，沈呼古反。是本皆作許。《後漢書・朱穆傳》、《顏氏家訓》引作滸，讀許為滸，遂破為滸引之，非《毛詩》別有作滸之本，《石經》誤。」──〈伐木〉

《說文》云：「所，伐木聲也。《詩》曰：伐木所所。」「所所」蓋三家詩也。

朱熹《詩集傳》云：「許許，眾人共力之聲。《淮南子》曰：『舉大木者呼邪許』，蓋舉重勸力之歌也。」〔註168〕

馬瑞辰曰：「許、所，古同聲通用。凡言何許猶何所也，幾所猶幾許也。《穀梁傳》所俠即許俠也。《說文》引《詩》伐木所所。云：所所，伐木聲。《玉篇》亦云：所，伐木聲也。蓋本三家詩。前章丁丁為伐木聲，則此章許許亦伐木聲。段玉裁謂丁丁，刀斧聲；所所為鋸聲，其說近之。至《毛傳》云：許許，柿貌。柿當作梜。《說文》：梜，削木札樸也。札樸乃木皮。《晉書》王濬造船木，梜蔽江而下。是其證也。以許許為梜貌，不若《說文》以為伐木聲為允。」〔註169〕

李富孫曰：「許與所同音《史記・東方朔傳》：『率取婦一歲所者即棄去。』《漢・張良傳》『父去里所復還。』師古注云：『行一里許而還來。』〈原涉傳〉『涉居谷口半歲所。』並與許通。」〔註170〕

按：據本詩「伐木丁丁」、「伐木許許」、「伐木于阪」來看，伐應為動詞無誤，而「丁丁」表示伐木所發出之音，「于阪」表示伐木之場所，若以「許許」為梜貌之形容，是以「伐木」為名詞，則伐字不詞矣。《說文》云：「許，聽也。從言午聲。」許從午聲，午蓋杵之象形字。字從言從午，蓋謂舂者送杵之聲也。戴家祥云：

許之本義為送杵聲，其後廣泛用為象人共力之聲。〔註171〕

〔註168〕《朱子全書・詩集傳》，冊壹，頁550。
〔註169〕《續經解毛詩類彙編・毛詩傳箋通釋》，冊二，頁1354。
〔註170〕《續經解毛詩類彙編・詩經異文釋》，冊一，頁490。
〔註171〕《金文大字典》，下冊，頁4333。

楊樹達《積微居小學述林·釋許》云：

> 運斤伐木有聲謂之所，持杵擣粟人有聲謂之許，字音同，故義亦相
> 近矣。〔註172〕

故當依馬瑞辰所云，以三家詩爲伐木之聲爲佳。然《毛傳》既以許許爲「棟
貌」，是不以爲形容聲音之詞，則《毛詩》字蓋不作所所也。胡承珙曰：

> 柿字當作柿。《說文》「柿，削木札樸也。」字又借作肺。《史記·惠
> 景閒侯者年表序》云：「諸侯子弟若肺腑」，《索隱》曰：肺音柿，腑
> 音附。柿，木札也。附，木皮也。以喻人之疏末之親，如木札出於
> 木，樹皮附於樹也。《漢書·劉向傳》「臣幸得託肺附」，師古曰：一
> 說肺謂斫木之肺札也。自言於帝室猶肺札附大材木也。又〈田蚡傳〉
> 「蚡以肺腑爲相。」注略同。《史記正義》雖詆顏說爲非。然《太元》
> 親次八曰：「柿附乾餱。」注云：「削曰柿。」此正用《毛詩》
> 義。疑古說詩家或有以伐木之柿喻親舊之依附者，故《太元》用之也。
> 許許者，削柿眾多之貌。如《晉書》所謂木林蔽江而下也。《後漢書·
> 朱穆傳》注、《顏氏家訓·書證篇》引《詩》皆作滸滸。《唐石經》
> 初刻亦作滸。此蓋本無其字，依聲託義。〔註173〕

依胡氏之說，是《毛詩》「許許」義與三家不同。《廣韻》讀許爲虛呂切，讀
滸爲呼古切，故《石經》初刻改滸字以與芋、父韻。許、滸古音皆爲曉紐魚
部字，《校勘記》云：「讀許爲滸，遂破爲滸而引之。」〔註174〕《說文》滸字
作汻，乃水涯之義，故字當從許爲是。

6. 如月之恆——《釋文》：「恆，本亦作緪，同，古鄧反。沈，古恆反，
   弦也。」《正義》云：「集注、定本緪字作恆。」按：緪字是。定本作
   恆，假借字也。《說文》誤以古文緪爲古文恆，亦以假借爲正字也。
   詳《說文古籀疏證》。古文月緪字從月、亙聲，小篆借緪索字，又小
   篆亙作𣲘。古文恆從心、亙聲。小篆楅從木、恆聲。互相增益。此
   講六書者不可不知也。——〈天保〉

   《校勘記》云：「《正義》云：『集注、定本緪作恆。』是《正義》本作緪

〔註172〕楊樹達撰：《積微居小學述林·耐林廎甲文說》（臺北：大通書局，1971年），
頁23。

〔註173〕《續經解毛詩類彙編·毛詩後箋》，冊二，頁1935〜1936。

〔註174〕《十三經注疏·詩經》，頁335。

字也。《釋文》云：『恒，本亦作緪。恒、緪字同。』〈考工記〉『恆角而短』，注：鄭司農云：恒讀爲裻緪之緪，絚、緪亦同。見《廣韻》。考此經字，《說文・二部》引《詩》曰：『如月之恒』，當以集注、定本爲長。」〔註175〕

按：恆字，甲骨文作𠄢（鐵199.3）、亙（外103）、𢀶（粹77），金文《曶鼎》作𢗅，《亙鼎》作亙，《說文》恆之古文作𠀩，楚帛書、古璽文皆同，段玉裁以爲轉寫之譌，不當從夕。實則甲骨文之中月、夕互用，故可從夕，段說非也。王國維〈殷卜辭所見先公先王考・王恆〉云：

> 𠄢即恆字。《說文解字・二部》：「恆，常也。从心从舟，在二之間，上下心以舟施恆也。𠀩，古文恆，从月。《詩》曰：如月之恆。」案：許君既云古文恆从月，復引《詩》以釋从月之意，而今本古文乃作𠀩从二从古文外，蓋傳寫之譌，字當作亙。又《說文・木部》：「㮓，竟也。从木，恆聲。𣐺，古文㮓。」案古從月之字，後或變而从舟。殷虛卜辭朝莫之朝作𠦝，从日月在茻間，與莫字以日在茻間同意。而篆文作翰，不从月而从舟。以此例之，𣐺本當作亙。《曶鼎》有𢗅字，从心从亙，與篆文之恆从亘者同，即恆之初字，可知𣐺、亙一字。卜辭𠄢字从二从𣍝，其爲亘、亙二字或恆字之省無疑。其作𢀶者，《詩，小雅》「如月之恆」，《毛傳》「恆，弦也」。弦本弓上物，故字又從弓。〔註176〕

以事物出現之先後言，天上月亙爲天地自始即有之象，而人爲弓弦乃後造之物，有似月亙，故名之曰緪耳。而王國維以恆字當作亙，不當從心，從心之恆蓋譌誤也，或由亙茲乳而出，其說可從。而亘字從舟，亦應爲月之異化。戰國文字中，舟、月二字因字形相近而互訛的情形頗爲常見，如包山竹簡受字作𠬪，上博簡《孔子詩論》作𠬪《鄂君啓節》逾作逾，郭店《老子》甲本作逾；郭店《老子》甲本愉作愉，〈窮達以時〉作愉；郭店《老子》甲本前作前，〈尊德義〉作前。述祖以爲從糸之緪爲正字，誤也。《說文》以𣐺爲古文㮓字，亦非也。𣐺當爲恆之古文，㮓當爲假借字或亙之孳乳字。

7. 靡使歸聘——《釋文》：「靡使，本又作靡所。」——〈采薇〉

《校勘記》云：「考《正義》云：『無人使歸問家安否。』是《正義》本

〔註175〕《十三經注疏・詩經》，頁336。

〔註176〕王國維撰：《海寧王靜安先生遺書・觀堂集林》，冊一，頁406～407。

作使字。又作本因《箋》無所使歸問而誤耳。」〔註177〕

馬瑞辰曰：「作靡所者是也。此承上我戍未定言之。言其家無所使人來問，非謂無所使人歸問。歸當讀爲偯。《方言》『偯，使也。』《玉篇》亦云：『偯，使也。』《箋》云：『無所使歸問者』，知歸爲偯省借。以使釋歸，猶云靡所使問。與〈桑柔〉詩『靡所止疑』、《靡所定處》句法正同。伶本因鄭《箋》有使字，又罕聞偯之訓使，遂誤易所爲使。猶賴《釋文》以存古本。《方言》有偯使之訓，而知《箋》之使字，乃以釋經文歸字耳。」〔註178〕

按：敦煌寫本（伯2514）作「靡所歸聘」，蓋即《釋文》又作本。所、使古音皆爲心紐之部字，可通假。然據〈旄丘〉、〈祈父〉、〈節南山〉、〈雨無正〉、〈桑柔〉皆作靡所，「靡所」蓋爲《詩》之慣用語。而鄭《箋》於〈祈父〉、〈節南山〉、〈雨無正〉之「靡所」皆釋爲「無所」，則此句鄭《箋》「無所使歸問」，與上三詩同訓，若《毛詩》作靡使，則鄭《箋》所字無著落，是鄭本當爲靡所，「使歸問」釋歸聘二字，欲歸問其家，自需使人爲之，故鄭玄增字爲訓，非詩作靡使也。而阮元以《正義》云：「無人使歸問家安否。」爲《正義》作使字之證，恐亦未必。「所」字或可作爲代名詞，解爲「所使」，即「使人」也，則《正義》人字不必爲使字之證。至於馬瑞辰以歸字爲偯，說雖新巧，然《箋》明言「歸問」，馬氏訓歸爲使，則歸問之歸爲增字，似嫌迂曲，可不必如此說。《正義》解爲：「無人使歸問家安否」，是《正義》本作靡使，蓋因鄭《箋》「使」字而誤也。

8. 豈不日戒──《釋文》：「日戒，音越。又人栗反。」──〈采薇〉

《唐石經》初刻作曰，後改日。敦煌寫本（伯2514）作豈敢不戒。

《校勘記》云：「案《釋文》云：日音越，又人栗反。上一音是也。下一音字即宜作日，非也。《箋》意是日字。」〔註179〕

按：阮刻本鄭《箋》作「豈不日相警戒乎？誠日相警戒也。」若前後兩字皆作日字，則鄭《箋》斷句當爲「豈不日：相警戒乎？誠日：相警戒也。」終是拗口。胡承珙以爲若作日字，則不必言相也。且下句誠日實爲不詞。《正義》即去日字，僅釋爲「誠相警戒。」若皆作日字，鄭《箋》斷句則爲「豈不日相警戒乎？誠日相警戒也。」文氣通順，較爲合理。《漢書‧匈奴傳》引

〔註177〕《十三經注疏‧詩經》，頁336。
〔註178〕《續經解毛詩類彙編‧毛詩傳箋通釋》，冊二，頁1357。
〔註179〕《十三經注疏‧詩經》，頁337。

《詩》「豈不日戒」，顏師古注曰：「豈不日日相警戒乎？」《一切經音義》引《詩》亦作「豈不日戒」。則阮校「豈不日戒」，誤也。《尚書・皋陶謨》云：「予思日孜孜。」亦可爲本句作日之旁證。敦煌寫本作「豈敢不戒」，當緣上句豈敢定居而誤也。

9. 僕夫況瘁──《釋文》：「瘁，本亦作萃。」──〈出車〉

《釋文》云：「瘁，似醉反，本亦作萃，依注作悴，音同。」

《說文》云：「悴，憂也。讀與《易・萃卦》同。」《說文》凡言讀與某同者，其字通。則許愼以悴與萃通。

《校勘記》云：「考此當是經本作萃，故於訓釋中竟改其字，《箋》之例也。《釋文》云：『依注作悴』，似乎未晰也。〈四月・釋文〉：盡瘁，本又作萃，下篇同，亦其證。」〔註180〕

李富孫曰：「《說文》云：『萃，讀若瘁。』故亦與瘁通。《荀子・富國》注云：『萃與顇同。』〈五行志〉師古注：『顇，古悴字。』《左氏・成九年傳》：『無棄蕉萃』即憔悴、顦顇之異文。《漢・刑法志》又作顦瘁。瘁、悴、萃、顇音同字通。陳氏曰：瘁，俗字。本作悴、顇。」〔註181〕

黃焯云：「英倫藏本作萃。案：《說文》無瘁字，正當作顇或悴。」〔註182〕

按：〈四月〉「盡瘁以仕」，〈北山〉「或盡瘁事國」。《釋文》竝云：「瘁，本又作萃。」《漢書・五行志》引〈北山〉詩作顇。〈雨無正〉「惟躬是瘁」，《御覽》三百七十六引作悴。〈蓼莪〉「生我勞瘁」，《魏志・王修傳》注引作悴。〈瞻卬〉「邦國殄瘁」，《吳志・孫皓傳》引同。《漢書・王莽傳》注云：「顇與萃同。」《文選・歎逝賦》注引〈蒼頡篇〉「瘁，憂也。」云：「瘁與悴古字通。」據以上例證，李富孫言四字音同字通爲是。然萃字，《說文》云：「艸也。讀若瘁。」《易・序卦傳》「萃者聚也」，《左傳・昭公七年》「萃淵藪」，《孟子・公孫丑上》「拔乎其萃」，〈墓門〉「有鴞萃止」，萃爲聚義。《周禮・春官》「車僕掌戎車之萃。」注云：「萃猶副也。」義與本詩不合，則萃爲借字。又瘁字《說文》未收，蓋爲俗字。故阮元之意乃以萃爲《毛詩》，假借爲悴、瘁字。後世寫者遂以俗字瘁改之。《易林・大過之損》云：「過時歷月，役夫憔悴」，鄭玄以憔悴釋瘁，則悴、顇或爲三家詩也。

〔註180〕《十三經注疏・詩經》，頁343。
〔註181〕《續經解毛詩類彙編・詩經異文釋》，冊一，頁492～493。
〔註182〕《經典釋文彙校》，頁173。

10. 有睍其實——《釋文》睍字从白，或作目邊。《說文》睍是睅重文，無睆字。——〈杕杜〉

　　徐鍇《繫傳》以睅、睍爲重文，段注本刪睍篆。《說文》云：「睍，目出貌也。」段玉裁注云：「《邶風》『睍睆黃鳥』，毛曰：『睍睆，好皃。』《韓詩》有『簡簡黃鳥』，疑《毛》作睍睍，《韓》作簡簡。睆，《說文》無，《詩》、《禮記》有。《詩》古本多作睍。」〔註183〕

　　馬瑞辰曰：「今本《說文》有睍無睍。云：睍，目出貌也。睍當爲睍字之譌。此詩《正義》有睍然其實，本亦譌爲睍然其實，是睍、睍二字易譌之證。睍爲目出貌。鳥之好貌曰睍睍，明星之睍貌曰睍彼，木之實貌曰有睍，其義一也。《說文·白部》爲睆字，《釋文》本睆乃睍字之譌。古文白字作𦣞，與目形相似。蓋睍或譌作睆，因譌爲睆矣。」〔註184〕

　　按：見、完形近易譌，《論語·陽貨》「夫人莞爾而笑」，《釋文》莞作莧。《淮南·齊俗訓》「譬若倪之見風也。」《文選·江賦》李善引《淮南子》許慎注作統。均是完、見易譌之證。而據段氏、馬氏二人所說，詩當以睍字爲是。睆、睆皆譌誤也。

11. 會言近止——近當爲迊。《說文》：「古之遒人以木鐸記詩言。从辵从丌，丌亦聲。讀與記同。」或古文無迊，借近爲之。或近與迊形近而誤。然以《箋》文攷之，經本作迊，故《箋》云：「俱占之，合言於繇爲迊。」此解會言迊止句。又云：「征夫如今近耳。」此解征夫邇止句。後皆譌爲近。而《正義》又皆以近釋之，失其旨矣。〈崧高〉借近作己，與此小異。——〈杕杜〉

　　孔廣森（1752～1786）曰：「按會合之字皆亼。《說文解字》曰：人三合也。《禮》：旅占必三人。會有三義，故云會人占之。若但以爲筮與卜會，於文似便，於訓未精。」〔註185〕

　　馬瑞辰贊同孔說，更進一步說：「古者卜用三兆，筮用三易，各以一人掌之。卜筮皆三人。〈洪範〉立時人作卜筮，三人占則從二人之言。鄭注：卜筮各三人。大卜掌三兆、三易。《周官》九筮，筮參其一，謂占必三人參之也。

〔註183〕《說文解字注》，頁132。
〔註184〕《續經解毛詩類彙編·毛詩傳箋通釋》，冊二，頁1361。
〔註185〕〔清〕孔廣森撰：《皇清經解諸經總義類彙編·孔檢討經學卮言》，冊一，頁65。

〈士冠禮〉筮人還，東面旅占。注：旅，眾也。還與其屬共占之。《國語》三人成眾。旅占亦即三人占之義。又《國語》『天子舉以太牢，祀以會。』韋昭注：『會，會三大牢。』三太牢謂之會，三人占謂之會，其取義於三合一也。若但以為卜與筮會，則上已言卜筮偕止，不須復言卜與筮會，且《傳》不得言會人也。」〔註186〕

　　按：據孔、二人所說，會字乃三人合占之義，故《毛傳》云會人，即指占人而言，非會卜筮為三。《原本玉篇殘卷》云：

　　　　迊，居意反。《毛詩》「往迊王舅」，《傳》曰：「迊，已也。」《箋》
　　　　云：「迊，辭也。」《說文》：「古之道人以木鐸記時言。」故從辵從
　　　　丌聲也。《聲類》：此古文記字也。在言部。〔註187〕

則迊即記字，會言迊止意為記下占筮之言。迊古音為見紐之部字，而近從斤得聲，斤音為見紐諄部字，與迊為正紐雙聲字。《左傳·襄公二十四年注》「計基城」，《釋文》云：「基，本又作其，又如字。《漢書》作斤。如淳『斤音基』。」又祈從斤聲，而斾即旗字，亦為斤、其聲通之證。基古音為見紐之部字，與迊聲韻同，則近或可假借為迊也，非必為譌字。

二、南有嘉魚之什

12. 鞗革沖沖──岳本作忡忡，阮校沖沖是。──〈蓼蕭〉

　　《校勘記》云：「十行本《正義》中字仍作沖沖。《釋文》同。」〔註188〕

　　《說文》云：「忡，憂也。《詩》曰：憂心忡忡。」〈釋訓〉云：「忡忡，憂也。」〈草蟲·毛傳〉云：「忡忡猶衝衝。」《易·咸九四》「憧憧往來」，《釋文》云：「憧憧，劉云：意未定也。京作懂懂。」《說文》云：「憶，意不定也。」王念孫《廣雅疏證》以為憧憧、衝衝、懂懂並字異而義同。意不定即志忐不安之義，與本句形容鞗革之貌不合。《說文》云：「沖，涌繇也。」段玉裁注云：「繇、搖古今字。涌，上涌也。搖，旁搖也。《小雅》曰：『攸革沖沖』。毛云：『沖沖，垂飾貌。』此涌繇之義。」〔註189〕

　　按：《毛傳》以沖沖為垂飾貌，則字不當作忡忡也。徐鍇《繫傳》釋「涌

〔註186〕《續經解毛詩類彙編·毛詩傳箋通釋》，冊二，頁1361〜1362。
〔註187〕《原本玉篇殘卷》，312。
〔註188〕《十三經注疏·詩經》，頁355。
〔註189〕《說文解字注》，頁552。

緜也」爲：「緜橫而搖動也。」蓋借搖動之義形容鋒革彎首之飾擺動貌，故以沖沖爲是。

13. 我是用急——段云：「《鹽鐵論》引急作戒。謝靈運〈撰征賦〉作用棘。今作急者，後人以意改。」——〈六月〉

　　段玉裁云：「謝靈運〈撰征賦〉曰：『宣王用棘於玁狁』，是六朝詩本有作我是用棘者。《爾雅・釋言》曰：『惄、悈、急也。』《釋文》曰：『惄，本或作愱，又作亟。』《詩》『匪棘其欲』，鄭《箋》：『棘，急也。』《正義》曰：『棘，急。〈釋言〉文。』〈禮器〉引《詩》「匪革其猶」，鄭注：「革，急也。」《正義》曰：「革，急，〈釋言〉文。」〈素冠〉詩《毛傳》：『棘，急也。』《正義》亦曰：『棘，急。〈釋言〉文。』彼棘作悈，音義同。然則惄、愱、亟、棘、革、戒六字同音，義皆急也。此詩作棘作戒皆協。今本作急者，後人用其義改其字耳。」〔註190〕

　　顧炎武《詩本音》云：「急字非韻。《鹽鐵論》引此作我是用戒，當從之。」〔註191〕戴震亦云：「戒猶備也。治軍事爲備禦曰戒，譌作急，義似劣矣。急字於韻亦不合。〈采薇〉篇：翼、服、戒、棘爲韻，〈常武〉篇：戒、國爲韻。」〔註192〕

　　按：《說文》訓棘爲「小棗叢生者，从並束。」束爲木芒，金文亦象木枝有芒刺形。方言云：「凡草木刺人，江湘之間謂之棘。」是棘義乃有刺植物也。〈撰征賦〉作棘，當爲借字《文選・左思・魏都賦》「榮其文身，驕其險棘」，李善注云：「毛萇《詩傳》曰：棘，急也。」則棘字可有急義。

　　戒字，甲骨文作 （甲2874）、金文《戒叔尊》作 ，均象雙手持戈，許慎持戈以戒不虞釋義無誤。今考《詩經》以戒爲句者有〈抑〉「用戒戎作」、「用戒不虞」，〈采薇〉「豈不曰戒」，〈大叔于田〉「戒其傷汝」，〈常武〉「既敬既戒」，乃警戒防備之義。《易・既濟・六四》「終日戒」，〈小過・九四〉「往厲必戒」，亦爲警戒防備義。若依此義，則「玁狁孔熾」乃言玁狁氣焰方熾，故我加強警戒，不備不虞。然胡承珙曰：

　　　　經文兩言六月，明有非時舉事之意。故《箋》云：「記六月者，盛夏
　　　　出兵，明其急也。」然則我是用急正承六月二句而言。〔註193〕

〔註190〕《段玉裁遺書・詩經小學》，上冊，頁502。
〔註191〕《皇清經解毛詩類彙編・顧處士詩本音》，頁366。
〔註192〕《皇清經解毛詩類彙編・戴吉士毛鄭詩考正》，頁440。
〔註193〕《續經解毛詩類彙編・毛詩後箋》，冊二，頁1965。

其意以急字表示情勢危殆，故下文接言「王于出征，以匡王國」，正是邊境吃緊，需儘速出兵救援之意。以文意看來，用「急」字可顯示出玁狁入侵的急迫性，似較「戒」字爲佳，然顧炎武、戴震兩人以韻腳不合，故採戒字。馬瑞辰則云：

> 戒，古音訖力切，讀與急同。謝靈運〈撰征賦〉作我是用棘，棘亦急也。蓋本三家詩。《爾雅・釋言》「悈，急也。」《釋文》：「悈，本或作極，又作亟，同紀力反。」極當爲慽之誤。《說文》：「慽，急性也。」《淮南・覽冥訓》「安之不慽」，高注：「慽，急也。」慽、急、戒、悈、棘等字皆同聲，故通用。棘又通革，急通作戒，猶《說文》諽讀若戒也。〔註 194〕

馬瑞辰雖以急與戒同聲可通用，但戒、悈、棘、革、慽古音皆爲見紐職部字，急爲見紐緝部字，韻不同，通假證據仍不充分，故段玉裁以爲作急乃後人改之，當是。而鄭《箋》云：「王以是急遣我」，若作急字非是，則鄭本蓋作棘也。

14. 于三十里——《石經》三十作卅，仍讀三十。——〈六月〉

段玉裁曰：「《廣韻》注云：廿，今直以爲二十字；卅，今直以爲三十字。蓋唐人仍讀爲二十、三十，不讀入讀趿耳。」〔註 195〕阮元說同。述祖亦以爲字作卅，讀爲三十。

按：《論語》「三十而立」，《漢石經》、《唐石經》均作卅。《說文》作，「三十并也。古文省。」甲骨文作（鐵 72.1），金文《矢簋》作，《大鼎》作，《定州漢墓竹簡論語》作。季旭昇先生云：

> 直到東漢，「卅」字都是三豎畫下部合在一起，沒有像今本《說文》小篆三豎筆垂下分開的。〔註 196〕

、這類字形作用主要在於記數，因此後人或以爲乃二十、三十之合文，因而讀爲兩音。然本詩若作「于卅里」，讀亦應爲「于三十里」，但以卅替代三十，終究與詩歌體例不合，石經作卅者，當是石刻之例，仍應讀作三十，莊述祖所言爲是。

〔註 194〕《續經解毛詩類彙編・毛詩傳箋通釋》，冊二，頁 1367。
〔註 195〕《段玉裁遺書・詩經小學》，上冊，頁 502。
〔註 196〕《說文新證》，上冊，頁 146。

15. 織文鳥章——段云：「毛無《傳》，蓋讀與〈禹貢〉『厥篚織文』同。
    鄭易為徽識。」——〈六月〉

　　〈禹貢〉「厥篚織文」，《孔傳》云：「織文，錦綺之屬。」《正義》云：「錦
綺之屬，皆是織而有文者。」段玉裁以毛公無傳，則毛意以鳥章與帛筏皆織
帛爲之。阮元以鄭玄雖以識爲織之假借，但未破字，直於訓解中顯示，則《毛
詩》原本仍作織文。述祖依段說。

　　按：《周禮・司常職・疏》、《左傳・昭公廿一年・疏》、《御覽》六百八十
引均作「識文」。《漢書・張湯傳》顏師古注云：「織讀曰幟，今作織，叚字。」
《說文》無幟字，當爲識字。《說文》識字曰：「常也，一曰知也。」識字廁
於諦、訊之間，當以知也爲正訓，當曰「知也，一曰常也。」此處或有譌脫。
常也者即幟之義，則許慎亦以識有徽幟之義。《原本玉篇殘卷》織下引《毛詩》
爲「織文鳥章」〔註197〕，並云：「旍旗徽織爲幟字也，在巾部。」是顧野王以
鄭《箋》改《毛詩》織字爲幟字。敦煌寫本（伯2506）亦作「織文」。臧庸以
爲今作織者，乃從《唐石經》而誤也。其說非也。馬瑞辰曰：

　　　據《說文》卒下云「衣有題識」，是徽識著臂，惟軍中士卒則然耳。
　　　至天子、諸侯以下，大夫以上，據招二十一年《左傳》「揚徽者，公
　　　徒也。」曰揚，則是旌旗而非著背矣。蓋惟士卒以下，長僅三尺，
　　　始可著背。天子、諸侯、大夫之徽識，長自九尺至五尺，皆非可著
　　　背，故別有揚徽者耳。鄭《箋》謂自將帥以下衣箸焉，亦非。〔註198〕

據馬氏所云，是大夫以上爲旌旗，士卒則著以鳥隼之章爲徽識之衣，則《毛
詩》織字當爲假借字借誤。

16. 白旆央央——《釋文》：「白茷，本又作旆。」《正義》本作帛茷。《正
    義》云：「言帛旆者，謂絳帛，猶通帛爲旂，亦是絳也。」段從《正
    義》本。白，假借字也。——〈六月〉

　　《釋文》云：「白茷，本又作旆，蒲貝反。繼旐曰茷。《左傳》云：蒨茷
是也。一曰旆與茷，古今字殊。」

　　《校勘記》云：「《釋文》本作白茷，《正義》本作帛茷。《周禮・司常疏》
及出其東門《正義》引作白，與《釋文》本同也。《公羊・宣十二年疏》載孫

〔註197〕《原本玉篇殘卷》，頁126。
〔註198〕《續經解毛詩類彙編・毛詩傳箋通釋》，冊二，頁1368。

炎《爾雅・注》引作帛，則《正義》本之所同也。」〔註199〕段玉裁《詩經小學》以旆爲正字，茷爲假借，並以爲當依本詩《正義》及《公羊疏》所引作帛旆爲是〔註200〕。

按：敦煌寫本（伯2506）作白茷。《說文》云：「旆，繼旐之旗也。」「茷，艸葉多。」《商頌・長發》「武王載旆」，《毛傳》云：「飾，旗也。」《爾雅・釋天》「繼旐曰旆」，郭璞注：「帛續旐末爲燕尾者。」《左傳・昭公十三年》「八月辛未，治兵，建而不旆。」杜預注：「建立旌旗，不曳其旆。旆，游也。」而本詩《毛傳》：「白旆，繼旐者也。」明就旌旗之制言，則字當以旆爲正，旆古音爲並紐沒部、茷古音爲並紐月部，月沒旁轉，聲韻相近，故可借茷爲旆。而帛字从白聲，古書及古文字資料中不乏二字通假之例，如石鼓《汧殹》「帛魚皪＝」，「黃帛其鯾」。《魚鼎匕》「帛命入歟」均借帛爲白。《史記・伍子胥列傳》伯嚭，《吳越春秋》作白喜，《論衡》作帛喜。《禮記・玉藻》「大帛不緌」，鄭云：「帛當爲白。」《史記・孔子世家》子思之子孔白，字子上。《史記・孔光傳》作孔帛。此皆白、帛通假之證。

《說文》云：「白，西方色也。陰用事，物色白。从入合二，二，陰數。」郭沫若認爲白字金文無所謂「從入合二」之跡，且用白爲白色義者亦罕見，以白字爲拇指之象形〔註201〕。人類翹立大指，是長之表示矣。周初〈大盂鼎〉銘文云：「邦嗣☰白。……夷嗣，王臣十又三白。」其義乃一群之長。朱芳圃則認爲白字本義爲明，引申爲色素之名〔註202〕。諸說白字者，尚未有本義之共識，然白字無作布帛之理。而帛字，〈𢍰伯簋〉銘文云：「𠙵敖至見獻帛貝帛貝二字合文）」、〈師寰𣪘〉銘文爲：「淮夷繇我員畮臣（員爲帛字或體）」，皆是布帛之義。綜合以上資料看來，當以帛旆爲正字，段玉裁所說是也。

17. 約軧錯衡——《石經》、宋本軧作軝，从氏。——〈采芑〉

《說文》兩字分別甚明，軝下云：「長轂之軝也，以朱約之。从車，氏聲。《詩》曰：約軝錯衡。」軧下云：「大車後也，从車，氐聲。」《五經文字》云：「軝，臣支反，長轂之軝，以朱約之，見《詩》。」見《詩》者，蓋與許書相同，爲本詩〈采芑〉詩句也。

〔註199〕《十三經注疏・詩經》，頁364。
〔註200〕《段玉裁遺書・詩經小學》，上冊，頁503。
〔註201〕《郭沫若全集・金文餘釋・釋白》，冊五，頁388～389。
〔註202〕《殷周文字釋叢》，頁18～19。

按：《校勘記》云：「凡氐聲與氏聲，古分別最嚴。」〔註203〕此說恐非。于省吾《殷契駢枝·釋氏》云：

> 以聲言之，氏照紐，氐端紐，古讀照歸端。卜辭氏字應讀作氐，氐亦照紐字。〔註204〕

季旭昇先生《說文新證》以氐字狀似一槌狀物，氏字則是由此字派生而出，其云：

> 氐字从氏（槌狀物）抵物，因此「氏」應該是從「氐」派生的字，侯馬盟書「視」字或作「睍」、或作「睍」，可證。〔註205〕

氏與氐兩字字形相近，亦有可能只是字形相近而生之誤，故軹與軧字當無嚴格分別，可通用。

《說文》又云：「軧或从革。」戴震曰：

> 軧，《說文》亦作鞮，从革。孔沖遠以軧為長轂名，非也。軧蓋〈考工記〉之幬革。朱而約之者，朱其革以幬於轂也。惟長轂盡飾大車，短轂則無飾，故曰長轂之軧。〔註206〕

今考金文〈番生簋〉載賞賜車馬服飾有一字形作𣜩，从束从衣从斤，賞賜內容中有「朱𩍠靣𣜩」、遭衡（錯衡）」兩物，《毛公鼎》亦有相同內容，王立新先生以為𣜩即軧字：

> 軧既為轂外纏束之物，故从束；軧猶轂外裝裹之衣，故又从衣。
>
> 〔註207〕

則軧字或本從衣旁，轂外裝裹之衣當即〈考工記〉之幬革，又作革旁，故《說文》以兩字通。

18. 有瑲蔥珩——《釋文》：「有創，本又作瑲，亦作鎗，同。」——〈采芑〉

〈烝民〉、〈韓奕〉、作「鏘鏘」，〈有女同車〉、〈庭燎〉、〈鼓鐘〉、〈執競〉、〈終南〉作「將將」，〈載見〉作「有鶬」。《說文》云：「瑲，玉聲也。《詩》

〔註203〕《十三經注疏·詩經》，頁364。
〔註204〕于省吾撰：《殷契駢枝全編》（臺北：藝文印書館，1975年），頁59。
〔註205〕《說文新證》，下冊，頁195。
〔註206〕《皇清經解毛詩類彙編·戴吉士毛鄭詩考正》，頁441。
〔註207〕王立新撰：〈釋軧〉《于省吾教授百年誕辰紀念文集》，收錄於《古文字詁林》，冊十，頁723。

曰：攸革有瑲。」是許慎以瑲為正字。

按：《獸鐘》銘文作「倉＝恩＝」，倉恩，《說文》作鎗鏓，「鎗，鐘聲也。」蓋因鐘鳴為金屬之音，故从金。則玉聲當从玉旁，故《說文》云：「瑲，玉聲也。」是以倉聲表音，不同器具發出之聲故從不同偏旁。而鶬、創、將、鏘古音相近，皆為假借字。

19. 鉦人伐鼓——按：《周禮》鉦為鐲，公司馬所執，與執鼓尊卑有別。鄭氏「鼓人皆三鼓」，注：「鼓人者，中軍之將，師帥、旅帥也。」非司辻屬。下士之鼓人是鉦人，即公司馬，故謂鼓也、鉦也，各有人焉。然亦可知古文本無鉦字。《毛詩》以隸讀正作鉦。鄭又以其難通，解以互言，皆非詩之本怡也。正，長也，謂師旅之長。《司馬灋》云：「十人之長執鉦，百人之師執鐸，千人之師執鼙，萬人之主執大鼓。」各以其長言之。是詩本作正人，而古人鉦皆借正也。詳《說文古籀疏證》。——〈采芑〉

據述祖所引《周禮》及《司馬法》內容看來，執鼓者地位較尊，執鉦者，地位較低，不可能有鉦人又執鼓的情形，否定《毛傳》「鉦之靜之」之說。以為字當作正，正人乃師旅之長。伐鼓者乃正人也。六卷本《說文古籀疏證》未收此字。

按：《南疆鉦》云：「鑄此鉦釦」，鉦字作錱，春秋晚期亦有出土一銅器《喬君鉦》，足破述祖所云古文無鉦字之說。又考殷墟卜辭、周原甲骨文中，正字多用作征伐之征，如「征盂方伯」、「征人方」，或用為祭祀，如「祭祀有正」、「祭儀有正」，或用作和天氣有關用語，如「正雨」、「雨不正」等。未見有釋為長者。若依述祖所言，以本詩作正人，則有兩種解釋之可能，一者述祖「師旅之長」、《爾雅·釋詁》「正，長也」，〈雨無正〉「正大夫」，〈雲漢〉「群公先正」訓亦同。一者即作征人，指出征之士卒，〈黍苗〉「征師」、〈烝民〉「征夫」亦同，是兩說皆有例可據，然皆無具體訓釋可循，且金文有鉦字，故述祖所言難以成立。

20. 蠢爾蠻荊——段云：「《漢書·韋賢傳》引荊蠻來威。」按：《傳》「荊州之蠻也。」則《毛詩》固作荊蠻。《晉語》、《後漢書·李膺傳》、《文選·王仲宣誄》皆可證。——〈采芑〉

《晉語》「叔向曰：楚為荊蠻。」韋昭（204～273）注：「荊州之蠻。」《鄭

語》「南有荊蠻」，韋昭注：「荊蠻，芊姓之蠻，鬻熊之後也。」《漢書·韋賢傳》「征伐玁狁，荊蠻來威。」顏師古注云：「南荊之蠻。」王仲宣（177～217）〈七哀詩〉「復棄中國去，遠身適荊蠻。」曹植（192～232）〈王仲宣誄〉「遠竄荊蠻。」左思（約 250～305）〈吳都賦〉「跨爾蠻荊」，李善注引《詩》「蠢爾荊蠻」。以上均爲作荊蠻之句，清代學者如段玉裁、阮元、王引之、胡承珙等人，均引這些例據以證經文原作「蠢爾荊蠻」。

　　按：宋紹興刊本《後漢書·李膺傳》引作蠻荊，李賢（654～684）注引《詩》亦作「蠻荊來威」〔註208〕。又考《國語》、《漢書》、《後漢書》、《文選》等古籍，除上述引作荊蠻外，亦多有作蠻荊者。《國語·鄭語》「皆蠻荊、戎翟之人。」韋昭注云：「蠻荊，楚也。」《漢書·賈捐之傳》引《詩》作「蠢爾蠻荊，大邦爲讎。」顏師古注云：「蠻荊，荊州之蠻也。」《後漢書·南蠻西南夷傳》「詩人所謂蠻荊來威者也。又曰：『蠢爾蠻荊，大邦爲讎。』」李賢注引《詩》亦同。《文選·王仲宣·七哀詩》李善注：「《毛詩》曰：『蠢爾蠻荊。』毛萇曰：『蠻荊，荊州之蠻也。』」《文選·曹子建·王仲宣誄》李善注云：「《毛詩》曰：蠢爾蠻荊。」是古籍中引作蠻荊者大有人在，且《漢書》、《後漢書》均直接引《詩》作蠻荊，注解亦以蠻荊爲說，而作荊蠻者，多爲詩歌協韻，或文句敘述中提及，則段玉裁僅據〈韋賢傳〉而欲以其餘作蠻荊者皆爲後人改易，未免失之偏頗。

21. 搏獸于敖──惠云：「《水經注》引云『搏狩于敖』。〈東京賦〉同。」狩，本古獸字。何休《公羊注》：「狩猶獸也。」按：薛綜〈東京賦〉注引《詩》曰「薄獸于敖」。獸、狩雖通借而義稍別。故《箋》云：「獸，田獵搏獸也。」若《詩》作狩，則駕言行狩已見上文，不宜於此釋之。今本以《箋》文誤薄爲搏耳，獸字不誤。段氏引《初學記》：「狩，獸也。鄭氏《詩箋》言田獵搏獸也。」以證經作薄狩。然《初學記》以獸釋狩，又引《詩箋》以明獸亦田獵之名。經文要當以〈東京賦〉注爲正，非妄改也。──〈車攻〉

　　述祖以爲當依〈東京賦〉注作「薄獸於敖」，鄭《箋》誤語辭之薄爲搏鬥之搏，而獸、狩雖可假借但義有差別，且據《初學記》、鄭《箋》以獸釋狩，故字應作「薄獸」。

〔註208〕見《百衲本二十四史·後漢書》，冊二，頁 998。

按：《後漢書‧安帝紀》李賢注引亦作「薄狩于敖」。鄭《箋》以「田獵搏獸也」釋獸字，若《毛詩》原作搏獸，鄭玄何必做此無謂說明，蓋《毛詩》確作「薄」字，鄭玄「搏獸」二字乃釋經文之「獸」字，薄爲語辭，故不多言。後人因鄭《箋》有搏獸二字，故妄改經文爲搏耳。

羅振玉（1886～1940）《殷虛書契考釋》以甲文狩、獸同一字〔註 209〕，字形作𤞤（鐵 10.3）。先秦兩漢古籍獸、狩通用之例甚多，《書序》「往伐歸獸」，《釋文》云：「本或作獸」。《公羊傳‧桓公四年》「冬曰狩」，何注：「狩猶獸也。」漢《楊君石門頌》云：「惡蟲蔕狩」，《張遷碑》云：「帝遊上林，問禽狩之所有。」以狩爲禽獸之獸，《三體石經》狩字古文作獸，均是狩、獸二字通用之證。獸、狩字甲文字形又有从單作𤝡（拾 6.8）者，朱芳圃云：

> 蓋單爲獵具，所以捕禽獸，犬知禽獸之跡，故狩必以犬。兩者爲田獵必具之條件，故古人造字，會合兩文以見意。〔註 210〕

並舉《秦風‧駟鐵》言「從公于狩」、「載獫猲獢」爲證。李學勤云：

> 卜辭中大致相當于「狩獵」的動詞主要有「狩」、「苗」、「田」、「弋」等。〔註 211〕

如：「庚申卜，翼辛酉苗，有啓？十一月，狩，允啓。」（乙 109）可見苗和狩是相近的，則本詩「之子于苗，選徒囂囂，建旐設旄，薄狩于敖。」苗與狩連稱蓋因性質相近，《校勘記》云：「上文言苗，毛謂夏獵，則不當復舉冬獵之名。」〔註 212〕以苗爲夏獵，狩爲冬獵，不當連用，此乃《春秋》三傳、《周禮》、《爾雅》之說，但實際名稱恐未必如此分明。

22. 決拾既佽——《說文‧人部》「佽，便利也。从人，次聲。《詩》曰：決拾既佽。一曰：遞也。」𠂔部闕。鍾鼎佽从釟，从古文次聲，或从古文咨，訓助，字當从釟。佽無助義。此《傳》云：「佽，利也。」與《說文》同。蓋佽助之佽，古文既佚，漢時經師以佽讀之，《箋》訓佽爲次，是鄭時字書并無佽字矣。——〈車攻〉

〈杕杜〉「胡不佽焉」，《傳》訓佽爲助。本句「決拾既佽」，《傳》訓佽爲利，與《說文》同。述祖據鐘鼎文古佽从釟，釟爲以手持據，可有助義，然

〔註 209〕羅振玉撰：《殷虛書契考釋》（臺北：藝文印書館，1969 年），頁 69 下。
〔註 210〕《殷周文字釋叢》，頁 3。
〔註 211〕李學勤撰：《殷代地理簡編》，收錄於《古文字詁林》，冊八，頁 597。
〔註 212〕《十三經注疏‧詩經》，頁 371。

此字古文佚失，故毛公以佽字讀之，鄭玄則以次釋佽。

馬瑞辰云：「《說文》：『佽，便利也。』引《詩》決拾既佽。『一曰遞也。』是佽兼二義。《漢書·宣帝紀》『及應募佽飛射士』，臣瓚注引許慎曰：『佽，便利也。便利矰繳，以弋鳧雁，故曰佽飛。《詩》曰：決拾既佽者也。』以《說文》、《漢書》證之，從《傳》訓利爲是。至《箋》云：『手指相次比』，即《說文》遞也之訓，乃別一義。據《周官·司弓矢》鄭司農注引《詩》決拾既次，後鄭〈繕人〉注引亦作次，蓋本三家詩。故《箋》詩即以次比釋之。」〔註213〕

按：述祖以佽字之鐘鼎文從弔，今未見此字。佽，毛公訓利，與《說文》同，鄭玄釋手指相次比。于省吾《澤螺居詩經新證》云：

> 《傳》訓佽爲利，決拾不應并言利。《箋》訓佽爲手指相佽比，決著巨指，拾著臂，與手指次比無涉。〔註214〕

否定毛鄭之說。又云：

> 古从次从齊之字，每音近相通。〔註215〕

王國維〈觀堂集林·王子嬰次盧跋〉云：

> 新鄭出土銅器數百事，皆無文字，獨有一器長方而挫角者有銘七字，曰：王子嬰次之□盧。余謂嬰次即嬰齊，乃楚令尹子重之遺器也。
> 〔註216〕

可見次、齊相通。又如《禮記·昏義》「爲后服資衰」，注：「資當爲齊」。《易·旅》「得其資斧」，《釋文》：「《子夏傳》及眾家並作齊斧。」《荀子·哀公》「資衰苴杖不聽樂」，注：「資與齊同。」亦證次、齊古通。次古音爲清紐脂部，齊爲從紐脂部，爲旁紐疊韻，可通假。齊有具義，《史記·平準書》「而民不齊出于南畮」，《集解》引李奇曰：「齊，皆也。」〈楚茨〉「神具醉止」，《箋》云：「具，皆也。」《廣雅·釋詁》「備，具也。」是齊、具、備意皆相若。然則「決拾既佽」猶「決拾既齊」、「決拾既備」，乃謂齊全也。可備一說。

23. 徒御不驚——不驚，段校作不警，《傳》、《箋》、《正義》皆甚明。 ——〈車攻〉

《毛傳》云：「不驚，驚也。不盈，盈也。」鄭《箋》云：「不驚，驚也。

〔註213〕《續經解毛詩類彙編·毛詩傳箋通釋》，冊二，頁1373。
〔註214〕《澤螺居詩經新證，澤螺居楚辭新證》，頁22。
〔註215〕同上註，頁44。
〔註216〕《海寧王靜安先生遺書》，冊二，頁887。

不盈，盈也。反其言美之也。」《正義》曰：「徒行挽輦者與車上御馬者，豈不警戒乎？言以相警戒也。君之大疱，所獲之禽，豈不充滿乎？言充滿也。」

　　段玉裁云：「《毛傳》曰：『王警，警也。不盈，盈也。』鄭《箋》曰：『反其言，美之也。』孔沖遠《正義》曰：『徒行挽輦者與車上御馬者，豈不警戒乎？言其相警戒也。君之大疱，所獲之禽，豈不充滿乎？言充滿也。』是作警字明甚。自《唐石經》誤作不驚，而各本因之。至朱子《集傳》云：『不驚，言比卒事不讙譁也。不盈，言取之有度，不極欲也。』曲為之說而莫知其誤矣。《毛傳》曰：『蕭蕭馬鳴，悠悠斾旌，言不讙譁也。』此句言徒御警戒，乃非複贅。」〔註217〕

　　林義光云：「經文警字舊誤作驚，《正義》作警，據《毛傳》正當作警。」〔註218〕

　　屈萬里先生云：「不驚，謂不驚動居民也。」又於「大庖不盈」下云：「不、丕，古通用；丕，大也。【丕，作語詞解，亦通。】」〔註219〕

　　按：《毛傳》訓不驚為驚，段玉裁及林義光皆以為此乃舊本傳抄之誤，驚字當作警，《毛傳》應作「不警，警也。」如此方可與「不盈，盈也。」相對。而屈萬里先生則依舊作驚，以不驚為不驚動居民，但卻釋下句「大庖不盈」之不為丕，同一句詩，兩「不」字字義不同，說難服人。《說文》云：「驚，馬駭也。从馬，敬聲。」驚當為敬字之孳乳字。敬字，《說文》云：「肅也，从攴、茍。」茍乃敬字之初文。茍，甲骨文作𩰋（甲2581）、𩰋（前8.7.1），象人屈躬致敬之形。《大保簋》敬字作𩰋，銘文云：「大保克敬亡譴。」《大盂鼎》敬作𩰋，銘文曰：「敬雝德經」，從金文內容來看，敬有謹慎戒懼之意。而金文中除茍之初文外，又衍生出从攴之敬字，如《對罍》「眉壽敬終」，字形作𩰋，《中山王𧊒壺》「敬㤖天德」，字形作𩰋。據此看來，敬字本義即為戒慎恭敬無誤。

　　接著，再看看幾個由「敬」孳乳衍生出來的字，如：

（1）儆：《說文》云：「戒也。」《中山侯鉞》銘文云：「以儆氒眾」，儆字作𩰋，从茍，从攴，與敬字同。字形似牧羊人手持卜以警救羊隻。

（2）憼：《說文》云：「敬也。」《中山王𧊒壺》銘文云：「以憼嗣王」，憼字作𩰋，从敬，从心。義為警惕。

〔註217〕《段玉裁遺書・詩經小學》，上冊，頁505～506。
〔註218〕《詩經通解》，頁124。
〔註219〕屈萬里著：《詩經詮釋》（臺北：聯經出版事業公司，1983年），頁323。

（3）警：《說文》云：「警，戒也。」與儆、憼意同。

增攴爲敬，增人爲儆，增心爲憼，增言爲警，其義皆淵源於「苟」之戒慎恭敬之本義。而驚亦由敬孳乳而出，其本義當與恭敬有關，馬敍倫（1885～1970）曰：

> 驚、敬同語原也。以鞭策敬之，則馬駴而行矣。字見《急就篇》，馬
> 駴也或非本訓。〔註220〕

馬敍倫以爲《說文》「馬駴」可能非驚字之本義，其意亦以驚乃由敬孳乳而出，不當有駴意。因此，《說文》「馬駴也」之訓，當非指馬驚慌亂奔，而是指駕馬人以鞭警敕馬匹，本義當指使馬有所警覺之意。則本詩「徒御不驚」，毛訓御爲御馬，不驚爲驚，御馬而使馬驚，豈有此理，故驚字當爲使馬警覺之意，非馬駴之驚義，故不需破字作警也，當仍依《毛傳》爲是。又御、馭字義不同，《毛傳》訓御爲御馬，本字當爲馭，說見本節第三條。據此，則本句正確字句當作「徒馭不驚」。

三、鴻雁之什

24. 他山之石——《石經》、宋本他作它。《釋文》：「它，古他字。」
　　　——〈鶴鳴〉

敦煌英倫藏本作它。〔註221〕《後漢書・王符傳》李賢注引《詩》作「它山之石」。《校勘記》云：「考此字與《鄘・柏舟》、〈漸漸之石〉經同，餘經或作他，用字不畫一之例也。」〔註222〕

按：它字本義爲蛇，但在金文中與也字字形相似，容庚云：

> 它與「也」爲一字，形狀相似，誤析爲二。〔註223〕

《說文》也字篆文作𠃟，義爲「女陰也。」學者多不以爲然，如容庚便云：

> 《說文》：「也，女陰也。」望文生訓，形意俱乖，昔人蓋嘗疑之。
> 〔註224〕

其實在清代已有學者懷疑《說文》的釋義，段玉裁指當時的批評而云：

〔註220〕馬敍倫撰：《說文解字六書疏證》（臺北：鼎文書局，1975 年），冊四，頁2463。
〔註221〕《經典釋文彙校》，頁 179。
〔註222〕《十三經注疏・詩經》，頁 381。
〔註223〕容庚著：《金文編》（北京：中華書局，1989 年），卷十三，頁 876。
〔註224〕同上註，卷十三，頁 876。

淺人妄疑之，許在當時必有所受之，不容以少見多怪之心測之也。
〔註225〕

除段玉裁外，現代學者亦有人認同《說文》釋義，如李孝定云：

甲骨文有𡴘，即𡴘之異體，乃「育」字，其下從𠙶，即「也」字篆
形所自眆，許君之說不誤也。〔註226〕

然無論認爲兩字相同，或異字異義，兩字字形幾近相同是事實。金文《師遽
方彝》它字作𧉰，古從也之字亦多從它，如匜，《伯吉父匜》作𧉰，可證它、
也若非一字，便是字形極相似易混，季旭昇先生則認爲也字是借它字爲之，
其說云：

蓋語詞「也」難以造字，其初當即假借「它」字爲之，戰國以後字
形漸分，音讀亦隨之小變。〔註227〕

再從卜辭內容來看，它字多用作代詞，爲借音字。如：「辛酉卜，宁貞，
勿示于它示萎。」（續 3.1.1）「庚申卜，酚，自囧一牛至示癸一牛，自大乙九
示一牢，柂示一牛。」（人 2979）「它示」、「柂示」指旁系先王，乃直系以外
的其他先王，故稱爲它示。是它字已有借作第三人稱之義。而它、也字形相
混，故後人輾轉改寫作也，又加人旁示義。則它、他當是由於字形演變譌誤
所形成的古今字。

25. 其下維穀——《石經》、岳本穀作榖。——〈鶴鳴〉

穀、榖兩字之差，一從禾，一從木。今本《毛詩》、徐鍇《繫傳》作穀，《五
經文字》、段注本《說文》作榖。《毛傳》云：「穀，惡木也。」《釋文》云：「穀，
工木反。《說文》云：『楮也。從木，殼聲。』非從禾也。以上章上檀下蘀類之，
取其上善下惡，故知穀，惡木也。」

陳奐云：「穀與〈黃鳥〉之穀同。《書序》『桑穀共生於朝。』《管子·地員
篇》：『五位之土，其柞其穀』，並與《詩》穀同。《說文》、《廣雅》並云：『穀，
楮也。』《正義》引《義疏》云：『荊揚人謂之穀，中州人謂之楮。』而《山經》：
『鳥危之山，其陰多檀楮。』檀楮即《詩》之檀穀也。《傳》云：惡木，喻小
人。」〔註228〕

〔註225〕《說文解字注》，頁634。
〔註226〕《金文詁林讀後記》，卷十二，頁421。
〔註227〕《說文新證》，下冊，頁194。
〔註228〕《續經解毛詩類彙編·詩毛氏傳疏》，冊一，頁781。

胡承珙云：「楮木葉粗枝細，同於灌莽，故毛公以爲惡木。」〔註 229〕諸說皆以穀字爲本詩之穀。

《毛詩草木鳥獸蟲魚疏》云：「今江南人績其皮以爲布，又檮以爲紙，謂之穀皮紙。長數丈，潔白光輝，其裡甚好，其葉初生可以爲茹。」〔註 230〕不以穀爲惡木。

按：从禾之穀，《毛詩》多用穀類名，〈東門之枌〉「穀旦于差」、〈甫田〉「以穀我士女」，《毛傳》云：「穀，善也。」《爾雅·釋詁》云：「穀，善也。」皆以穀字引申有善意。然本詩《毛傳》言惡木，當不作穀，應以穀字爲是。而《草木疏》所云穀皮紙者，漢朝初年，紙張尚未發達，毛公自不可能了解此種用途，故仍以惡木形容之。

26. 靡所底止──《石經》、宋本底作厎。──〈祈父〉

段玉裁云：「《說文·广部》：『底，山居也。下也。从广，氐聲。』厂部：『厎，柔石也。从厂，氐聲。或作砥。』玉裁按：物之下爲底，故至而止之爲厎，如《詩經》『靡所厎止』、『伊於胡底』皆是也。若厎、砥字同爲厎屬，《說文》明晰可據。而經書傳寫互譌，韻書、字書以砥注礪石也，厎注致也，至也。皆不察之過。又或臆造《說文》所無之厎、底字。此詩『靡所厎止』，《詩本音》從嚴氏《詩緝》作底，謬極。」〔註 231〕

按：《毛傳》云：「底，至也。」卜辭中氐字多有致義，季旭昇先生以氐爲槌狀物，氐乃以槌狀物牴物，故有致義。見本節第十七條按語。則厎、底皆是從氐字所派生出之字。而底字從广，广象屋形，金文作广（《伯要敦》府字偏旁）；厂爲山之崖巖可居人者，金文《散盤》作厂，兩形實易相混。又馬敘倫釋厎字曰：

徐灝曰：「從厂即石之省」。按：自厎至厖十四文，皆當從石，入石部。徐謂從厂即石之省，是也。〔註 232〕

石字，甲骨文作𠂆（乙 3212），或石（乙 1277），〈己侯貉子簋〉作石，石形簡化爲厂形，則徐灝、馬敘倫謂厂爲石之省，可從。則厎當爲砥字，砥爲磨礪石，

〔註 229〕《續經解毛詩類彙編，毛詩後箋》，冊二，頁 1990。

〔註 230〕〔吳〕陸璣撰：《四庫全書·毛詩草木鳥獸蟲魚疏》（上海：上海古出版社，1987 年），冊七十，頁 10。

〔註 231〕《段玉裁遺書、詩經小學》，上冊，頁 507。

〔註 232〕《說文解字六書疏證》，卷十八，頁 2375。

以石砥礪，與季先生抵物之說相合。據此，當依段玉裁所說作底字爲是。

27. 亦祗以異——段云：「祗，適也。凡此訓唐人皆从衣从氏作祇。見
《五經文字》。《石經》作祗，非古也。从祇尤繆。」——〈我行其野〉

　　《說文》云：「祇，祇裯，短衣。从衣，氏聲。」《方言》云：「汗襦，自
關而西或謂之祇裯。」《廣雅·釋器》云：「祇裯，襜褕也。」《後漢書·羊續
傳》云：「其資藏唯有布衾、敝祇裯、鹽、麥數斛而已。」是祇字原義爲短衣
汗衫。宋景祐刊本《漢書·竇嬰傳》云：「祇加懟自明，揚主之過。」師古曰：
「祇，適也。祇音支，其字從衣。」顏師古強調字從衣，或其所據本仍作祇，
故改字耳。王先謙《補注》以祇當從示，斷顏說爲誤。秖字，《廣韻·脂韻》：
「穀始熟也。」《集韻·脂類》：「秖，禾始熟曰秖。」《說文》未收此字，當
是後起之字，故《詩》不作秖。

　　按：祗字由來甚久，金文多爲敬義。而祇字最早見於《說文》，兩漢典籍
中多用作祇裯之意。漢代以後，兩字逐漸相亂，如《晉書·周顗傳》引作「天
下神祇」，《宋書·禮志》云：「昭告神祇」，均誤祇爲祇。至唐宋之後，兩字
相亂已極。今考《經典釋文·周易音義》於〈復·初九〉「無祗悔」云：「祗，
音支，辭也馬同，音之是反。」馬融（79～166）習《毛詩》，訓祗爲辭與《傳》
訓祗爲適，義正相通。又《文選·張平子·東京賦》「故蔽善而揚惡，祗吾子
之不知言也。」李善注引《毛詩》「祗，適也。」據此，經文當仍以祗爲是。

28. 無父母詒罹——《釋文》：「詒，本又作貽。罹，本又作離。」——
〈斯干〉

　　《說文》未收貽字，《說文新附》云：「貽，贈遺也。从貝，台聲。經典
通用詒。」段玉裁《說文解字注》來字下云：「今《毛詩》詒作貽，俗字也。」
〔註233〕鄭珍《說文新附攷》云：「經傳中多詒、貽互見，作貽皆漢後所改。」
〔註234〕

　　《說文》云：「離，離黃，倉庚也。」《說文》未收罹字，《說文新附》曰：
「罹，心憂也。从网，未詳。古多通用離。」徐灝《注箋》云：「罹即羅之別
體，古通作離。」〔註235〕

〔註233〕《說文解字注》，頁234。
〔註234〕〔清〕鄭珍撰：《續修四庫全書·說文新附攷》，冊223，頁292。
〔註235〕〔清〕徐灝：《續修四庫全書·說文解字注箋》，冊227，頁98。

按：今考〈雄雉〉詩「自詒伊阻」，《漢石經》作貽，古陶文有貽字，東漢光和年間《漢溧陽長潘乾校官碑》亦有貽字，則貽字非後人所改，蓋《說文》失收也。而《說文》釋詒為「相欺詒也。一曰遺也。」《方言》曰：「謬、謉，詐也。」郭璞注云：「汝南人呼欺為譠，亦曰詒。」《廣雅·釋詁》云：「詒，欺也。」《中山王譻鼎》「詒死罪之有若」，不作贈詒解，則詒字本義蓋為詐也。據此，正字應為貽，而詒則為假借字，但經典多假詒為之，蓋《毛詩》作詒，《魯詩》作貽也。

羅振玉以古文羅、離為一字〔註236〕，李孝定則曰：

> 謂離、羅同字則非。蓋二者祇是同義字，其構造之意亦同，然謂即
> 是一字則誤。〔註237〕

今考甲文，羅字作 **𦋻**（乙 4842），或作 **𦋻**（天 25）；離字作 **𦋻**（前 6.45.4）。捕鳥器具有在上者，亦有在下者。甲骨文中偏旁位置往往不定，兩字構造之意相同，當為同一字。罹字，古匋作 **𦋻**，從网，從 **𦋻**，當是羅字異體。**𦋻** 可能就是 **𦋻**，《說文新附》誤作心部。其實離、羅、罹三字字形相似，皆是以器具捕鳥。罹可能是羅字的譌變或分化而出，用指心憂之意，而離、羅並無此意，故當仍以罹字為是。

29. **眾維魚矣**——盧文弨云：「余友丁希曾解詩眾維魚矣，眾乃螽字之省。《說文》螽即蠡重文。蠡，蝗也。蝗而為魚，故為豐年之徵。毛無《傳》，此解實勝鄭箋也。」見《鍾山札記》。——〈無羊〉

鄭《箋》云：「人眾相與捕魚。」盧以毛無《傳》，實則毛公於第二句「眾維魚矣」云：「陰陽合則魚眾多矣。」是毛公與鄭玄意微別，毛以魚眾多，鄭以人眾多。

盧文弨《鍾山札記》云：「凡池湖陂澤中，魚嘬子皆近岸旁淺水處。若遇歲旱，水不能復其故處，土為風日所燥，魚子蠕蠕而出，即變為蝗蟲以害苗。自大河以北土人皆知之。今螽不為蝗而為魚，故以為豐年之徵。」〔註238〕

按：《說文》蠡字篆文作 **𧖓**，《古文四聲韻》有 **𧖓** 字。馬敘倫曰：

> **𠔼**、眾聲同侵類，故蠡轉注為螽。《春秋·桓五年》「螽」，《公羊》

〔註236〕《增訂殷虛書契考釋》，卷中，頁 49。
〔註237〕《甲骨文字集釋》，第四，頁 1272。
〔註238〕〔清〕盧文弨撰：《皇清經解諸經總義類彙編·盧學士鍾山札記》，冊二，頁 2187。

作螽。《儀禮·士相見禮》「眾皆若是」，注：「今文眾爲終。」竝其
例證。〔註239〕

是螽、螽可通用。盧文弨以眾爲螽之說，將旐、旟、眾、魚皆視爲實物。螽化
爲魚可爲豐年之兆，但旐、旟爲何亦有豐年之兆則難以解釋。且而以螽化爲
魚，是以維爲乃。《爾雅》云：「維，侯也。」「侯，乃也。」螽維魚矣，即螽
乃魚矣。但旐乃旟矣，豈可解爲旐化爲旟，其意不通。王引之《經傳釋詞》
云：

惟猶與也，及也。《詩·無羊》曰：「牧人乃夢，眾維魚矣，旐維旟
矣。」《箋》云：「牧人乃夢見人眾相與捕魚，又夢見旐與旟，是下
維字訓爲與，與上維字異義也。〈靈臺〉曰：虡業維樅，賁鼓維鏞。」
下維字亦當訓爲與，謂賁鼓與鏞也。〔註240〕

據王引之所云，「螽維魚矣，旐維旟矣」應釋爲「螽與魚矣，旐與旟矣」，然
而此說亦有問題，旐與旟矣可相連，但螽與魚矣則不知何意，螽多又豈可視
爲豐年，故兩說皆有疑慮。

考《毛傳》云：「旐、旟所以聚眾也。」《周禮·春官·宗伯》云：「州里
建旟，縣鄙建旐」，《周禮·夏官·司馬》亦云：「郊野載旐，百官載旟。」《說
文》云：「旟旟，眾也。」則旟有眾義，旗以聚眾。而「眾維」當即「維眾」，
故本句或以旐、旟象徵魚群眾多。再從詩文來看，牧人夢見魚群眾多，此爲
豐年之兆，而旐旟之旗可聚眾，故鄭《箋》云：「又夢見旐與旟」，將「眾維
魚矣」與「旐維旟矣」分爲兩夢，皆有眾多、豐年之兆，不必定要將兩句詞
性相對，亦使兩句敘述皆有著落。

四、節南山之什

30. 維石巖巖──《釋文》：「巖，本或作嚴。」──〈節南山〉

臧琳以爲作嚴，《經義雜記》云：「考《正義》亦作嚴嚴。今《疏》中皆
作巖字，此後人據《釋文》改也。然尚有改之未盡者，今試舉之。云嚴嚴，
無視汝之文，具瞻少尊嚴之狀，互相發見，故《箋》云：『喻三公之位，人所
尊嚴。』集注及定本皆作高嚴，是可知孔本作嚴也。《群經音辨·吅部》云：

〔註239〕《說文解字六書疏證》，冊五，頁3336。
〔註240〕〔清〕王引之撰：《助字辨略等六種·經傳釋詞》（臺北：世界書局，1962年），
　　　　頁31。

『嚴嚴，高也，音巖。《詩》維石嚴嚴，今从山。』蓋所據《釋文》正作嚴也。」
〔註241〕

　　阮元則以爲當作巖字，《校勘記》曰：「《傳》云：『嚴嚴，積石貌。』《箋》
云：『喻三公之位，人所尊嚴。』《箋》以嚴說巖者，詁訓之法也。」〔註242〕

　　《原本玉篇殘卷》云：「《毛詩》『惟石嚴嚴』。《傳》曰：『嚴，峰也。』」
〔註243〕顧野王所引《毛傳》與今本不同，但字作嚴也。

　　按：〈殷武〉「下民有嚴」，《毛傳》云：「嚴，敬也。」〈六月〉「有嚴有翼」，
《毛傳》云：「嚴，威嚴也。」〈常武〉「有嚴天子」，《毛傳》云：「嚴然而威。」
嚴用於形容人，表示威嚴莊敬之意。而本詩《毛傳》云：「嚴嚴，積石貌」，
爲山峰高峻之狀。今考金文《叔氏鐘》嚴字作，從一口在厂下；《虢叔鐘》
作，《番生簋》作，從雙口；《默鐘》作，《井人鐘》作，從三口。嚴
字從多口，故有多話誇張之意，《史記·日者列傳》云：世皆言曰：夫卜者多
言誇嚴以得人情。可證嚴多話誇張之本義。《說文》「教命急」當爲引申義，
教命急又可有威嚴之義，《叔向父殷》「其嚴在上」，《虢叔旅鐘》「皇考嚴在上，
翼在下」，是嚴字用作莊敬威嚴之引申義。故《毛詩》亦用於表示威嚴之義，
但本詩山石堆積之貌，以嚴字爲是，巖乃後起字也。

31. 憂心如惔——《釋文》：「惔，徒藍反。又音炎，燔也。《韓詩》作
　　炎，字書作炎，《說文》作㷔字，才廉反，小爇也。」段從《說文》。
　　按《玉篇》惔、㷔皆徒甘切。《毛詩》多聲同假借，不必破字。—
　　—〈節南山〉

　　莊述祖《五經小學述·卷二》對此條亦有說，其云：「雍熙本《說文》引
《唐韻》：『㷔，直廉切』，《繫傳》朱翱音長廉反。《廣韻》：㷔，《字林》云：
小熱也，直廉切。《玉篇》：㷔，徒甘切，燎也，小熱也。又惔，徒甘切，憂
也。是《玉篇》訓與《毛傳》、《說文》合，讀與〈節南山·音義〉徒藍反，〈雲漢·
音義〉音談，同。蓋《毛詩》以惔、㷔音同假借，非後人妄改也。」

　　徐鍇《繫傳》惔下引《詩》作「憂心如惔」，㷔字下引《詩》作「憂心㷔㷔」。
段玉裁曰：「炎，炎聲，炎讀如餤，今誤作㷔，干聲，非也。……《詩》曰：憂
心如炎，今本《說文》誤爲憂心㷔㷔，尤非也。〈節南山·釋文〉、《正義》皆

〔註241〕　《皇清經解諸經總義類彙編·詩毛氏傳疏》，冊一，頁431。
〔註242〕　《十三經注疏·詩經》，頁402。
〔註243〕　《原本玉篇殘卷》，頁433。

－103－

引《說文》作憂心如美，可證。此詩如美，《韓詩》作如炎，不知何人加心作惔。惔，憂也。豈憂心如憂乎？又於《說文》惔字解說內妄加『《詩》曰憂心如惔』六字。又於美字解說內妄改憂心炎炎，而《毛詩》之眞沒矣。」〔註244〕

按：炎、焱當爲一字，二火、三火皆言火光盛也，猶艸、芔矣。馬敍倫引章炳麟（1869～1936）云：

炎有二音，一在喉如焱，一在舌如談。〔註245〕

《令簋》「在炎」，郭沫若以爲即春秋郯國故稱，《玉篇》郯音亦爲徒甘切，與惔、炎同，是炎、惔、炎皆爲同音通假。據段玉裁所云，惔爲憂，憂心如憂爲不詞，則作惔非正字。〈雲漢〉「如惔如焚」，《毛傳》云：「惔，燎之也。」《釋文》云：「惔音談，《說文》云：『炎，燎也。』徐音炎。」今本《說文》作：「炎，火光上也。」與《釋文》所引不同。然據陸德明所言，乃以惔爲炎字之假借，〈雲漢〉詩當作如炎如焚。《說文》：「美，小熱也。」甲骨文有一字形作𡙁（燕8），朱芳圃云：

字从火，从囗，火象火燃燒時火光四射之形，當爲美之初文。〔註246〕

則美、炎二字皆可形容火勢之烈，憂心如美，憂心如炎當同，或爲三家詩之異。然據《釋文》，是《毛詩》作惔，《韓詩》作炎，作美者或爲《魯》、《齊》之說也。

32. 俾民不迷──《釋文》：「卑，本又作俾，同。」──〈節南山〉

《說文》云：「俾，益也。」段玉裁注云：「經傳之俾皆訓使也。無異解，蓋即益義之引申。」〔註247〕

按：《說文》云：「卑，賤也。」《繫傳》曰：「右重而左卑，故在甲下。」段玉裁亦云：「古者尊又而卑广，故從广在甲下，甲象人頭。」〔註248〕然考卑字金文，手形有作左者，如《免簋》作𤰡，亦有作右者，如《秦王鐘》作𤰖，則右貴左賤之說不成立矣。金文卑多讀俾，如《者減鐘》「卑女鱻鱻剝剝，鱻鱻倉倉。」《齊夷鎛》「卑百斯男，而執斯字。」這些銘文皆是用作嘏辭，而卑字義則與〈天保〉「俾爾單厚」、「俾爾多益」，〈卷阿〉「俾爾彌爾性」，〈閟宮〉

〔註244〕《段玉裁遺書・詩經小學》，上冊，頁510。
〔註245〕《說文解字六書疏證》，冊四，頁2573。
〔註246〕《殷周文字釋叢》，頁33。
〔註247〕《說文解字注》，頁380。
〔註248〕同上註，頁117。

「俾爾壽而臧」等相同，皆是用於表示上天或祖先降福，降福即有增益之義，當可引申爲「使」。又《詛楚文》云：「禮⿰亻𤰞介老，將以自救方殿。」何琳儀云：

> ⿰亻𤰞應隸定爲俾。……金文卑多讀俾，《詛楚文》俾則讀卑，禮俾即卑禮之倒文。〔註249〕

則卑與俾可通用，《釋文》所言是也。

33. 式夷式已——《釋文》：「式巳，毛音以，鄭音紀。」《正義》曰：「易《傳》者，以上文欲王躬親爲政，則宜爲己身之己，不宜爲已止也。」按：《箋》未晰《傳》意。讀《周書·皇門》可以互相發明，宜從《傳》音以訓止。——〈節南山〉

《毛傳》云：「用平則已。無以小人之言，至於危殆也。」毛蓋訓爲已止之已。鄭《箋》云：「爲政當用平正之人，用能紀理其事，無小人近。」鄭玄釋已爲紀，與《正義》所云爲己不同。述祖以鄭《箋》非《傳》意，並以《逸周書·皇門解》可與本句互相發明。〈皇門解〉乃周公之誥辭，內容爲告群臣各荐賢能，助己勤國，其中有云：「至于厥後嗣，弗見先王之明刑，維時及胥學于非夷。」夷、彝通，〈酒誥〉「誕惟厥縱淫泆于非彝」，〈召誥〉「其惟王，勿以小民淫用非彝」可證，則夷有常意，非夷即非法，故述祖以爲可與本句參照。

盧文弨云：「案《箋》云：用能紀理其事也，當作用己理其事也。能字衍文。足利本作己理。《正義》爲鄭釋經云：『用己身親理政事。』釋《箋》云：『上文欲王躬親爲政，則宜爲己身之己。』可證今《注疏》本《箋》作紀者，誤從《釋文》之音妄改也。」〔註250〕

按：巳字，甲骨文作⿰己（鐵263.4）、或作子形⿰子（甲23），《毛公鼎》作⿰己。季旭昇先生云：

> 本義爲蛇虫類，假借爲地支名，又借爲已止之詞。〔註251〕

己字，甲骨文作⿰己（甲2262）、ㄅ（燕2），金文《父己鼎》作⿰己、《霍鼎》作ㄅ，皆象一根彎曲的絲緒。己、巳字形初期差別甚大，後漸趨相近。但在西漢以前兩字仍分別甚明，如西漢定縣竹簡「己」字作ㄅ，武威漢簡〈少牢〉「巳」

〔註249〕《戰國文字通論》，頁273。
〔註250〕《經典釋文考證》頁82。
〔註251〕《說文新證》，下冊，頁289。

字作乙，仍有區別，東漢以後兩字漸不分，故鄭玄讀紀，與毛公音不同，殆
受到後來兩字混用之影響。

考《廣雅》云：「己，紀也。」《釋名》：「己，紀也。」朱駿聲《說文通
訓定聲》曰：「己即紀之本字。」〔註252〕高鴻縉（1891～1963）曰：

> 己所以別絲縷之數，故為紀綱之紀，象縱橫絲縷有紀之形，名詞，
> 後借為天干第六名。〔註253〕

戴家祥云：

> 繩索乃我先民用以紀事算數之工具。《易傳集解》引《九家易》云：
> 「古人結繩紀事，事大大其繩，事小小其繩，結之多少，隨物眾寡。」
> 即指此事。故己加系，孳乳為紀，而己本有紀意，二者屬古今字。
> 〔註254〕

然則己為紀字，引申當有條理、法度之義。故鄭玄以「用紀理其事」釋己。
蓋鄭玄字仍作己，孔穎達遂誤為自己之己。今考鄭《箋》明言當用平正之人，
用平正之人即不近小人，所釋重在用人，非謂己身理其事也。則盧文弨所云
非是。

34. 胡為虺蜴——《釋文》：「蜴，星歷反。字又作蜥。」段云：「蜴即蜥之或體。」然則《正義》云蜥蜴，誤矣。《說文》蜥易之易，不從虫。——〈正月〉

《正義》云：「虺蜴，一名蠑螈蜴也，或謂之蛇醫，如蜥蜴，青綠色，大
如指，形狀可惡。」

段玉裁曰：「《說文》無蜴字。《方言》守宮或謂之蜥易，其在澤中者謂之
易蜴、脈蜴。郭注蜴皆音析。蓋蜴即蜥之或體。易蜴即蜥易之倒文，猶螽斯
亦曰斯螽也。《說文》虺字注引《詩》『胡為虺蜥』，《毛詩》作『胡為虺蜴』，
蜴當讀析。虺蜴即虺蜥也。俗用蜥蜴成文為重複，古人言蜥易。」〔註255〕則
段玉裁以蜴為蜥為正字，蜴為或體字，故述祖以《正義》蜥蜴二字連讀為誤。
《鹽鐵論・周泰篇》引《詩》作「胡為虺蜥」，是三家詩作蜥也。

按：易字，甲文有二形分別甚大，一形象酒器作🐟（前6.42.8）、🐟（河

〔註252〕《說文通訓定聲》，頁178。
〔註253〕《中國字例》，頁136。
〔註254〕《金文大字典》上。
〔註255〕《段玉裁遺書・詩經小學》，上冊，頁512。

784）；另一形作彡（甲 3364）或彡（拾 4.11）。商代《小臣系卣》作彡，周代早期《德鼎》則作彡。顧實據從彡之易釋云：

> 總之易字從夕，以寓其冥冥之意，而從彡，又以象其畫卦之形也。
>
> 是易乃真為《易經》之易而特造之專字也。〔註 256〕

然而《周易》在殷代究為何名？尚無確論。據《周禮》所言，殷《易》稱為《歸藏》，是否可簡稱為《易》，亦不可知。且數字卦的發現，說明商周初期，占筮所用符號未必是陰陽符號，則以彡象畫卦之說，有待商榷。

季旭昇先生則以為易字本義為變易、賜給，可假借為平易、容易、暘。其說云：

> 甲骨文從兩手捧兩酒器傾注承受，會「變易」、「賜給」之義。或省兩手、或再省一器，最後則截取酒器之一部分及酒形，而作彡形。《師酉簋》字形漸漸譌變，與蜥蜴點類似，《說文》遂誤釋為蜥蜴。〔註 257〕

據季先生所云，易本義當與酒器有關。而周代中期《師酉簋》字形開始譌變，《說文》遂以蜥蜴釋之。考《師酉簋》易字作彡，再如《仲師父鼎》作彡，《屛敖簋》作彡，譌變後的字形與許慎篆文相近，遂以象蜥易之形釋之，則季先生之說可從。然則譌變之後的易字，本身即象蜥易之形，再加虫旁則多餘矣，故段玉裁以易即蜴字。又《釋文》音星歷反，其讀正為析，是與《說文》合也，故蜥、易得通用。

35. 薪薪方有穀──《釋文》：「方穀，本或作方有穀，非也。」《正義》云：「方有爵祿之貴矣。」是其本有「有」字。按：《箋》云：「此言小人富而褺陋將貴也。」釋方為將。毛雖無傳，然〈鵲巢・傳〉曰：「方，有也。」是方即有，有為衍文，《釋文》是也。《書・洪範》「既富方穀」，亦與此同。《石經》以下皆作方有穀，從《正義》本也。──〈正月〉

《後漢書・蔡邕傳》云：「速速方穀，夭夭是加。」李賢注云：「《詩・小雅》曰：『速速方穀〔註 258〕，夭夭是拯。』毛萇注云：『速速，陋也。』鄭玄

〔註 256〕顧實撰：〈釋易〉《國學輯林》（1926 年第 1 期），收錄於《古文字詁林》，冊八，頁 441。

〔註 257〕《說文新證》，下冊，頁 96。

〔註 258〕鄭玄注：「穀，祿也。」則穀當作穀，從禾不從木，其差異見本節第二十五條

注云：『穀，祿也。』言鄙陋小人將貴而得祿也。夭，殺也。椓，破之也。《韓詩》亦同。此作戴者，蓋謂小人乘寵，方戴而行。方猶並也。」蔡邕習《魯詩》，則《魯詩》蓋作「速速方戴」。

陳喬樅云：「《說文》有薂無薂。又曰：『遫，籀文速。』薂蓋即薂之涑。戴者，戴之假借。《老子》『孤寡不戴』，他書皆作不穀。《呂覽・觀表》『衛右宰戴臣』，《文選・劉孝標・廣絕交論》注作戴臣。《列子・天瑞》『鶡之為布戴』，《釋文》：『本又作穀』，其證也。」〔註259〕

馬瑞辰云：「《詩》蓋以㞋㞋彼有屋與民今之無祿相對，以薂薂方戴與夭夭是椓相對。」〔註260〕

按：依〈蔡邕傳〉及李賢注，《韓詩》蓋同《魯詩》，作速速方戴，以車、屋相比，此乃三家詩義。而鄭玄釋戴為祿，「言小人富而婁陋將貴也」，則不與《韓詩》作戴同，所據當為《毛詩》。陳喬樅欲借文字通假調和《魯》、《韓》、《毛》三家，則鄭玄箋釋將無所本，可不必也。據述祖按語及馬瑞辰所言，經文當作薂薂方戴，有字乃衍文也。

36. 朔日辛卯——毛本月誤日，監本以上皆不誤。——〈十月之交〉

馬瑞辰云：「《詩》言朔月，與〈玉藻〉言朔月大牢同。《正義》云：『朔月辛卯之日，以此時而日有食之。』又曰：『此朔月辛卯，自是所食之日。』是《正義》本作朔月之證。明監本以下皆作朔月是也。毛氏汲古閣本作朔日，《漢書・劉向傳》引《詩》亦作朔日辛卯，俱係傳寫之誤。」〔註261〕

陳喬樅云：「攷《後漢書・丁鴻傳》：鴻大日食上封事曰：『昔周室衰季，皇甫之屬，專權於外。黨類強盛，侵奪主執，則日月薄食，故《詩》曰：十月之交，朔日辛卯，日有食之，亦孔之醜。』注引鄭《箋》說云云，竝作朔日。」〔註262〕

屈萬里先生云：「朔月，即月朔，初一日也。」〔註263〕

按：宋景祐刊本《漢書・劉向傳》引《詩》作「朔月辛卯」〔註264〕，宋

論「其下有穀」。

〔註259〕《續經解毛詩類彙編・魯詩遺說攷》，冊三，頁2458。
〔註260〕《續經解毛詩類彙編，毛詩傳箋通釋》，冊二，頁1394。
〔註261〕同上註，頁1395。
〔註262〕《續經解毛詩類彙編・詩經四家異文攷》，冊三，頁2995。
〔註263〕《詩經詮釋》，頁359。
〔註264〕見百衲本二十四史《漢書》，上冊，頁508。

紹興刊本《後漢書·丁鴻傳》引《詩》亦作朔月〔註265〕，則馬、陳兩人所見之本，殆誤也。

金文《乙巳鼎》朔字作🔣，从月从屰，與楷字相同。屰字象大字之倒，有不順之義，月初時，人們看不到月亮，故以朔字表示之，則朔月當即月朔，乃即指每月初期月亮被遮住的時候。而古人皆知日食必在每月初一前後發生，既有特定之日，可能因此以朔日特指初一。朔字已有月逆之意，則稱朔月似嫌複矣，當作朔日，特指月逆那天，即初一也。

37. 山冢崒崩——《釋文》：「崒，舊子恤反，徐子綏反。鄭云：『崔嵬也。』宜依《爾雅》音徂恤反，本亦作卒。」《正義》本作卒，讀從《箋》。又云：「徐邈以卒子恤反，與《釋文》小異。」——〈十月之交〉

《原本玉篇殘卷·山部》崒下云：「子恤反。《爾雅》：『崒者，厜㕒。』郭璞曰：『謂山崒頭巉也。』野王案：《毛詩》『山冢崒崩』是也。」〔註266〕此即《釋文》所謂舊子恤反者。而子綏反，蓋讀崒作崔。

《原本玉篇殘卷·山部》崔字云：「子綏反，《毛詩》『南山崔崔。』《傳》曰：『崔崔，高大也。』」〔註267〕

《爾雅》云：「崒者，厜㕒。」是《釋文》所謂徂恤反者，厜㕒亦山高之勢，則作此三音者，皆將山冢崒連讀，用於形容山勢之高也。《漢書·劉向傳》引《詩》作「山冢卒崩」，師古注：「卒，盡也。山頂隆高而盡崩壞。」與《正義》即徐邈子恤反同。

王引之云：「卒當讀為猝。猝，急也，暴也。言山冢猝然崩壞也。」〔註268〕

馬瑞辰曰：「崒崩二字當連讀，與上沸騰相對成文，即碎崩之叚借。《廣雅》碎崩竝訓為壞，是也。」〔註269〕

按：據顧野王按語，是《毛詩》作「山冢崒崩」，其義與《爾雅》同，則《釋文》所述確為《毛詩》。鄭《箋》釋為崔嵬，蓋為《韓詩》，其義與《毛詩》相近。而劉向習《魯詩》，故《漢書·劉向傳》「山冢卒崩」當為《魯詩》，

〔註265〕見百衲本二十四史《後漢書》，冊二，頁568。
〔註266〕《原本玉篇殘卷》，頁431。
〔註267〕同上註，頁432。
〔註268〕《皇清經解諸經總義類彙編·王尚書經義述聞》，冊一，頁734。
〔註269〕《續經解毛詩類彙編·毛詩傳箋通釋》，冊二，頁1396。

訓卒爲盡，義爲山冢盡崩，乃誇飾用法。清儒乃謂天下山冢盡皆崩壞，於理不合，於是有王引之釋爲猝，馬瑞辰釋爲碎，然究非《毛》、《魯》、《韓》詩之本義。而依詩歌形式來看，百川「沸騰」對山冢「崒崩」，則崒崩乃形容山崩之動作，是馬瑞辰所說又較王引之爲優矣。

38. 楀維師氏——《石經》初刻㧢，後改楀。阮云：「《五經文字‧木部》云：楀，氏也。見《詩‧小雅》楀字是也。从木从才字多相亂。顏師古《漢書‧人表》注云：『萬讀曰㧢。』《集韻‧九虞》亦作㧢。」——〈十月之交〉

　　《急就篇》「萬段卿」，顏師古注云：「萬亦楀字，楀者木名，因樹以得姓也。《詩》云：『楀維師氏』。」徐鍇《繫傳》云：「《詩》楀維師氏。《箋》云：楀氏，褒姒之族黨也。」

　　馬瑞辰曰：「《潛夫論‧本畋篇》引《詩》作踽。《漢書‧古今人表》作萬，皆同音叚借字。《集韻》引《詩》『㧢維師氏』。據《唐石經》初刻从手，後改从木，則㧢乃俗字耳。」〔註270〕

　　按：據顏師古、徐鍇及《五經文字》所載，是唐時仍作楀字也。《石經》初刻从手，後改从木，要非誤刻，便如馬瑞辰所云，以㧢爲俗字而改正也。經文當作楀維師氏。

39. 曰予不戕——《釋文》：「戕，王本作臧。臧，善也。孫毓評以鄭爲改字。」《正義》申毛義，以爲反曰我不殘敗女田業也。不用孫毓評。——〈十月之交〉

　　毛無《傳》，鄭《箋》云：「戕，殘也。言皇父既不自知，反云我不殘敗女田業。」則述祖以《正義》申毛義者，乃申鄭義也。

　　盧文弨云：「惠云：王肅改字，反謂康成。臧氏云：上文于何不臧，《箋》云：臧，善也。此曰予不戕，《箋》云：戕，殘也。臧字、戕字最有區別，如鄭改字，宜於《箋》中云：臧當爲戕。必不遽易本經也。蓋三家詩本有作臧者，故肅據之以改毛氏，而與鄭爲異。陸氏謂孫毓朋於王，故反誣鄭也。」〔註271〕

　　按：今考《漢石經魯詩碑圖》第八面第一行作「予不臧禮」，則《魯詩》

〔註270〕同上註，頁1397。
〔註271〕《經典釋文考證》，頁83～84。

作臧，王肅或據《魯詩》也。于茀《金石簡帛詩經研究》云：

> 戕、臧，上古音都是精母陽部字，因為戕、臧二字同音，《毛詩》作
> 戕，《魯詩》作臧，最初並無不同。一個是正字，一個是假借字。但
> 是，戕能講通，臧亦能講通，於是《毛詩》、《魯詩》於此有了分別，
> 不但異文，而且異義。〔註272〕

其意蓋以臧為正字，戕為假借字也。

40. 旻天疾威──《釋文》：「旻天，本有作昊天者，非也。」《正義》
曰：「上有昊天，明此亦昊天。定本皆作昊天，俗本作旻天，誤也。」
阮校據《箋》文，依《正義》本作昊天。──〈雨無正〉

　　《校勘記》云：「考此《箋》云：『王既不駿昊天之德，今昊天又疾其政，
以刑罰威恐天下。』是鄭自作昊。此詩凡三言昊天：浩浩昊天、昊天疾威、
如何昊天是也。不應其一作旻，乃涉〈小旻〉而誤耳。」〔註273〕

　　段玉裁《詩經小學》云：「毛公曰：尊而君之則稱皇天，天氣廣大則稱昊
天，仁覆閔天則稱旻天，自上降鑒則稱上天，據遠視之蒼蒼然則稱蒼天。毛
說勝於《爾雅》。昊天言其大，故曰浩浩。旻天言其仁，故曰疾威。疾其以刑
罰威恐天下也。言各有當，作旻天疾威者是。鄭《箋》：王既不駿昊天之德，
今旻天又疾其政，以刑罰威恐天下。」〔註274〕則阮元、段玉裁兩人意見不同。
述祖於此條從阮元說。

　　按：《毛公鼎》銘文云：「敃天疾畏」，即本詩「旻天疾威」，敃讀為愍，
愍、旻古音皆為明紐諄部字，愍即旻字。孫詒讓云：

> 愍天即旻天。《五經異義》：古《尚書》說仁覆愍下則稱旻天。《爾雅·
> 釋天》秋為旻天，郭注「旻猶愍也。」愍萬物凋落是其證。〔註275〕

據此，則經文當仍作旻字為是。

41. 曾我暬御──《石經》暬從執，阮校《石經》是也。《五經文字》
云：「暬與褻同，見《詩·小雅》。」《說文》云：「暬，日狎習相慢
也。」皆誤從執。按：《說文》「褺，私服，從衣，執聲。」「褺，
重衣也，從衣，執聲。」褻不從執，《說文》暬從執，以俗字轉寫

〔註272〕《金石簡帛詩經研究》，頁109。
〔註273〕《十三經注疏·詩經》，頁416。
〔註274〕《段玉裁遺書·詩經小學》，上冊，頁514～515。
〔註275〕《籀膏述林》，頁313。

而誤。──〈雨無正〉

《國語・楚語》「居寢有褻御之箴」，韋昭注：「褻，近也。」《後漢書・蔡邕傳》「夫世臣門子褻御之族」，李賢注：「《詩・小雅》曰『曾我褻御』，毛萇注云：『褻御，侍御也。』」

按：《毛公鼎》云：「師氏虎臣，雪朕褻事。」容庚《金文編》引〈檀弓〉「君之褻臣也」說明〔註276〕，其意乃以褻事爲褻臣。楊樹達云：

> 《詩・小雅・雨無正》云：「曾我褻御，憯憯日瘁。」《毛傳》云：「褻御，侍御也。」〈楚語〉云：「居寢有褻御之箴。」韋注云：「褻，近也。」文云褻事，猶《小雅》、〈楚語〉之言褻御也。〔註277〕

故據《毛公鼎》銘文來看，本詩當作「褻御」爲是。

42. **憯憯日瘁──《石經》憯作慘。阮校《正義》、《釋文》皆作憯，《石經》誤。──〈雨無正〉**

《校勘記》云：「《釋文》云：『憯憯，千感反。』《正義》云：『憯憯然日以憂病。』是《釋文》、《正義》本皆作憯憯。不知《唐石經》出何本也。」〔註278〕

按：馬敍倫釋慘字云：

> 沈濤曰：「《一切經音義》三引作毒也，痛也。廿二引：慘，憂兒也。」
> 按：《文選・琴賦》注引《字林》：毒也。則毒也乃《字林》文。毒也即痛也。憂兒也蓋校語。憯慘音義全同，轉注字也，猶糌穇矣。
> 〔註279〕

《說文》以糌、穇爲糙之重文，云：「糌，籀文糙从朁。」「穇，古文糙从參。」段玉裁《說文解字注》穇下云：

> 《周頌》潛有多魚，《傳》曰：「潛，穇也。」古本如此。《爾雅》穇謂之涔，涔即詩之潛也。〔註280〕

王念孫《廣雅疏證》云：

> 《說文》慘，毒也。《莊子・庚桑楚》篇云：「兵莫憯于志，鏌鋣爲下。」《漢書・陳湯傳》云：「慘毒行於民。」〈谷永傳〉云：「榜箠瘴

〔註276〕 《金文編》，頁587。
〔註277〕 《積微居金文說》，頁15。
〔註278〕 《十三經注疏・詩經》，頁416。
〔註279〕 《說文解字六書疏證》，冊四，2702。
〔註280〕 《說文解字注》，頁335。

於炮烙。」竝字異而義同。〔註281〕
則慘、憯兩字當為重文。

43. 莫肯用訊──訊當作誶，見上。──〈雨無正〉

按：說見前一節第四十五條，當作誶為是。

44. 維曰于仕──《石經》、宋本皆作于仕。明監本、閩本、毛本作予仕，誤。──〈雨無正〉

《校勘記》云：「閩本、明監本、毛本同。《唐石經》、小字本、相臺本予作于，考文古本同。案：予字誤也。」〔註282〕

按：《毛傳》云：「于，往也。」《正義》據《傳》解釋：「維曰：往仕乎。」于有往義，則《毛詩》作于字無疑。

45. 伊于胡底──《石經》、宋本底作底。──〈小旻〉

按：說見本節第二十六條，以底字為是。

46. 如匪行邁謀──襄八季《左傳》引《詩》「如匪行邁謀」。杜預注：「匪，彼也。行邁謀，謀於路人也。不得于道，眾無適從。」顧炎武云：「古人有以匪字作彼字用者。二十七季引《詩》『彼交匪敖』作『匪交匪敖』。」惠棟云：「〈雨無正〉云：如彼行邁。其意略同。《漢書》引《詩・桑扈》亦作匪。《荀子・勸學》引《詩》匪交匪紓，今〈采菽〉上匪字作彼。古匪彼通用，顧說是也。」《廣雅・釋言》云：「匪，彼也。」王念孫云：「匪即彼也。」是以《廣雅》及杜注皆訓匪為彼。《詩》中匪字多有作彼字用者，詳《廣雅疏證》。──〈小旻〉

《廣雅疏證》云：「《鄘風・定之方中》篇『匪直也人，秉心塞淵』，猶言彼直也人，秉心塞淵也。《檜風・匪風》篇『匪風發兮，匪車偈兮』，猶言彼風發兮，彼車偈兮也。《小雅・四月》篇『匪鶉匪鳶，翰飛戾天，匪鱣匪鮪，潛逃于淵』，言彼鶉彼鳶則翰飛戾天，彼鱣彼鮪則潛逃于淵，而我獨無所逃於禍患之中也。猶上文云『相彼泉水，載清載濁，我日構禍，曷云能穀』也。〈何草不黃〉篇『匪兕匪虎，率彼曠野。哀我征夫，朝夕不暇』，言彼兕彼虎，則率彼曠野矣。

〔註281〕 〔清〕王念孫撰：《皇清經清四書類彙編・王觀察廣雅疏證》，冊二，頁1507。
〔註282〕 《十三經注疏・詩經》，頁417。

哀我征夫，何亦朝夕於野而不暇乎？猶下文云『有芃者狐，率彼幽草。有棧之車，行彼周道』也。〈都人士〉篇『匪伊垂之，帶則有餘，匪伊卷之，髮則有旟』，言彼帶之垂則有餘，彼髮之卷則有旟也。猶上文言『彼都人士，垂帶而厲。彼君子女，卷髮如蠆』也。說者皆訓匪爲非，失之。」〔註283〕

按：據王念孫所引，諸詩匪字作彼解，則文從字順，當依王氏所云，以匪、彼通爲是。

47. 無忝爾所生——《釋文》作毋忝。——〈小宛〉

段玉裁《說文解字注》毋下云：「其意禁止其言曰毋也。古通用無，《詩》、《書》皆用無。」〔註284〕

〈白駒〉「毋金玉爾音」，《釋文》云：「毋音無，本亦作無。毋字與父母之字不同，宜詳之。」

按：金文母與毋爲一字，《毛公鼎》「女毋敢妄寧」、「毋折緘」字形皆作中，《齊侯鎛》「毋疾毋瘯」，字形作中，李孝定云：

> 契文假母爲毋。本辭云：「貞曰𤰞母在茲延」，即貞師毋在此羈延也。
> 〔註285〕

金祥恆（1918～1989）云：

> 古本無毋字，借母爲之。許氏所云「本無其字，依聲託事」者也。
> 〔註286〕

而「無」字，柯昌濟（1902～1990）云：

> 古無字从𣂁，是字亦見卜詞作𣂁、𣂁等形，當即古舞字。象人以手舞形。〔註287〕

是無亦假借字也。《漢石經》無字皆作毋，無、毋二字上古音皆爲明母魚部字，可互相通假。

48. 鞠爲茂草——《石經》、宋本鞠作鞫。——〈小弁〉

按：《毛傳》釋鞫爲窮也，與《邶風・谷風》「昔育恐育鞫」同，作鞫爲

〔註283〕《皇清經清四書類彙編・王觀察廣雅疏證》，冊二，頁1512。

〔註284〕《說文解字注》，頁632。

〔註285〕《甲骨文字集釋》，第十二，頁3713。

〔註286〕金恆祥撰：〈甲骨文假借字續說——比母〉《中國文字》（臺北：國立臺灣師範大學文學院，1965年），第十六冊，頁5下。

〔註287〕柯昌濟撰：《殷虛書契補釋》，收錄於《古文字詁林》，冊九，頁1011。

是。說見第一節第十四條。

49. 不離于裏──《石經》作不離，諸本作不罹，誤。──〈小弁〉

　　按：說見本節第二十八條，作罹爲是。

50. 萑葦淠淠──萑已見上。〈小弁〉

　　按：說見第一節第五十條。

51. 析薪杝矣──《石經》作杝矣，諸本作扡，誤。──〈小弁〉

　　《五經文字》云：「杝，弋支反，架也。《禮記》亦作椸，又音桅，見《詩·小雅》。」則張參所據本作杝也。

　　馬瑞辰云：「《玉篇》引《詩》亦作杝。《說文》有杝無扡，今本作扡者，誤。杝之言迤也，謂隨木理之之衺迤而析之也。《說文》『迻迤，衺去皃。』又曰：『迤，衺行也。』衺行謂之迤，衺斫謂之杝，其義一也。杝即迤之借字，字通作施。《孟子》趙注：『施者，邪施而行。』《正義》亦曰：『扡者，施也。』此詩又以爲漸相施及，則非其義。《說文》：『槎，衺斫也。』槎與杝亦音近而義同。」〔註288〕

　　按：《說文》有杝無扡，徐鍇《繫傳》引詩「析薪杝矣」，字亦作杝。則本詩經文當作木部杝。作手部扡者，當爲譌誤。馬瑞辰以杝字爲迤之假借，與《毛傳》「析薪者隨其理」合，其說可從。

52. 亂如此憮──《石經》、宋本作此憮，諸本作憮，誤。段云：「〈釋詁〉：『憮，大也。』『憮，有也。』《方言》：『憮，大也。』《說文》：『憮，覆也。』三義相通。《爾雅》：『憮，撫也。』《說文》：『憮，愛也。』字從心，不得與憮溷。憮，火吳反。憮，亡甫反。」──〈巧言〉

　　述祖全引段校。馬瑞辰云：「憮者，憮之假借。《爾雅·釋詁》：『憮，大也。』郭注引《詩》『亂如此憮』。《說文》：『憮，覆也。』覆與大義正相成。《爾雅·釋言》：「憮，傲也。」傲者，大義之引申，字亦以作憮爲正。《唐石經》、相臺本竝作憮，用本字。明監本、毛本作憮者，叚借字。若憮之本義，則《方言》、《說文》竝訓爲愛。下文昊天太憮，亦憮之借字。」〔註289〕

〔註288〕《續經解毛詩類彙編·毛詩傳箋通釋》，冊二，頁1410。
〔註289〕同上註，頁1410。

─115─

按：《說文》：「幠，大也。」《禮記・喪大記》「幠用斂衾」，是幠指大巾，遂有大義。《毛傳》釋幠爲大，則《毛詩》作幠當無疑。而憮字，《說文》云：「愛也，一日不動也。」《論語・微子》「夫子憮然」，皇侃（488～545）《義疏》云：「猶驚愕也。」《孟子・滕文公》「夷子憮然」，趙岐注：「猶悵然也。」則憮然乃形容驚愕、失意之貌。與本詩不合，故字當作幠爲是。

53. 僭始既涵──《釋文》：「僭始，毛側蔭反，數也。鄭又子念反，不信也。既涵，毛音含，容也。鄭音咸，同也。《韓詩》作減，減少也。」毛如字，鄭破字，毛義爲長。──〈巧言〉

段玉裁《說文解字注》僭下云：「又訓不信，《小雅》『覆謂我僭』《箋》是也。其《小雅・巧言・傳》曰：『僭，數也。』則謂僭即譖之假借也。」〔註290〕

馬瑞辰曰：「據《釋文》云：『僭，毛側蔭反。』《傳》蓋以僭爲譖之叚借。《說文》：『譖，愬也。』『讒，譖也。』愬、數義近。數當讀如《左傳》數之以不用僑負羈之數，謂數其過而愬之也。焦循讀數如事君數之數，失之。涵亦從《傳》訓容爲允，謂言未信而姑容之也。涵、咸古同聲通用。《韓詩》作減者，咸之叚借。《章句》訓爲減少，失之。又按《一切經音義》卷五引《詩》『譖始既涵』，是僭即譖之證。」〔註291〕

《說文》涵字引詩「僭始既涵」，《原本玉篇殘卷》涵字云：「胡耽反，《說文》水澤多也。《毛詩》『僭始既涵』是也。今亦爲涵字。」〔註292〕

按：楊樹達《積微居小學金石論叢・字義同緣於語源同例證》云：

> 僭从兓聲，《說文・八篇下・兓部》云：「兓，兓兓，銳意也。从二兂。」又十四篇下金部云：「鐕，可以綴箸物者。从金，朁聲。」按亦銳物也。十篇下心部云：「憯，痛也。从心，朁聲。」按銳意謂之兓，銳物謂之鐕，痛謂之憯，以言傷人謂之譖，亦一義也。

〔註293〕

以言傷人即讒言傷人，即《毛傳》之數義。林義光《詩經通解》云：

> 僭，虛妄之言也。《左傳》云：「君子之言，信而有徵。小人之言，

〔註290〕《說文解字注》，頁382。
〔註291〕《續經解毛詩類彙編・毛詩傳箋通釋》，冊二，頁1410。
〔註292〕《原始玉篇殘卷》，頁359。
〔註293〕楊樹達撰：《積微居小學金石論叢・卜辭求義》，頁68。

僭而無徵。」僭與信對。《說文》:「僭,假也。」鄭玄〈抑·箋〉云:

「譖,不信也。」僭為虛偽之言,故讒謂之譖,譖即僭也。〔註294〕

譖為讒言、虛言,即有不信義,僭為譖之引申義,又皆從朁得聲,語原相同,當可通借。據此,毛公讀側蔭反,是以僭為譖之假借,鄭讀子念反,是以本字為僭,訓釋雖不同,然兩字當可通假。毛訓涵為含,蓋以涵為圅字之借,則《毛詩》作「僭始既涵」,《韓詩》作「僭始既減」,減少與詩義不合,減當同咸,則鄭乃據《韓詩》改字也。

于省吾另云:

> 涵,《說文》作涵,本應作圅。圅、陷音近古通。《宗周鐘》「南國服子敢臽處我土」,臽即陷。《毛公鼎》「俗女弗以乃辟圅于囏」,《不嬰毀》「弗以我車圅于囏」,皆假圅為陷。司馬遷〈報任安書〉「圅糞土之中」,《漢紀》作「身陷糞土之中」,王念孫謂「圅當為臽」是也。……「僭始既涵」,應讀為譖始既陷。言初亂之時,譖言既傾陷之,故下接以「亂之又生,君子信讒」,蓋發言者陷之於始,聽言者信之於終,此大夫之所以傷於讒也。〔註295〕

可備一說。

54. 維暴之云──《石經》、宋本作維暴,諸本作誰暴,誤。──〈何人斯〉

鄭《箋》云:「譖我者,是言從誰生乎?乃暴公之所言也。」乃為維字之訓,則鄭玄所據之本作維暴。而《正義》則據鄭《箋》發揮:「令譖我者,維誰之所云從而出乎?維乃暴公之所云耳。」則《正義》本亦作維暴。

按:《宰㯮角》云:「維王廿祀」,容庚云:「維字不从系,通唯。」〔註296〕《中山王𧊒鼎》「其誰能之」,誰字作隹,不从言。是金文誰、維、唯皆可以隹字為假借。高田忠周(1881~1946)云:

> 唯、誰,古今字也。凡言部字,古文从口為通例。〔註297〕

戴家祥云:

> 《說文·二篇》:「唯,諾也。从口,隹聲。」按:許釋是也。彝器

〔註294〕《詩經通解》,頁148。
〔註295〕《澤螺居詩經新證,澤螺居楚辭新證》,頁29。
〔註296〕《金文編》,頁862。
〔註297〕高田忠周撰:《古籀篇》(臺北:宏業出版社,1975年),四十八卷,頁19。

作爲發語詞用，亦多用隹代之。隹爲假借，加口之唯爲正字。高田忠周謂「唯、誰古今字也。凡言部字古文从口爲通例。」雖論述至詳，似亦有據，而金文唯獨作發語詞用，並無作爲人稱疑問詞誰用的例子，且誰亦無作唯用的例子，故此說與實際不合。〔註298〕

李孝定亦云：

高田氏謂古文从言之字多从口，按二部在偏旁中固多通用之例，然不必皆相通；誰、唯用爲語詞古皆假借，卜辭中語辭之唯多作隹，不从口。金文始多从口，以爲唯諾本字。〔註299〕

雖然戴氏、李氏二人以爲唯、誰未必通用，但以唯字爲本字則爲共識。唯、維、誰皆定紐微部字，可通假。

55. 俾我祇也——《釋文》：「祇，祇支反。毛，病也。」與上祇音支，適也。讀異。段云：「祇即疧之假借。《說文》：疧，病不瘳也。」——〈何人斯〉

段玉裁《說文解字注》疧下云：「《爾雅‧釋詁》、《詩‧無將大車》、〈白華‧傳〉皆云：『疧，病也。』〈何人斯〉段借祇爲疧，故《毛傳》曰：『祇，病也。』言假借也。」〔註300〕又鄭玄釋祇爲安也，則是以祇爲禔之假借。《說文解字注》禔下云：「《周易‧坎‧九五》『祇既平』，《釋文》曰：『祇，京作禔。』按：許自序所偁《易》孟氏，京房受《易》焦延壽，延壽嘗從孟喜問《易》。虞翻自言臣高祖光、曾祖成、祖鳳、父歆皆治孟氏《易》，至臣五世翻注此爻云：祇，安也。然則孟《易》作禔，訓安甚明。翻本作祇，謂祇即禔之假借。與〈何人斯〉鄭《箋》正同。」〔註301〕

按：从氏从氏字古當可通用，說見本節第十七條。則祇與祇當同。《說文》：「祇，敬也。」今考鐘鼎銘文，祇字亦訓敬，如《鄭侯簋》「祇敬㝬祀」、《蔡侯䛣鐘》「爲命祇祇」、《中山王䁮壺》「祇祇翼翼」，均作敬義解。故《毛傳》以病詁祇，不用敬義，當是以祇爲疧之借字借疧。而《易‧習卦‧九五》「祇既平」，《說文》作「禔既平」；〈復‧初九〉「無祇悔」，王肅作禔，古是與氏通，祇、禔可通用。則鄭玄訓安者，即是以祇爲禔字也。

〔註298〕《金文大字典》，上冊，頁1792～1793。
〔註299〕《金文詁林讀後記》，頁23～24。
〔註300〕《說文解字注》，頁355。
〔註301〕同上註，頁3。

56. 哆兮侈兮——段玉裁《說文訂》云：「毛氏初印本金部銕下一曰：
　　『侈兮哆兮。』剜改『哆兮侈兮』，以傅合《毛詩》，不可從。」
　　按：《傳》、《箋》皆先哆後侈。《說文》小徐本銕下云：「讀若摛。
　　一曰若《詩》曰侈兮之侈，同。」自是雍熙本之誤。《唐韻》：銕，
　　尺氏切。讀侈，非讀哆也。——〈巷伯〉

　　　《校勘記》云：「此經《釋文》本、《正義》本皆如此。《說文》銕下有一
曰《詩》云侈兮哆兮。見段玉裁《說文訂》。今考《說文》或別有誤。《經義
雜記》欲依之以倒此經者，非也。」〔註302〕阮元以經文當作哆兮侈兮。

　　　《詩經小學》云：「或云《毛傳》、鄭《箋》皆言因箕星之哆而侈大之，
似今本爲是。玉裁謂：《傳》、《箋》釋其義耳。經文所謂侈大者，乃其本哆口
者也，侈大之而成是南箕矣。文意如此。又按：因箕星之哆而侈大之，此自
鄭說，非毛說也。」〔註303〕段玉裁則以經文作侈兮哆兮，與阮元不同。述祖
雖引段說，但其實同意阮元作哆兮侈兮。

　　　按：馬敘倫釋銕曰：

　　　　一曰若《詩》曰侈兮之侈，同。謂又讀若侈也。然則直云一曰若侈
　　　　足矣，何須引《詩》。如大徐本作一曰《詩》云侈兮哆兮，則侈、哆
　　　　兩字無所的指。按：說解二徐本各有挩譌。〔註304〕

今見《繫傳》銕下云：「一曰若《詩》曰侈兮之侈。」與馬氏所引不同，或馬
氏誤記也。然據馬氏所言，引《詩》說明或有挩譌，與述祖以爲小徐本有誤
相合，則《說文》所引之《詩》或不可作爲憑據。又《繫傳》哆下徐鍇引《詩》
乃「哆兮侈兮」，益證銕下引《詩》或有誤脫也。故據《毛傳》、鄭《箋》訓
釋之順序來看，經文當作，「哆兮侈兮」，段玉裁強以爲《傳》、《箋》倒說文
意，恐難以令人信服。且考《爾雅》「誃，離也。」邢昺（932～1010）《疏》
引《詩》作「誃兮侈兮」，邢昺以爲侈、誃音義同，殆誤。古文從口者亦多從
言，且誃、哆音同，誃字當即哆字異文。是邢昺引《詩》亦爲「哆兮侈兮」
之證。

57. 作為作詩——《釋文》：「作為此詩，一本云：作為作詩。」《正義》
　　曰：「起發為小人之更讒，而作〈巷伯〉之詩。」又曰：「當云作賦

〔註302〕《十三經注疏・詩經》，頁433。
〔註303〕《段玉裁遺書・詩經小學》，上冊，頁518。
〔註304〕《說文解字六書疏證》，冊五，頁3467。

詩。定本云作爲此詩。又定本《箋》有作，起也。作，爲也。二訓。
自是與經相乖，非也。」阮校《正義》本是作爲作詩，與一本同。
按：作既訓爲，爲當讀于僞反。——〈巷伯〉

《校勘記》云：「考《正義》本是『作爲作詩』，與一本同。《正義》云：
『起發爲小人之更讒而作〈巷伯〉之詩。』順經文『作爲作詩』四字次敘而
說之，極爲明晰。此二本之異在第三字。《正義》是作，《釋文》是此，不同
耳。故《正義》本《箋》並有作起也，作爲也二訓。以經有二作字而各釋之
也。《正義》又云：『定本云作爲此詩，又定本《箋》有作起也，作爲也二訓，
自與經相乖，非也。』所謂乖者，經字既是『此』矣，不復有二作，而《箋》
訓有之，是其乖也。」〔註305〕阮元之意乃以《正義》本經文爲「作爲作詩」，
故《正義》本鄭《箋》有作起也，作爲也二訓。而定本經文則是「作爲此詩」，
而定本《箋》亦有此二訓，與定本經文不合，故以定本所引鄭《箋》爲非。

按：阮說迂曲，今本箋鄭亦未見有二訓，僅有「作，起也」，則鄭玄不以
作爲創作，蓋無疑也。鄭《箋》云：「孟子起而爲此詩」，起即作之訓，作爲
此詩即起爲此詩，創作此詩的動詞在「爲」不在「作」。若作爲作詩，前「作」
訓起，後「作」訓爲，則「爲」又作何訓，是且不辭矣。據此，鄭玄所據之
本當亦是「作爲此詩」。又《毛傳》云：「而將踐刑，作此詩也」，是《毛詩》
亦是「作爲此詩」也。

五、谷風之什

58. 有冽氿泉——《石經》、宋本皆作冽。明監本、毛本作洌。——
〈大東〉

《正義》云：「〈七月〉云：二之日栗烈，是烈爲寒氣也。《說文》『洌，
寒貌。』故字從冰。」

《說文》云：「洌，水清也。」段玉裁注云：「《毛詩》有洌無冽，『冽彼
下泉』《傳》云：『冽，寒也。』『有冽氿泉』，《傳》云：『冽，寒意。』『二之
日栗烈』，《傳》云：『栗烈，寒氣也。』皆不从水。」〔註306〕

按：今本《說文》有洌無冽，孔穎達引《說文》有冽字，則唐時《說文》
本有冽字，今本脫矣。《說文》另有一瀨字，云：「寒也。」此字《玉篇》、《廣

〔註305〕《十三經注疏‧詩經》，頁 433～432。
〔註306〕《說文解字注》，頁 555。

韻》皆無，亦不見經典。然列、賴音同，洌、瀨或爲重文。李善《文選·嘯賦》注引《字林》：「洌，寒皃。」蓋亦本《說文》也。本詩據《毛傳》釋洌爲寒意，則《毛詩》字當从冫，作冽字爲是。

59. 無浸穫薪——《釋文》：「穫，毛刈也。鄭落木也。字則宜作木旁。」《箋》借穫爲檴。阮云：「例與遂，瑞也；价（珍藝宦遺書本作份，續經解本作价，當從續經解本），甲也之屬同。」——〈大東〉

《爾雅·釋木》云：「檴，落。」《釋文》、邢昺《疏》引《詩》作「無浸檴薪。」《校勘記》云：「考此經，毛如字，鄭以穫爲檴之假借，仍用經字，而但於訓釋中顯之者也。例與遂，瑞也。价，申（當作甲）也之屬同。詳見前。《爾雅·釋木》檴下引《詩》云：無浸檴薪。是依鄭義破其字而引之，非此經有作檴之本也。」〔註307〕

《說文》檴字爲樗字重文，其云「樗，木也。」段玉裁注云：「〈釋木〉檴落。郭云：『可以爲杯器素。』按：《小雅》『薪是穫薪』，《箋》云：『穫落，木名也。』〔註308〕陸云：『依鄭則字宜木旁』。樗、檴，古今字也。司馬〈上林賦〉字作華。師古曰：『華，即今之樺。』」〔註309〕

按：〈凱風〉「吹彼棘薪」，〈東山〉「烝在栗薪」，〈車牽〉「析其柞薪」，〈白華〉「樵彼桑薪」，〈七月〉「采荼薪樗」，諸詩凡言薪者，多兼木言，故鄭玄以穫爲檴之假借，穫薪意爲檴落之薪。毛則以穫爲本字，故釋爲刈，穫薪意爲所刈穫之薪。然據《釋文》云字宜作木旁，是同意鄭玄說法，但非有作檴之本。阮元所說蓋是。

60. 睆彼牽牛——小字宋本睆作晥。阮校〈杕杜·釋文〉云：「字從白，或作目邊。小字本晥當是睆之誤。《廣韻》：『睅，明星』，即此經字。」——〈大東〉

按：《玉篇·日部》云：「晥，明星也。」《集韻·潸韻》云：「睆，或从日。」睅、晥、睆皆誤，字當作睍。說見本節第十條。

61. 先祖匪人——按：匪即窡字假借。《說文》窡，讀若頒。《儀禮》「明

<hr>

〔註307〕《十三經注疏·詩經》，頁449。
〔註308〕黃焯云：「案《爾雅》檴落，落字爲句。黃云：陸讀鄭箋落木名也爲句，非也。」見《經典釋文彙校》，頁188。
〔註309〕《說文解字注》，頁247。

日以其祔」，注：「古文班或為辨。」《毛詩》「平平左右」，《音義》：「《韓詩》作便便。」平即采字。《尚書》「采秩」，《史記》作便。《索隱》引《尚書大傳》曰：「辮秩東作」。是班、辨、便皆一聲之轉，夑人即便人也。《禮·表記》曰：「后稷天下之為烈也，豈一手一足哉，唯欲行之浮於名也，故自謂便人。」鄭注：「辟仁聖之名，云自便習於此事之人耳。」先祖謂后稷，父母謂文武，詩例皆然。古文無便字，或借采，或借夑。夑人，分給煩瀆之事者，后稷勤勞稼穡，謙言分給煩瀆之事，故記曰一手一足，或本作夑，而後人轉頒聲為便耳。言先祖后稷，不憚勤勞，以救天下之民，自謂夑人，何忍視我當此禍亂也。詳《說文古籀疏證》。──〈四月〉

本句「先祖匪人，胡寧忍予」，鄭玄云：「我先祖非人乎？」《正義》曰：「人困則反本，窮則告親，故言我先祖非人，出悖亂之言，明怨恨之甚。」鄭、孔的解釋，近於辱罵，諸家多以害理而易之。陳奐云：「匪，彼也。彼猶其也。胡寧皆何也。先祖匪人，故寧忍予，言先祖其人，何忍予而降禍亂也。」〔註310〕陳奐之意謂先祖那人，怎忍心讓我遭禍。王夫之（1619～1692）《詩經稗疏》云：「其云匪人者，猶非他人也。〈頍弁〉之詩曰『兄弟匪他』，義同此。自我而外，不與己親者或謂之他，或謂之人，皆疏遠不相及之詞。」〔註311〕王氏意謂先祖並非他人，又怎麼忍心讓我遭禍呢？馬瑞辰則云：「人當讀如仁者人也之人。《中庸》鄭注：『人讀相人偶之人』，仁從二人，相人偶即仁也。先祖匪人猶云先祖豈不仁。」〔註312〕意為祖先豈會不仁慈？

按：不同於諸家在「匪人」文意上的調解，述祖以匪假借作夑來解釋本詩，以為匪人乃《禮記》形容后稷之便人。《說文古籀疏證》云：

《說文·夑部》『夑，賦事也。從夑從八，八，分之也。八亦聲，讀若頒。一曰讀若非。』當并夑夑為一字，有僕、頒、匪三音。《周官·大宰》匪頒之式，借匪為夑。先鄭說：匪，分也。讀如字。〈廩人〉以待國之匪頒，後鄭讀匪為分。古文匪作匪，從匚、夑省聲，故借匪。〔註313〕

〔註310〕《續經解毛詩類彙編·詩毛氏傳疏》，冊一，頁812。
〔註311〕〔清〕王夫之撰：《續經解毛詩類彙編·詩經稗疏》，冊一，頁34。
〔註312〕《續經解毛詩類彙編·毛詩傳箋通釋》，冊二，頁1424。
〔註313〕《續修四庫全書·說文古籀疏證》，冊243，頁322。

述祖以匚可假借作奜，故匚人即奜人，亦即便人，可備一說。

62. 百卉具腓——《文選‧謝靈運‧戲馬臺詩》注引《詩》腓作痱。《釋文》：「具腓，房非反，病也。《韓詩》云：變也。」不言其字有異，是《毛詩》字亦作腓，訓為病，以為痱之假借字。——〈四月〉

謝靈運〈九日從宋公戲馬臺集送孔令詩一首〉云：「淒淒陽卉腓，皎皎寒潭潔」，李善註云：「《韓詩》曰：『秋日淒淒，百卉具腓』，薛君曰：『腓，變也。俱變而黃也。腓音肥。』毛萇曰：『痱，病也』今本作腓字，非。」

段玉裁《詩經小學》云：「據善注，則《毛詩》本作痱，《韓》作腓，為假借字。今《毛詩》本誤从韓作《腓》，非也。」〔註314〕

按：《爾雅‧釋詁》云：「痱，病也。」郭注云：「見《詩》。」則郭璞所見之本蓋亦作痱，亦可為《毛詩》作痱之證。

63. 匚鶉匚鳶——《釋文》：「鶉字或作鷻。」鷻字是也。——〈四月〉

鷻，《說文》作鷻，云：「雕也。从鳥，敦聲。《詩》曰：匚鷻匚鳶。」段玉裁注云：「隹部隼下曰：一曰鶉字。鶉者，鷻之省。鷻、鶉字與隹部雖字別。經典鶉首、鶉火、鶉尾字當為鷻。《魏風》縣鶉，〈內則〉鶉羹，字當為雖，當隨文釋之。」〔註315〕

按：《毛傳》訓鶉為鵰，鵰為猛禽，非《說文》鶴屬之雖。而《說文》雕、鷻互訓，其下引詩為「匚鷻匚鳶」，柯昌濟曰：

> 卜辭曰：「癸未卜王曰貞又𪆖于行其又射。」此字从鳥形，當即古鶉字。案卜辭又有𩿗字，正象鶉形。內从月者，鶉肥鳥，故从月，如豚字从豕，从月是也。古凡肥腯之物皆从敦聲，如豚、鶉、腯等字是也。〔註316〕

則今本鶉字當為鷻字之省，非鶴屬之雖，故述祖以鷻為本字，其說可從。又高田忠周云：

> 愚竊謂，最初古文雖，鶴屬，字或作鷻，亦省作鶉。从鳥者，籀文也。又隼訓雕也，或借鶉為之，同音通用。又雖訓祝鳩也，或借隼為之，古音轉通耳。〔註317〕

〔註314〕《段玉裁遺書‧詩經小學》，上冊，頁521。
〔註315〕《說文解字注》，頁155。
〔註316〕《殷墟書契補釋》，收錄於《古文字詁林》，冊11，頁808。
〔註317〕《古籀篇》，卷九十四，頁27。

據高田氏所云，鵻、鶺兩字可能是省簡的關係，或被借作隼字，故鵻可訓雕，則鵻、鶺皆假借字，本字當為隼。亦備一說。

64. 祇自疧兮──《釋文》：「疧，都禮反。」《石經》作疧。阮云：「〈白華・釋文〉疧，徐都禮反，又祈支反。是此依徐讀也。攷疧字見於《爾雅》，《說文》、《玉篇》、《廣韻》从氏，不从氏，則徐讀非也。」《廣韻・五支》疧，巨支切。引《詩》俾我疧兮。──〈無將大車〉

按：氏乃氏之派生字，從氏從氏當無嚴格分別。說見本節第十七條。

65. 維塵雝兮──《石經》、小字宋本、明監本、閩本、毛本皆作雝。岳本作雝。《釋文》：「雝，於勇反，字亦作壅，又於用反。」阮校雝字是。──〈無將大車〉

李富孫曰：「《說文》邕為邕塞本字，古通作雝，隸變作雝。《玉篇》：『壅，塞也，障也。』《周禮》雝氏不从土，是壅又雝之俗字。陳氏曰：『塵雝是雝塞義，當作邕，今作壅，俗字。』」〔註318〕

按：甲骨文有雝字，其形作𪄳（乙1088）、𪄳（河684）、𪄳（前2.28.7），金文《彔簋》則添水旁作𪄳。而邕字，甲骨文作𠚹（林2.7.9），《說文》籀文作𠚹。戴家祥釋邕字云：

> 邕從邑為會意，𠚹從𠙴為象形，皆表示城邑之義。邕作為地名，經傳皆以雝為之，如《書・禹貢》之雝州，《爾雅・釋地》「河西曰雝州」等。邕從巛從邑，示環繞之形，引申出障義塞義。為了從字形上區別引申義，又加土旁寫作壅。〔註319〕

徐中舒則釋雝字云：

> 從隹從囗，或又從𠃌。囗本作○，即環形，或作𠚹，即連環形。甲骨文雝象鳥足為繯絡所羈絆不能飛逸之形，故從雝之字皆含有阻塞、壅蔽、擁抱、旋繞之義。〔註320〕

據此，𠚹為連環形，當為邕字初形，後孳乳為雝，隸定時改寫成雝，再衍生出壅字。則雝、壅皆後起字。阮元定為雝字，誤也。當依李富孫所說，以邕字為本字。

〔註318〕《續經解毛詩類彙編・詩經異文釋》，冊一，頁523。
〔註319〕《金文大字典》，下冊，頁4732。
〔註320〕《甲骨文字典》，卷四，頁397。

66. 我藝黍稷——《石經》、宋本皆作藝。毛本作蓺，非。〈南山・釋文〉
云：「藝，樹也。本或作蓺，技藝字耳。」《說文》：「埶，種也。從
坴、丮，持而種之。《詩》曰：我埶黍稷。」從艸，從云，皆俗書
增益偏旁字。又〈猗嗟・釋文〉：「技藝，其綺反。」樹蓺字，魚世
反。字異讀亦異也。——〈楚茨〉

段玉裁《說文解字注》云：「唐人樹埶字作蓺，六埶字作藝。說見《經典
釋文》。然蓺、藝皆不見於《說文》。周時六藝字蓋亦作埶。儒者之於禮樂射
御書數，猶農者之樹埶也。」〔註321〕

按：埶字，甲骨文作𡌦（甲1389）、𡊃（粹489），金文《埶觚》作𡊄，均
象人手持木形，而《盉方彝》作𡊅，容庚云：「從丮持木植土上」〔註322〕，
其本字應作𡊆，石鼓文即作𡊆。篆文始變從坴，而丮旁又譌作丸，裘錫圭云：

　　楷書丮旁與丸旁相混。「埶」字在古代還被用來表示勢，後來，表示

　　勢的埶加力成勢，表示藝的埶先加艸成蓺，又變作藝。〔註323〕

據此，從艸、從云皆非樹埶本字，當以埶字爲是。

67. 既匡既敕——《釋文》：「既筐，本亦作匡。」《正義》本作匡。《釋
文》從《箋》作筐。段校：「《說文》筐即匡之或字。毛訓正，鄭訓
器，無異字也。」——〈楚茨〉

《校勘記》云：「考此經毛無《傳》，但以『稷，疾、勑，固』例之，是
其本經字作匡，與《釋文》亦作本同。毛氏詩經字自如此也。鄭《箋》本經
字亦作匡，其云受之以筐者，以匡爲筐之假借。不云讀爲，而於訓釋中竟改
其字以顯之也。《釋文》本經字作筐，乃依《箋》所改，當以《正義》本爲長。」
〔註324〕

按：《說文》：「匡，飯器，筥也。」傳世銅器中自名爲匡者，有《吳王御
士旅匡》、《尹氏貯良旅匡》、《師麻孝叔旅匡》、《史免旅匡》、《叔家父作仲姬
匡》等，字皆作匡，未從竹部。這些匡器形體與簠相同，兩者功用大致一樣，
本義應爲飯器無誤。漢印文字始有從竹部作筐者，如《筐將巨印》、《筐當之
印》等。據此，則本字當作匡，筐乃後起字。

〔註321〕《說文解字注》，頁114。
〔註322〕《金文編》，頁178。
〔註323〕裘錫圭撰：《文字學概要》（臺北：萬卷樓圖書有限公司，1995年），頁145。
〔註324〕《十三經注疏・詩經》，頁464。

68. 鼓鐘送尸——《宋書‧禮志》兩引《詩》皆作鐘鼓送尸。《正義》亦云：「乃鳴鐘鼓以送尸，謂奏肆夏也。」下又云：「又解以鐘鼓送尸，由尸出入，奏肆夏故也。」又云：「〈祭義〉樂以迎來，哀以送往。此鼓鐘送尸者，以哀其享否不可知，自孝子之心耳。其送尸猶自作樂也。」或以經文誤倒而改耳。段校從《宋志》。——〈楚茨〉

段玉裁《詩經小學》云：「今本多作鼓鐘。攷鼓鐘將將、鼓鐘伐鼛，《傳》云：『鼓其淫樂。』《正義》云：『鼓擊其鐘。』〈白華〉鼓鐘于宮，《正義》亦云：『鼓擊其鐘。』此詩上文曰鐘鼓既戒，此不應變文。《宋書‧禮志四》兩引皆曰鐘鼓送尸。《正義》云：『鳴鐘鼓以送尸。』是唐初不作鼓鐘，而《開成石經》誤本流傳至今也。」〔註325〕

按：鼓有擊之義，見第一節第三十六條說明。則鼓鐘之義當作擊鐘，〈鼓鐘〉「鼓鐘將將」，將將為鐘聲，則鼓為動詞。「鼓鐘伐鼛」，鐘與鼛對，鼓與伐對，是鼓為動詞。〈白華〉「鼓鐘于宮，聲聞于外」，其意應為擊鐘於宮，聲聞於外。據此，則詩作鼓鐘與鐘鼓不同。鼓鐘為擊鐘，與「鼓瑟鼓琴」同為動作；鐘鼓則是鐘與鼓，為並列名詞。本詩前句既言「鐘鼓既戒」，是鐘與鼓皆備具，則此處當亦作鐘鼓，若作鼓鐘，則只聞鐘聲，未有鼓音也。《周禮‧鍾師》「掌金奏。凡樂事以鍾鼓奏九夏。」亦以鼓鐘連稱，則本詩當據《正義》及《宋書》改為「鐘鼓送尸」為。

六、甫田之什

69. 無害我田穉——《石經》初刻作稺，後改穉。明監本、閩本、毛本皆作穉。宋本作稺。阮校穉字是。——〈大田〉

《校勘記》云：「案：穉字是也。《釋文》云：『田穉音稚，下同。』《五經文字》云：『穉、稺，幼禾也。上《說文》，下《字林》。』亦為長穉字。〈載馳〉『眾穉且狂』，《唐石經》同作稺者，非。〈谷風〉等《箋》長稺則多用稚，又穉之今字也。」〔註326〕

按：《說文》有稺無穉。稺下云：「幼禾也。」段玉裁注云：「引申為凡幼之偁。今字作稚。」〔註327〕《集韻‧脂韻》云：「穉，幼也。」《列子‧天瑞》

〔註325〕《段玉裁遺書‧詩經小學》，上冊，頁525。
〔註326〕《十三經注疏‧詩經》，頁476。
〔註327〕《說文解字注》，頁324。

「純雄其名繹蜂」，張湛注：「繹，古稚字。」又據《五經文字》所引，是繹、繹古當通用。今考古陶文字，繹作繹、繹，從丰，不從辛，亦不從犀。漢印文字有從辛者，未見從犀者。然《汗簡》及《古文四聲韻》載有從犀之繹字。據此，當以古陶文字繹字為本字，而繹、繹形體之不同，可能是有所譌誤。然兩字古可通用，阮元蓋據《說文》校以繹字，其說未必為是。

70. 有淒萋萋──《說文》萋作淒。《呂氏春秋》、前後《漢書》引《詩》皆作淒。按：《毛詩》借萋作淒。《說文》所載為正字，與憂心如惔正字借字兩引同也。──〈大田〉

　　按：本詩當以淒為正字。《原本玉篇殘卷》引《毛詩》作有淒淒淒〔註328〕，則《毛詩》當亦作淒字，作萋者或後人誤寫。說見第一節第四十一條。

71. 興雨祁祁──《釋文》：「興雨如字，本或作興雲，非也。」《正義》云：「經興雨或作興雲，誤也。定本作興雨。」阮校「經本作興雲，《顏氏家訓》始以為當作興雨。《釋文》、《正義》、《石經》皆從其說也。」段云：「《說文》淒，雨雲起也。淒，雨雲兒。雨雲謂欲雨之雲，作興雨，失之。」詳《詩經小學》。按：《傳》祁祁，徐也。〈韓奕〉祁祁如雲，《傳》祁祁，徐靚也。正與此合，作雲是也。《石經》、岳本作祁祁，諸本作祈祈，誤。──〈大田〉

　　《釋文》、《正義》皆作興雨，而阮元、段玉裁以興雲為是。《詩經小學》云：「詩人體物之工，於此二句可見。凡夏雨時行，始暴而後徐。其始陰气乍合，黑雲如馨，淒風怒生，衝波掃葉，所謂有淒淒淒也。繼焉暴風稍定，白雲漫汗，彌布宇宙，雨腳如繩，所謂興雲祁祁，雨我公田也。」〔註329〕述祖從興雲之說。

　　馬瑞辰則定興雨為《毛詩》，興雲為《韓詩》。其云：「《顏氏家訓》據班固〈靈臺詩〉祁祁甘雨，謂《詩》興雲當作興雨。臧琳《經義雜記》、段玉裁《詩小學》並謂當作興雲。今按《箋》云：『其來祁祁然不暴疾』，古但言暴風暴雨，未有言暴雲者，則不暴疾指雨無疑，是鄭君所見《毛詩》作興雨之證。《鹽鐵論·水旱篇》、《後漢書·左雄傳》引《詩》皆作興雨。《呂氏春秋·務本篇》引《詩》雖作興雲，但高注云：『陰陽和，時雨祁祁然不暴疾也。』

〔註328〕《原本玉篇殘卷》，頁356。
〔註329〕《段玉裁遺書·詩經小學》，上冊，頁528。

似高誘所見《呂氏春秋》原作興雨。唐石經作興雨,與《釋文》、《正義》本同,是《毛詩》作興雨也。王伯厚《詩攷》引《韓詩》作興雲,《韓詩外傳》引《詩》亦作興雲,則知作興雲者,自為《韓詩》。《漢書·食貨志》、《無極山碑》、《藝文類聚》引《詩》作興雲,皆本《韓詩》也。」〔註330〕

　　按:段玉裁從詩人創作手法分析,其說頗精采,然終是無據。今考漢《無極山碑》作興雲祁祁,是漢代確有作興雲之本。《顏氏家訓》云:

> 案淒已是陰雲,何勞復云興雲祁祁耶?雲當為雨,俗寫誤耳。班固
> 〈靈臺〉云:「三光宣精,五行布序,習習祥風,祁祁甘雨。」此其
> 證也。

習習形容風,出自〈谷風〉,則祁祁形容雨,當亦出自《詩經》,則班固蓋亦以本詩作興雨。然班固習《齊詩》,未足以證《毛詩》亦作興雨。故本詩暫依《釋文》所言作興雨,而興雲自是三家詩也。再者,《詩經》以祁祁形容者凡六見,如〈七月〉、〈出車〉采蘩祁祁、〈玄鳥〉來假祁祁,皆訓眾多;〈韓奕〉祁祁如雲,訓徐靚;〈采蘩〉被之祁祁,訓舒遲;〈大田〉訓徐,除眾多義外,其餘訓釋皆與舒徐之義相關,則《毛詩》經文當亦作祁祁。

72. 此有不斂穧——《正義》云:「定本、集注穧作積。」阮云:「積字非,或作穧,借穧為穧。」——〈大田〉

　　《校勘記》云:「以《釋文》、《正義》考之,積字非也。或積當作穧,以齊、資得通用,而借穧為穧也。」〔註331〕阮元以為積字當作穧,方可與穧通假。非有本作穧也。

　　《說文》云:「穧,穫刈也。」段玉裁注云:「《小雅》曰『此有不斂穧』,謂已刈而遺於田,未斂者也。上文不穫穉,謂幼禾留於田,未刈者也。」〔註332〕

　　《漢石經魯詩碑圖》第九面第十五行載〈大田〉詩為「斂穧彼」,則《魯詩》亦作穧。

　　按:劉心源(1848～1915)云:

> 古者齊、資字通用,《易》得其資斧,《子夏傳》及諸家作齊。《禮記·
> 昏義》注資為齊,《攷工記》故書資作齊。《詩·楚茨》,〈玉藻〉注
> 引作〈楚薺〉,《記》古書及漢碑有作楚薺者。餘如《周禮·眂祲》

〔註330〕《續經解毛詩類彙編·毛詩傳箋通釋》,冊二,頁1440～1441。
〔註331〕《十三經注疏·詩經》,頁477。
〔註332〕《說文解字注》,頁328。

注故書隋作資之類，不可枚舉。〔註333〕

考阜陽漢簡《詩經》（S54）云：「□有齎，不可」，此即〈牆有茨〉詩句；又馬王堆帛書《老子》甲本云：「善人之齎」，今本作資，則穧、穦二字確可通用。而穧即積之轉語。《說文》穧下引詩「穧之秩秩」，今《周頌・良耜》作「積之栗栗」，是穧積可通假。則依《漢石經》所載，定本、集注之積字乃為假借，作穧方為正字。

73. 庶幾說懌──《釋文》：「懌，本亦作繹。」按：作繹是。──〈頍弁〉

《說文》云：「繹，抽絲也。」《說文新附》云：「懌，說也。从心，睪聲。經典通用釋。」

馬瑞辰云：「《爾雅・釋詁》：『懌、悅，樂也。』又『悅、懌，服也』《說文》無悅、懌字。《說文注》云：『說，釋也。』說釋即悅懌也。《廣雅》：『兌，解說也。』〈學記〉『相說以解』，解釋即說，故釋亦得為悅。〈靜女〉詩『說懌女美』及此詩『庶幾說懌』皆二字同義。懌亦說也。《釋文》：『懌，本又作繹者』，叚借字。」〔註334〕

按：述祖斷從繹字，蓋以《說文》無懌字故也。阮元於此無說，但校〈那〉詩「亦不夷懌」云：「懌者俗字，從繹為是。」〔註335〕《侯馬盟書》云：「委質類斂紷繹之皇君之所」，悅懌從糸部作紷繹。《說文通訓定聲》釋「繹」云：「又為懌，實為釋。」〔註336〕以繹為懌之假借。〈板〉「辭之繹矣」，《毛傳》釋繹為說，則從糸部者無理，繹字當為假借。阮元、述祖以懌為俗字，判定從繹。今考包山楚墓、郭店竹簡、古璽文均有懌字，字形作𢙐（郭店老子甲本），又古匋文有𢙐，疑亦為懌字，《漢石經魯詩碑圖》第十一面第二十六行作「矣辭之懌」，即〈板〉詩「辭之繹矣」，是《魯詩》乃作懌字，則懌字《說文》殆失收也，非俗字。仍當以懌作正字為是。

74. 高山仰止──《釋文》：「仰止，本或作仰之。」《正義》同或作本。──〈車舝〉

〔註333〕〔清〕劉心源撰：《奇觚室吉金文述》（臺北：藝文印書館，1971年），冊二，卷四，頁13下。
〔註334〕《續經解毛詩類彙編・毛詩傳箋通釋》，冊二，頁1445～1446。
〔註335〕《十三經注疏・詩經》，頁796。
〔註336〕《說文通訓定聲》，頁476。

《正義》云：「故仰之行之，異其文也。」《校勘記》云：「《正義》本當是一作之，一作止，故云異其文。」〔註 337〕《說文》卬字引《詩》作「高山卬止」。《史記・孔子世家》贊引《詩》作「高山仰止」，〈三王世家〉引《詩》則作「高山仰之」。

按：止字，甲骨文作（甲 1440），金文《召伯簋》作。之字，甲骨文作（前 4.34.7），金文《善夫克鼎》作，兩字字形雖相近，但在戰國以前，之、止尚未見到有混用的情形。季旭昇先生云：

> 無論怎麼變，「止」字都是三筆，和「㞢（之）」字作四筆者，區別非常嚴格。直到熹平石經才訛爲四筆，和「之」字就很容易相混了。〔註 338〕

郭店〈尊德義〉止字作，爲之止合文，上字爲之，下字爲止。之止之所以合文，應是以上字之作標音之用，則之、止兩字古音相近，當可通假。而在郭店〈五行〉「止」字已作，變爲「之」形，代表兩字已有混用情形發生，至熹平石經則難以分別。而作「止」者，義爲辭也。〈草蟲〉「亦既見止」、「亦既覯止」，《毛傳》云：「止，辭也。」作之者，義爲代詞。兩字於詩義皆可通，遽難論定何字爲是。

75. 發彼有的——通志堂《釋文》：「有勺，音的，質也。本亦作的，同。」是《釋文》本借勺作的。閩本、明監本作的，音勺，誤。——〈賓之初筵〉

段玉裁云：「《說文》：『旳，明也。《易》曰：爲旳顙。』《廣韻》曰：『的，《說文》作旳。』」〔註 339〕段玉裁以爲當作旳，今本作的，乃俗字也。

李富孫《詩經異文釋》云：「《史記・五宗世家》注云：『旳，以丹注面。』《釋名》曰：『以丹注面曰勺。』謂灼然爲識。是旳、勺字同。故射質之旳亦借用勺字。」〔註 340〕

按：甲骨文有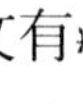字（藏 652），字形奇古，諸家皆不識爲何字。白玉峥云：

> 竊疑爲旳之初文。蓋字當从目从䠶：从目，示有所視也。隸定之，則作矙。《說文解字》無矙字，而錄作旳，今俗作的，並經典中亦皆

〔註 337〕《十三經注疏・詩經》，頁 488。

〔註 338〕《說文新證》，上冊，頁 97。

〔註 339〕《段玉裁遺書・詩經小學》，上冊，頁 530。

〔註 340〕《續經解毛詩類彙編・詩經異文釋》，冊一，頁 531～532。

隨俗而作的矣。其初誼爲躲的，引申之日目的。《詩‧賓之初筵》「發彼有的」，《傳》曰：「的，躲質也。」《疏》曰：「的者，謂熊侯白質者。」《禮記‧躲儀》引《詩》「發彼有的」，鄭注曰：「發，猶躲也。的，謂所躲之識也。」……由典籍中之訓釋，推溯造字之本初，蓋取張弓注矢，目視正鵠，爲字之構形；取矢中的之聲，命字之音。取躲必中的，而訓其義者也。〔註341〕

據白玉崢所言，作旳字爲是。

76. 匪由勿語──段依《箋》作「勿由勿語」。按：《正義》云：「非得見彼皆然，遂從而行之。」是經本作匪由，故《正義》字從經而義從《箋》也。──〈賓之初筵〉

段玉裁云：「玩鄭《箋》則匪字本作勿，後人妄改勿由爲匪由，與上匪言勿言成偶句耳。鄭《箋》云：『勿猶無也。』此總釋勿從，謂勿言、勿由、勿語四勿字。又云：『俾，使、由，從也。武公見時人多說醉者之狀，或以取怨致讎，故爲設禁。醉者有過惡，女無就而謂之也，當防護之，無使顛仆至於怠慢也。其所陳說非所當說，無爲人說之也，亦無從而行之也，亦無以語人也，皆爲其聞之將恚怒也。』匪由之本爲勿由顯然。下由醉之言，《箋》云：『女從行醉者之言，使女出無角之殺羊。』尤可證兩由字無二義相承，反覆戒之。古文奇奧，非可妄改，所當更正也。」〔註342〕

按：匪古音爲幫紐微部字，勿古音爲明紐沒部字，幫明旁紐，微沒對轉，故可通假。而《漢石經魯詩碑圖》第九面第三十二行作「勿由勿」，是《魯詩》作勿由勿語，則段玉裁所言極是，鄭所見《毛詩》當亦作「勿言勿由」也。

七、魚藻之什

77. 至于已斯亡──《石經》作「至于己斯亡」，諸本作巳，誤。──〈角弓〉

《校勘記》云：「案己字是也，音紀。《正義》云『至於己身，以此而致滅亡。』可證。〈坊記〉引此詩。鄭彼注云：『以至亡己。』是鄭義自作己也。」

〔註341〕白玉崢撰：〈契文舉例校讀〉《中國文字》，卷十二，冊52，頁5788。

〔註342〕《段玉裁遺書‧詩經小學》，上冊，頁530。

〔註343〕

按：己字毛鄭無釋。《正義》則多次提到己，其云「至於己身」，又云「求之於己身」，又云「是以禍及於己」，據此，作己字爲是。

78. 我心苑結——通志堂《釋文》：「菀結，於勿反，屈也，積也。徐音鬱，又於阮反。」《注疏》本作「苑，於粉反。」按：音於勿、於阮反，則字當作菀。音於粉，則字當作苑。《注疏》本誤。阮校菀結即〈素冠〉之蘊結，以《注疏》本於粉為是。——〈都人士〉

通志堂《釋文》作「菀結，於勿反」，黃焯云：「勿，宋本、葉鈔及顧之逵所見巾箱本皆作粉。阮云：勿字誤。小字本、相臺本、十行本所附亦皆作粉。」〔註344〕

按：本詩當作菀結爲是，菀乃蘊假借，蘊又爲俗字，當以薀爲正字。說見第一節第四十九條。

79. 中心藏之——《釋文》：「臧之，鄭之郎反（珍藝宦遺書本及續經解本皆作之郎反，誤，當作子郎反），王才郎反。」《說文》無藏字，古通作臧。《正義》作藏，俗本也。——〈隰桑〉

據《釋文》鄭、王音讀來看，鄭玄讀爲臧，訓爲善，而王肅則破讀爲藏。《說文》有臧無藏，云：「臧，善也。」段玉裁注云：「〈釋詁〉、《毛傳》同。按子郎、才郎二反，本無二字。凡物善者必隱於內也。以從艸之藏爲臧匿字，始於漢末改易經典，不可從也。」〔註345〕段玉裁以藏爲後起字，當作臧。《唐石經》初刻作藏，後磨改作臧，乃依鄭義也。

按：楊樹達〈積微居小學述林·釋臧〉云：

龜甲文有𢽬字，又作𢽬，周金文有《伯戔父鼎》，戔字亦从臣从戈。按此皆臧之初字也。蓋臧本从臣从戈會意，後乃加爿聲。甲文時尚未加聲，故第从臣从弋也。……甲文臧字皆象以戈刺臣之形，據形求義，初義蓋不得爲善。以愚考之，臧當以臧獲爲本義也。……戰敗者被獲爲奴，不敢橫恣，故臧引申有善義。〔註346〕

〔註343〕《十三經注疏·詩經》，頁508。
〔註344〕《經典釋文彙校》，頁198。
〔註345〕《說文解字注》，頁119。
〔註346〕《積微居小學述林·耏林廎甲文說》，頁59。

李孝定亦云：

> 臧字作戕，與臣民同意。蓋象以戈盲其一目之形，其本意爲奴隸。……
>
> 奴婢必恭順唯謹，故引申得有善誼也。〔註347〕

兩人皆以爲臧之本義爲奴，善乃引申之義。《漢書》中藏字假臧爲之，如〈食貨志〉云：「其爲物輕微易臧」，〈禮樂志〉「臧於理官」，顏師古注云：「古書懷藏之字皆作臧。」又馬王堆帛書本《黃帝四經・經法四十六上》云：「黃金珠玉臧積，怨之本也。」《伊尹・九主》云：「臧之重屋，臣主始不相吾也。」均是借臧爲藏。則鄭玄、王肅讀音雖不同，字皆當作臧。

80. 念子懆懆——《釋文》：「懆懆，七感反。《說文》七倒反，亦作慘慘。」此與〈月出〉、〈正月〉、〈北山〉、〈抑〉詳略互見。《五經文字》：「懆，千到反，見《詩》。」乃依此《釋文》而定其字爲懆也。阮校。——〈白華〉

　　《校勘記》云：「考《釋文》於〈正月〉、〈北山〉、〈抑〉皆云『慘慘，七感反』，〈北山〉又云：『字亦作懆』，〈月出〉云：『慘，七感反』，所以與此詳略互見也。《五經文字》云：『懆，千到反，見《詩》。』乃依此《釋文》而定其字當用懆也。〈月出〉、〈正月〉、〈抑〉三篇皆作懆乃得韻。」〔註348〕

　　按：《說文》：「懆，愁不安也。从心喿聲。《詩》曰：念子懆懆。」段玉裁注云：

> 懆訓愁，慘訓毒，音義皆殊，而寫者多亂之。〈白華〉作懆，見於許
> 書。〈月出〉、〈正月〉、〈抑〉皆作懆，入韻。且《毛傳》曰：「懆懆，
> 憂不樂也。」懆懆猶戚戚，正爲許說所本，而陸氏三者皆云七感反，
> 其憒亂有如此者。〔註349〕

是段玉裁以懆爲正字，慘乃譌字也。漢隸「喿」多寫作「朵」，亦可證喿、朵乃字形相近而譌。

81. 俾我疧兮——《石經》疧作疷。——〈白華〉

　　按：从氐从氏字並無嚴格分別，讀音亦近，則疧、疷當通用。見本節第十七條。

〔註347〕《甲骨文字集釋》，第三，頁996。
〔註348〕《十三經注疏・詩經》，頁520。
〔註349〕《說文解字注》，頁516～517。

82. 不遑朝矣——《石經》以下諸本皆作皇。鄭訓正〔註350〕，王肅訓暇。皇可訓暇，遑不可訓正也。阮校定作皇。——〈漸漸之石〉

《校勘記》云：「鄭訓皇爲正，則經字自作皇。王肅以不暇說不皇，亦是就皇字而異其義耳。不知者乃改經爲遑，誤之甚者也。」〔註351〕

按：季旭昇先生據甲骨文字形斷皇字本義爲征討、匡正，說見第一節第五十六條。則鄭玄釋爲正，正用本義也。皇又可假借爲遑，《尚書·無逸》「不遑暇食」，《孔傳》云：「不暇思食。」《左傳·昭公七年》「社稷之不皇，況能懷思君德。」杜預注：「皇，暇也。」《漢書·董仲舒傳》「任大而守重，是夙夜不皇康寧。」顏師古注：「皇，暇也。」遑蓋後起字也。《說文新附》云：「皇，急也。」《玉篇·辵部》云：「皇，暇也。」並無匡正之訓。則述祖所云皇可訓暇，遑不可訓正，其說亦是。

83. 獨爲匪民——匪，即古文篚字，與〈四月〉匪人同。——〈何草不黃〉

按：述祖以匪民爲篚民，與〈四月〉匪人，即篚人同，乃謂分給煩瀆之事者，說見本節第六十一條。而《正義》云：「哀我征行之夫，豈獨爲非民乎？」以匪民爲非民。觀此詩「爲匪民」，是匪民乃一種代稱，《正義》爲非民，實不辭也。述祖作篚民，於理可通。

第三節　《大雅》詩篇文字考證

一、〈文王〉之什

1. 陳錫哉周——《釋文》：「哉周如字。毛：載也，鄭：始也。《左傳》作載，本又作載，同。」《正義》：「哉與載古字通用。《中庸》言『哉者培之』，注引『上天之載』，是其通也。以其通用，故云：『哉，載也。』」按：哉如字，從鄭讀也。鄭訓載爲生，哉爲始，又以二字通用，故此文及《中庸》引「上天之載」、〈大明〉「文王初載」皆音災，

〔註350〕阮刊本鄭《箋》作「皇，王也。」《校勘記》以爲當作正。《正義》云：「皇，王，〈釋言〉文。」考《爾雅》「皇，王」之訓在〈釋詁〉，「皇，正」之訓在〈釋言〉，則作正爲是。

〔註351〕《十三經注疏·詩經》，頁529。

將才反。毛讀恐未必同。《正義》：「王肅云：文王能布陳大利以錫予人，故能載行周道，致有天下。」韋昭《國語注》言：「文王布賜施利，以載成周道也。」毛既訓哉為載，當讀載，不讀哉，如字明矣。
——〈文王〉

《正義》引王肅所云，是王肅以《毛詩》哉周為載行周道之義。述祖亦以《毛傳》當讀載，不讀哉。其意以鄭玄訓哉為始，意為始造周國，與王肅申毛「載行周道」不同。

戴震《毛鄭詩考正》云：「古字載與栽通，栽猶殖也。言文王能布大利於天下，以豐殖周。……栽或為茲，蓋栽、載古竝音茲，哉亦同音，遂轉寫交通耳。下言本支百世，譬本得豐殖，而本幹及條枝盛長也。」〔註352〕

按：《毛傳》云：「哉，載也。」是毛公以哉為載之假借。《說文》云：「載，乘也。」楚《鄂君啟節》「毋載馬牛羊」、「毋載金革黽箭」，《易‧睽》「載鬼一車」，亦謂乘車載物義，則許慎所釋可從。則王肅載周為載行周道，於字有據。然據〈載見〉「載見辟王」，《毛傳》云：「載，始也。」則《毛傳》哉謂之載，載謂之始，乃一義之引申，未必與鄭《箋》有別。且王肅將「陳錫哉周」分為「陳錫」故能「載周」，於詩意難通。是王肅雖為申毛，但恐非毛意。而戴震以哉、載通栽，或為茲，栽、茲之意為周室豐殖之意，與下句言本支百世相承。戴說於詩意頗合，可信。今考〈下武〉「昭茲來許」，《後漢書‧祭祀志》注引作「昭哉來御」。《中庸》「栽者培之」，鄭注：「栽或為茲」。〈離騷〉「滋蘭九畹」，《楚辭集注》云：「滋一作栽。」皆為哉、栽、茲通用之證。哉、栽、茲古音皆為精紐之部，聲韻相同有通假之理，則戴震之說亦可備參考。

2. 假哉天命——《釋文》：「假哉，古雅反，固也。」《正義》同，以鄭亦釋堅固也。然既釋為固，不當讀古雅反，此三家詩舊讀。假，大也。毛訓假為固，假、固、故、古通，固猶久也。久矣，天命有商之孫子，謂商受天命已久，故其子孫眾多。《箋》訓固為堅，迂回難通，詳《說文古籀疏證》。六朝以前，故多作固，是《毛詩》假音故，相沿從三家音誤，詳《毛詩長義》。——〈文王〉

《毛詩長義》今未見，應未刊。述祖以《釋文》讀古雅反，應為《說文》：「假，非真也。」之義。然《毛傳》釋假為固，則不讀與嘏同，《釋文》殆誤

〔註352〕《皇清經解毛詩類彙編‧戴吉士毛鄭詩考正》，頁447。

矣。鄭玄以堅固釋假，意爲堅固哉天命。述祖則以假、固、故、古等字通用，以爲《毛傳》固爲久義，假哉天命即久哉天命，謂商受天命已久，故子孫眾多，而文王因天命而有商之孫子，並批評鄭玄迂迴難通。

　　按：《禮記·表記》「瑕不謂矣」，注言：「瑕之言胡也。」《史記·十二諸侯年表》宋共公瑕，《春秋》作固，可證古、叚聲通。而固、假古音皆見紐魚部字，故《毛傳》以固訓假也。《說文》云：「固，四塞也。」戴家祥云：

> 固字象四面壁壘森嚴，〈秦策〉「東有崤函之固」，注：「牢堅難攻易
> 守也。」《左傳·昭公十年》「齊公子固，字子城。」即爲此證。因
> 四塞堅牢，固又引申爲堅固意，金文《劍珌》「定則固」，固即用作
> 形容詞。〔註353〕

則鄭玄以堅固釋之，於字義有本，殆就毛義論說。述祖以爲迂迴難通，無理。述祖以固、故、古通，訓爲久，謂商朝受命長久，文王得以有其孫子，則是以本詩應作「古哉天命」，郭店竹簡〈語叢三〉云：「亡意，亡古，亡勿。」亡古即《論語·子罕》之「毋固」，可證古、固古可通用。然本詩乃詠文王受命作周，何必突出商之命，故天命應指文王，述祖以天命歸商，正是迂迴難通。

3. 文王初載──初載，毛訓載爲識，當如字讀，《箋》從之。鄭注《禮·中庸》上天之載，「載讀曰栽，謂生物也。」哉者培之，注：「栽讀如文王初載之載」。《釋文》：「載之，載並音災，本或作哉，同。」是鄭爲《韓詩》時，初載亦將才反，《釋文》闕載。〈晉紀總論〉「然懷帝初載，嘉禾生于南昌。」李善注引《毛詩》文王初載，載猶生也。雖引《毛詩》，其義與《傳》異。──〈大明〉

　　《毛傳》云：「載，識。」鄭《箋》云：「於文王生適有所識，則爲之生配於氣勢之處，使必有賢才，謂生大姒。」鄭玄乃述毛，以文王初生有適之時。

　　馬瑞辰云：「載、栽古同聲通用。《中庸》『栽者培之』，鄭注：『栽讀如文王初載之載。』又引《詩》『上天之載』，云：『載讀曰栽。』謂生物也。天之造生萬物，人無聞其聲音，亦無聞其臭氣者。鄭君以上天之載爲天之生物，與《毛傳》異。然載之得訓爲生，即此可見。載爲始，即爲生，猶作爲始，

又為生也。載、哉古亦通用。載訓生，為人物之始，猶哉通才，為草木之始，始即生也。文王初載，載正訓生，即謂文王初生耳。《史記》云：『武王同母兄弟十人，其長子曰伯邑考，次武王發。』《詩‧正義》引《大戴禮》稱文王十三生伯邑考，十五生武王發，是知大姒蓋與文王年相若，亦年十三方能生子。若如《傳》訓載為識，《正義》謂文王有所識，大姒始生，大姒小於文王一、二歲，豈大姒十一、二歲即生子乎？有以知其必不然矣。《毛傳》訓載為識，殊為未允。」〔註354〕

按：《說文》云：「識，常也。一曰知也。从言，戠聲。」《何尊》「爾有唯小子無識」，識字作戠，不從言，則識乃戠之孳乳字。楊樹達《積微居小學述林‧釋識》云：

> 從人事言之，識字依事之先後分三義，最先為記識，一也；認識次之，二也；最後為知識，三也。……余謂識字當以記識為本義。《易‧大畜》云「君子以多識前言往行以畜其德。」《論語‧述而》篇云：「多見而識之，知之次也。」此二識字皆謂記識，乃經傳用識字之初義者也。〔註355〕

據楊樹達先生所言，識字乃有記識之義。而本詩「文王初載」，《毛傳》詁載為識，當即記識之義。〈皇矣〉「不識不知」，〈瞻卬〉「君子是識」，鄭《箋》皆云：「識，知也。」則初識乃指知識初有啟發，故鄭玄以「文王生適有所識」釋「文王初載」，應為毛義無誤。而連結經文「文王初載，天作之合」來看，《毛傳》乃以初識形容文王初長大成人也。

以載為識，此乃毛公之訓詁，鄭玄依之。然而載字是否可有識義？據本節第一條之說明，可知載有載物義、始義、栽義，然皆與識義無涉。載之有識義，見於《中山王𩰫壺》云：「因載所美」，字形作𢍐，乃載之省體。載為記載之義。《爾雅‧釋天》云：「夏曰歲，殷曰祀，周曰年，唐虞曰載。」曰載者，是以載為紀時之字，與記載義可通。「記載」與「識」義相近，《格伯簋》銘文有云：「氒書史戠武。」《金文編》引劉心源云：「戠，識，省記也。」〔註356〕劉心源以戠為省記之義，與《中山王𩰫壺》以載為記載之義相通，則載、戠兩字在字義上有可通用之處，故毛公或因此而釋載為戠。

〔註354〕《續經解毛詩類彙編‧毛詩傳箋通釋》，頁1471。
〔註355〕《積微居小學述林‧耐林廎甲文說》，頁9。
〔註356〕《金文編》，頁828。

然而載雖有記載之義，但由載物之義引申爲《毛傳》識見之義，其中曲折似太多，因此「文王初載」之載字可能有譌誤，或《毛詩》本作「文王初哉」。識字在金文銘器中作戠，不從言，但在睡虎地秦蘭文字中所發現之識字皆已從言，故毛公乃以後起字「識」字詁本字「哉」。載，甲骨文作𢦏（前 2.10.1），《鄂君啓車節》作𢦏；哉，甲骨文作𢦏（京津 4302），望山楚簡曰譌作田，作𢦏，字形與識頗相近，或可能因此致譌。

4. 民之初生，自土沮漆——顏師古〈地理志〉注：「《大雅·緜》之詩曰：『人之初生，自土漆沮。』《齊詩》作自杜。」阮校《釋文》本作沮漆，《正義》本作漆沮。按：《傳》曰：「沮水、漆水也。」《箋》亦云：「居沮漆之地。」經文不得作漆沮。顏所引或《韓詩》也。——〈緜〉

　　《校勘記》云：「《正義》云：『於漆沮之旁』，又云：『爾有漆沮之水。』又云：『是周地亦有漆沮也。』又下章云：『循西方水厓，漆沮之側。』又云：『上言漆沮，此言循漘，明是循此漆沮之側也。』又下章云：『周原在漆沮之間，以時驗而知之。』是《正義》本作漆沮，餘亦有作沮漆者，後人改之耳。《六書音均表》云：『從《漢書》、《水經注》漆沮。』」〔註357〕則阮元、段玉裁皆以爲當作漆沮。述祖則據《毛傳》、鄭《箋》定本句作沮漆，與二人意見不同。

　　按：顏師古引《齊詩》作杜，杜即杜陽，其地在爾。然〈緜〉乃敘太王遷岐創業之事，與爾地無涉，《齊詩》之杜當誤。今考《尚書·禹貢》、《史記》、《漢書》引漆、沮二水，皆漆沮連言，與《正義》本同。〈吉日〉「漆沮之從」、〈潛〉「猗與漆沮」，似古語皆漆沮連言。然《毛傳》、鄭《箋》訓釋皆以沮水前，漆水後，是其本當作沮漆也。漆古韻在質部，與㩻、穴、室韻合，故本詩或因韻腳需要，故倒漆沮言沮漆。

5. 乃召司空——《石經》乃作迺。——〈緜〉

　　段至裁《說文解字注》迺下云：「《詩》、《書》、《史》、《漢》發語多用此字作迺，而流俗多改爲乃。按〈釋詁〉曰：『仍、迺、侯，乃也。』以乃釋迺，則本非一字可知矣。」〔註358〕

〔註357〕《十三經注疏·詩經》，頁 553。
〔註358〕《說文解字注》，頁 537。

《漢石經魯詩碑圖》於「迺慰迺止」、「迺疆迺理」，字均作乃。是《魯詩》作乃也。

按：金文訓於是之迺，與語辭之乃有所分別。如《毛公鼎》「迺敄鰥寡」、「迺唯是喪我國」，《盂鼎》「迺紹陜」，皆作迺字。郭沫若云：

> 乃者，汝之也。金文用乃爲代名詞第二人稱之領格，用迺爲接續詞於是字，然亦偶有用乃爲迺者。如《令鼎》「令眾奮，乃克至」，《鄂侯鼎》「噩侯馭方納食于王，乃儐之。」，又「王休匽，乃射」，均是。〔註359〕

二字在金文中用法不同，但少數通假之例已開漢人通用之先。漢《袁良碑》「鹵刊石作銘」，《楊統碑》「後鹵徵拜議郎」，鹵爲迺，從古文西。《尹宙碑》「迺迄于周」，寫作迺，而《漢石經》則假借爲乃，是「乃」字爲「迺」之假借，正字當作迺爲是。段玉裁云：「《說文》迺、乃異字異義，俗云：古今字。」〔註360〕非是。朱駿聲《說文通訓定聲》云：「迺，假借爲乃。」〔註361〕亦誤。

6. 予曰有奔奏——《釋文》：「本音奔，本亦作奔。奏如字。本又作走。」《正義》作走。——〈緜〉

《校勘記》曰：「《正義》云：『我念之日，亦由有奔走之臣。』又云：『奔走者云云，令天下皆奔走而歸趣之，故曰奔走也。』又云：『書傳說有疏附奔走。』又云：『是非奔走與。』又云：『疏附奔走』，是《正義》本作奔走也。依此《唐石經》以下各本乃上字合《正義》，下字合《釋文》。」〔註362〕則《釋文》作本奏，《釋文》或本作奔奏，《正義》作奔走。今本多作奔奏。

段玉裁《說文解字注》曰：「《大雅》以本奏爲奔走，假借也。」〔註363〕是段玉裁以奔走爲正字也。

王引之《經義述聞》云：「《傳》以奏爲告語之義，故曰喻德宣譽。〈堯典〉『敷奏以言』，《史記·五帝紀》作『徧告以言』是也。」〔註364〕依《毛傳》訓詁來看，當如王引之所云，《毛詩》作奔奏也。

〔註359〕《郭沫若全集·器銘考釋金文叢考，盄盄釋文》，冊五，頁647～648。
〔註360〕《段玉裁遺書·詩經小學》，上冊，頁537。
〔註361〕《說文通訓定聲》，頁820。
〔註362〕《十三經注疏·詩經》，頁555。
〔註363〕《說文解字注》，頁251。
〔註364〕《皇清經解諸經諸義類彙編·王尚書經義述聞》，冊一，頁743。

按：《說文》：「本，木下曰本。」字形上來看，本爲指事，本下一橫指木根，許說當無誤。《說文》：「奏，進也。」而卜辭中奏字，多用爲樂舞之義，與《說文》合。李孝定云：

> 契文奏舞每連文，字又作𣥏，从米，與舞字作𣥏所从之米同。疑象舞時所用之道具兩手奉之以獻神，故有進義也。〔註365〕

則本詩予曰有奔走，若作本奏，其義與詩歌內容不合，當作奔走爲是。今考《中山王𫐑鼎》銘文作「奔走不聽命」，𫐑即奔字，《盂鼎》「𫖯奔走，畏天威」，《井侯毀》「克奔走上下」，《效卣》「效不敢不萬年奔走揚公休」，均是奔走連文，依金文可證本詩當作奔走。本、奔古音皆爲幫紐文部；走、奏皆爲精紐侯部字，皆有通假之理。而毛詩作奔奏，奏乃走之假借，而毛公釋爲喻德宣譽，是誤以假借字奏爲本字也。

7. 古之人無斁——《釋文》：「斁音亦，厭也。鄭作擇。」阮云：「《箋》以斁爲擇之假借，竟改其字，與樂飢爲療，既匡爲筐同例。《正義》云：『經本有作擇者』，非也。」——〈思齊〉

《校勘記》全文爲：「此《箋》云：『口無擇言，身無擇行。』《正義》云：『《箋》不言字誤，則此經本有作擇者也。故不破之。』《釋文》云：『無斁，毛音亦，厭也。鄭作擇。』考此經字自作斁，《箋》以斁爲擇之假借，直於訓釋中竟改其字以顯之，其例與可以樂飢，《箋》中竟改爲療，既匡既勑，《箋》中竟改爲筐之屬同也。《釋文》所說是矣，《正義》不得其例。」〔註366〕述祖依阮說。

馬瑞辰云：「古斁、擇、殬三字同音通用。〈雲漢〉詩『耗斁下土』，《箋》：『斁，敗也。』斁即殬字假借。《說文》：『殬，敗也。』引《書》『彝倫攸殬』，今《書》作斁，鄭注亦訓爲敗，是斁、殬一也。王氏《經義述聞》曰：『〈呂刑〉敬忌，罔有擇言在躬。擇當爲斁，斁即殬也，言罔或有敗言在身也。《孝經》口無擇言，身無擇行。言口無敗言，身無敗行也。』今按：此《箋》讀斁爲擇，引《孝經》口無擇言，身無擇行。而曰以身化其臣下，蓋亦訓擇爲敗，謂古人無敗德，故能化其臣下。《正義》及說《孝經》者均以身爲無可擇，失之迂矣。」〔註367〕

〔註365〕《甲骨文字集釋》，第十，頁 3241。
〔註366〕《十三經注疏‧詩經》，頁 566。
〔註367〕《續經解毛詩類彙編‧毛詩傳箋通釋》，冊二，頁 1485。

按：《詩》、《書》中作無斁者，有〈葛覃〉「服之無斁」，〈振鷺〉「在此無斁」，〈泮水〉「徒御無斁」，〈駉〉「思無斁」，〈洛誥〉「公無困哉。我惟無斁」等，而金文中作無斁者有《牆盤》「昊紹亡斁」，字形作，《毛公鼎》「肆皇天亡斁」，字形作，《靜簋》「靜學無斁」，字形作，可見無斁乃古人語例，訓厭，訓敗，皆有敗壞之義，馬瑞辰所言極是，故本詩當從《毛傳》訓厭作無斁。而上引金文斁字不從偏旁，然亦有從攴者，如《欒書缶》作，容庚以爲與擇爲一字，擇、斁古音皆爲定紐鐸部，是擇與斁當可通用。

8. 其政不獲——《石經》政作正。《釋文》：「政如字，鄭作正。」《正義》作政。《箋》以政為正，與〈思齊〉以斁為擇同。《石經》依《箋》改經，未是，阮校。——〈皇矣〉

《釋文》云：「政如字，政，政教也。鄭作正，正，長也。」鄭玄釋正爲長，以殷紂及崇侯爲二國之長，其正不獲謂「殷崇之君，其行暴亂，不得於天心。」

李富孫曰：「《書》齊七政，《史記・律書》作七正。《周禮・凌人》注云：故書正爲政，政當爲正，是正與政古通。」〔註368〕

按：甲文正字爲征伐之義，說見第二節第十九條。而金文政字亦用作征討征伐，戴家祥云：

> 征伐的目的是懲不善，使之歸順，故正引申義爲是正之是。爲了保持本義，加彳旁作征，強調征行；加攴旁作政，強調征伐。古籍正、政通用，《書・微子》「亂正四方」，《史記》作政，《說文・三篇》「政，正也。从攴正聲。」馬注《論語》曰：「政者有所改更匡正」，正亦兼意。後世政又引申爲治理之義。金文政義與征通，用爲正的本義。〔註369〕

是正、政兩字本皆用作征伐之意，古字通用。後引申爲治理，《尚書・皋陶謨》「政事懋哉懋哉」，〈盤庚〉「亦惟圖任舊人共政」，均爲政治之引申義。

9. 串夷載路——《釋文》：「串夷，古患反。毛云：『習也。』鄭云：『串夷，混夷也。』一本作患。或云鄭音患。」《正義》云：「毛讀患為串。」又云：「鄭以詩本為患，故不從耳。〈采薇・序〉云：『西有混夷之患。』

〔註368〕《續經解毛詩類彙編・詩經異文釋》，冊一，頁545。
〔註369〕《金文大字典》，中冊，頁2006。

是患夷者，患中國之夷，故患夷則混夷也。」《正義》本作患，與《釋文》所云一本同。按：《正義》非也。患、混聲相近，故鄭破串為患，讀混。《禮·少儀》「圂腴」，《音義》音患。此患、混聲同之證也。《說文》以小篆無串字，故患字從心上貫吅，吅亦聲，不知串即古文貫字，從重貝，從一毌之。《說文》古文患所从，即此字也。《毛詩》是古文，《傳》所釋者是其本義，《釋文》本是。——〈皇矣〉

《毛傳》云：「串，習；夷，常；路，大也。」《正義》引王肅申毛云：「天於周家善於治國，徒就文王明德，以其由世習於常道，故得居是大位。」而鄭玄以串夷為混夷，是毛鄭不同處。

段玉裁《說文解字注》患下云：「古毌多作串。《廣韻》曰：『串，穿也。』親串即親毌。貫，習也。《大雅》『串夷載路』，《傳》曰：『串，習也。』蓋其字本作毌，為慣、摜字之叚借也。」〔註370〕其說與述祖同，皆以串即毌，毌即貫，《爾雅·釋詁》「串，貫，習也。」貫為慣、摜假借字，故有習義。

按：甲骨文中（鐵25.1），舊釋為毌，林澐認為是盾字。季旭昇先生則認為《中方鼎》之𤔲，《晉姜鼎》之𤔲方為毌字，象貫二貝之形，本義為串貝之形。〔註371〕上博簡《孔子詩論》關雎之關作𨶔，串為𨶔之聲符，而關、毌古音皆為見紐元部字，可通假也。據此，毌、串兩字聲義皆同，故可通用。正字應作毌，貫為毌之後起字，則段玉裁及述祖所云可從。林義光《詩經通解》云：

> 《說文》琨或从貫。〈禹貢〉「瑤琨」，《釋文》引馬本及《漢書·地理志》並作瓘。《釋名》：「來孫之子為昆孫，昆，貫也。」據此則串、貫、昆三字，古相通假。〔註372〕

故鄭玄得以釋串為混，《正義》以為患中國之夷乃患混夷，不明假借之義，故述祖以為非也。而本詩毛鄭意自不同，毛公以串夷為習於常道，鄭玄以串夷為混夷，於字之通假皆有理可說，未便評論是非。然〈緜〉有混夷之稱，林義光又云：

> 路讀為羸露之露，說見〈式微〉篇。串夷載路言昆夷羸困；即〈緜〉篇所謂昆夷喙矣也。蓋岐山舊為昆夷所居，今因周有明德，天心已

〔註370〕《說文解字注》，頁518。
〔註371〕《說文新證》，上冊，頁558。
〔註372〕《詩經通解》，頁200。

遷而向周，故昆夷不能安其居而羸敝也。〔註373〕

既有〈緜〉「混夷喙矣」爲據，則鄭玄所釋或較合詩義也。

10. 天立厥配——《釋文》：「厥配，本亦作妃，音同」。《正義》：「妃字音亦爲配」，是《正義》本作妃。段云：「古多用妃，妃是正字。配，酒色，假借字也。經文本作妃，毛以妃合解之，鄭以后妃解之。嘉耦曰妃，非專謂男女也。改妃爲配，自是後人所爲。」依《正義》本。——〈皇矣〉

《毛傳》云：「配，媲也。」鄭《箋》云：「天既顧文王，又爲之生賢妃，謂大姒也。」《正義》云：「妃字音亦爲配。〈釋詁〉云：『妃，媲也。』某氏曰：『《詩》云：天立厥妃。』是毛讀配如妃，故爲媲也。是爲妻之配夫，意與鄭合。」

朱熹《集傳》云：「配，賢妃也。謂大姜。」〔註374〕

嚴粲《詩緝》云：「王者配天，天將立之以爲配，使周家王天下，其受命堅固不易也。」〔註375〕

胡承珙曰：「妃之爲媲，不必定謂男女配偶。毛訓妃爲媲，止當爲配天之義。下作邦作對，《傳》云『對，配也。』〈文王有聲〉『作豐伊匹』，《傳》云：『匹，配也。』此皆假配爲妃，而其義皆爲兩相輩偶而已。《詩》、《書》中如其自時配皇天，克配上帝皆此義。《箋》以配爲妃，釋爲大姒，于上下文義不合，恐非毛旨。」〔註376〕

馬瑞辰曰：「妃、配古通用。作配者，妃之叚借。配之本義，《說文》訓爲酒色耳。下章帝作邦作對，《傳》『對，配也。』《箋》作配，謂爲生明君也。天立厥配正與作對同義，謂立君以配天也。」〔註377〕以上諸說，皆以妃爲配之正字，非后妃之妃，天立厥配，乃立君配天，非鄭玄立妃配君之意。

按：《毛傳》以媲詁配，《說文》云：「媲，妃也。」與《爾雅》同，則毛公蓋與鄭玄同以妃爲配偶。然自嚴粲以下之學者，多以妃、配雖可通假，但非后妃之妃。天立厥配，乃立君配天，非鄭玄立妃配君之意。今就詩辭來看，

〔註373〕同上註，頁200～201。
〔註374〕《朱子全書·詩集傳》，冊一，頁666。
〔註375〕《詩緝》，卷二十六，頁8。
〔註376〕《續經解毛詩類彙編·毛詩後箋》，冊二，頁2143。
〔註377〕《續經解毛詩類彙編·毛詩傳箋通釋》，冊二，頁1488。

全詩並無明確言及任何一位周王之后妃，以厥配直指大姒，確實存有疑慮，而朱子更以爲是大姜，全詩未見言大王，突然冒出大姜，更爲無理。爲解決以上爭端，茲就金文中所見之資料論說之。

配，甲骨文作圖（存 2244），《䜌鐘》字形作圖，象人在酒尊之側，字義爲何，遽難論斷。《說文》釋爲酒色，恐非本義。而妃字，甲骨文作圖（合 32127），季旭昇先生云：

> 裘錫圭以爲是指「一男一女『一對』人牲」，「一對」義跟「妃」、「配」的「匹配」、「配偶」義有密切相關，應該就是「妃」字。⋯⋯金文未見「妃」，相當於後世「妃」義的多用「配」字，如春秋晚期的《拍敦》「朕配平姬。」從此來看，「妃」、「配」當是同源分化字。戰國文字《郭店·忠信之道》「仉天地也」，陳劍以爲「從人、從配省聲，應該就是『配偶』之『配』的專字」，「配」字從酉，其意符與意義不密合，所以在戰國文字中又新造出了從「人」的「仉」字。至於從「女」的「妃」字，則又是「女性配偶」這一意義的專字。〔註378〕

據此，配、妃兩字乃同源分化字，然金文但有配字，未見妃字。如《拍敦蓋》云：「朕配平姬」，此乃配偶之配，即「女性配偶」之妃義，此條或可爲鄭說之根據。但觀《拍敦蓋》之銘文，主語爲朕，賓語爲平姬，所指皆非常明確，故可以配言之。然本詩僅言「天立厥配，受命既固」，並未指出配妃爲誰，因此恐不得以《拍敦蓋》之銘文參照。而考其他銅器銘文，除配偶外，亦有言配天者，如《䜌鐘》云：「我隹司配皇天」，《南宮乎鐘》云：「配皇天」，《毛公鼎》云：「配我有周，膺受大命。」均以配天而言，特別是《毛公鼎》之銘文，意爲以周配天，受天之命，與本句「天立厥配，受命既固」之意義幾乎相同，當可據以判定本詩「天立厥配」，正如嚴粲所言，以君配天，非鄭玄以后妃配君之義也。

除據《毛公鼎》銘文對照之外，欲解決本句之爭議尚有一個重點，此即「立」字之意。毛公、鄭玄以配指后妃，蓋以「立」爲設立之意，意爲上天設立其妃偶。然「立」除設立之意外，亦爲「位」之古字。《說文》云：「立，住也。從大立一之上。」阮元釋《子立敦》云：「子立一上。一者，祭位也。立乎其位，所以承祭也。立，古位字，從大立一之上。《說文》以大爲象人形。

〔註378〕《說文新證》，下冊，頁 187。

此銘一上作人形，即古立字也。」〔註379〕甲骨文有云：「王叀立中若十二月」
（前 7.22.1），立乃位字。《頌鼎》亦云：「王各大室即立」，立亦爲位字，則立
實爲古位字。本句「天立厥配」，天立當即「天位」，《逸周書·世俘解》云：
「若翼日辛亥祀於位，用籥於天位。」《周禮·小宗伯》云：「成葬而祭墓爲
位。」鄭玄注云：「位，壇位也。」則天位即有可能是指祭天之壇位。連劭名
云：

> 周原甲骨還有《H 一一·九六》一六·一：「□告于天，由亡□☑。」
> 告天還見於銅器銘文和文獻。《矨尊》：「隹武王克大邑商，則庭告于
> 天。」《逸周書·世俘》：「辛亥，薦俘殷王鼎，武王乃翼矢珪矢憲告
> 天宗上帝，王不格服格於廟。」有可能「告天」的儀式就是在天位
> 進行。「天位」疑指郊祭天神的圜丘。《漢書·郊祀志》下：「右將軍
> 王商、博士師丹、議郎翟方進等五人以爲禮記曰：『燔柴於太壇，祭
> 天地，瘞薶於大折，祭地也。』兆於南郊，所以定天位也。祭地於
> 大折，在北郊，就陰位也。」〔註380〕

據連劭名先生所推測，天位可能指祭天之圜丘。結合《毛公鼎》銘文來看，
則本句「天立厥配」極有可能是於祭天之壇位進行配天之儀式，觀本詩言上
帝「乃眷西顧」，又言「帝遷明德」，則周人行天位配天之典，應即呼應上帝
西顧的典禮儀式，而配天儀式完成後，方可言受命既固，蓋即「永言配命」
之意也，此乃上帝將天命賦予於周的具體完成，因此接下來便開始大談王季
及文王之德。若作妃偶，與受命又有何相關，故當以配天爲是。

11. **維此王季**——《正義》引昭二十八季《左傳》云：「此云維此王季，
    彼言維此文王者，經涉離亂，師有異讀，後人因即存之，不敢追改。
    今王肅注及《韓詩》亦作文王，是異讀之驗。」按：《左氏傳》是
    古文，《韓詩》是今文，古今文皆作文王，而《毛詩》獨異。至訓
    詁又皆本之左氏。鄭注《禮》則從《韓》，箋《詩》則從毛，故《正
    義》亦依違其說。此說經之當闕疑者也。——〈皇矣〉

鄭《箋》云：「王季之德比于文王，無有所悔也。」

〔註379〕〔清〕阮元著：《積古齋鐘鼎彝器款識》（臺北：藝文印書館，1970 年），上
　　　　冊，卷二，頁 17。
〔註380〕連劭名撰：〈讀周原出土的甲骨刻辭〉《古文字研究》（北京：中華書局，1986
　　　　年第 13 輯），頁 171。

　　《校勘記》云：「《正義》引昭廿八年《左傳》而云：『此云維此王季，彼云維此文王者，經涉離亂，師有異讀，後人因即存之，不敢追改。今王肅注及《韓詩》亦作文王，是異讀之驗。』又《左傳正義》同。……考毛氏詩自是王季，王肅申毛作文王者，非。」〔註381〕

　　王先謙《詩三家義集疏》云：「三家王季作文王者，徐幹《中論・務本篇》云：『詩陳文王之德，曰惟此文王。』幹用《魯詩》，是《魯》作文王。《禮・樂記》引《詩》『莫其德音』十句，鄭注：『言文王之德皆能如此。』是《齊》作文王。孔《疏》云：『今《韓詩》亦作文王。』是三家皆作文王之證。」〔註382〕

　　按：關於本句之爭議，約有三種說法：

　　一者以《毛詩》與《左傳》、《韓詩》、《魯詩》文字自不同。段玉裁云：

　　　　《左傳》釋「比于文王」之文曰：「經緯天地曰文」，《毛傳》引之，謂比于古者經緯天地文德之王也，如成王不敢康，非成王康王之謂也。鄭《箋》云：「必比于文王者，德以聖人爲匹」，是鄭《箋》雖作維此王季，而比于文王，亦非以父同子言之不順也。惟〈樂記〉注此詩云：「言文王之德皆能如此。」而不引經緯天地曰文之訓，則爲實指周文王。然《禮注》言文王，《詩箋》言王季，說自不同。注《禮》時所見《詩》亦是作維此文王。〔註383〕

　　一者以傳《左傳》者乃誤從《韓詩》、《魯詩》改傳文，《左傳》原文當同《毛詩》作「維此王季」爲是。臧琳《經義雜記》云：

　　　　《左傳》古文也，當與《毛詩》合，而亦作文王者，因漢時三家盛行，《毛詩》不立於學官，傳左氏者習《韓》、《魯詩》，遂誤作文王也。且《左傳》釋比于文王之文爲經緯天地曰文，毛公作《詁訓傳》正本之，皆言以王季之德比於古昔經緯天地之王，如上亦作文王，謂以周文王比古文王，終不免涉嫌，故知《左傳》當本作王季也。〔註384〕

　　一者又以《毛詩》當作「維此文王」，今本乃誤作「維此王季」。馬瑞辰云：

〔註381〕《十三經注疏・詩經》，頁576。

〔註382〕〔清〕王先謙撰：《詩三家義集疏》（臺北：明文書局，1988年），下冊，頁855。

〔註383〕《段玉裁遺書・詩經小學》，上冊，頁540。

〔註384〕〔清〕臧琳撰：《皇清經解諸經總義類彙編・臧茂才經義雜記》，冊一，頁526。

詩「貊其德音」四句皆言文王之德。「王此大邦，克順克比」乃言文
王之德能使民順比也。〈祭統〉「身比焉順也」，《荀子・議兵篇》曰：
「立法施令，莫不順比。」是順與比義正相近。《易・比・彖》曰：
「比，輔也。下順從也。」《左傳》「擇善而從之曰比」，正以從釋比
字。《詩》「比于文王」承上克比言之，言民之親比於文王也。惟詩
上作維此文王，下乃言比於文王耳。鄭本誤作維此王季，因讀比爲
比方之比，又因以父同子言之不順，《正義》遂以文王爲泛言文德之
王矣。〔註385〕

　　綜合以上說法，可知本詩主要爭議在於「維此王季」句後又有「比于文
王」之句，是以父比子，言之不順，遂產生上述三種不同解釋。然考本詩前
半部皆言王季，後半部自「比於文王」起，開始談文王之功德。若以「比于
文王」之文王指歷代文德之王，與後半部之文王用意不同，詩人當不至一詞
兩用也。因此，筆者認爲本句爭議的關鍵應在「比于文王」之比字，比字何
義？毛公無說，但釋前一句「克順克比」時云：「擇善而從曰比。」以從釋比。
鄭玄則云：「王季之德比于文王，无有所悔也。必比于文王者，德以聖人爲匹。」
則鄭玄是以王季相比于文王，故曰比于文王。鄭玄之說即爲開啓後人爭端的
解釋。其實比除相比之外，尚有親密之義，然恐皆與詩義無關。考比字，甲
骨文作𠤳𠤳（合集6389），其形似二人相從，近代學者有以爲從二匕取義者，李
孝定云：

　　　竊疑栔文作ᗒ、𠤳者，爲比之初文。字非从二人，蓋从二匕取義，
　　　兼以爲聲也。〔註386〕

从字，甲骨文則作𠈌（乙4936反《甲》），象二人相從之形。比、从二字甲骨
文字形極度相似，金文字形亦區別不大。早期研究古文字的學者，多以爲比、
从二字爲同一字，然現今學者則以爲二字區分甚爲明顯。如季旭昇先生釋从
字時云：

　　　甲骨文及早期金文左右倒反不分，因此甲骨文學者多以爲「从」、「比」
　　　同字。《金文編》「从」字條引「天作从尊」一形下注云：「从『从』
　　　反，與比爲一字。」屈萬里以爲从、比二字有嚴格區別，「从」字从
　　　二人，讀爲「縱」、「自」、「于」；「比」字从二匕，義爲「親信」（〈甲

〔註385〕《續經解毛詩類彙編・毛詩傳箋通釋》，冊二，頁1488。
〔註386〕《甲骨文字集釋》，第八，頁2690。

骨文从比二字解〉）林澐則進一步指出甲骨文「从」、「比」二形和「人」、「匕」相對應，二者的區分極爲明顯，例外很少。〔註387〕依季先生所云，比・从二字在甲、金文中的用法是有區別的。然而甲、金文雖將二字區別甚明，但不代表後人亦能夠清楚區別這兩字。觀《毛傳》言「擇善而從曰比」，以從詁比，即知毛公應將二字弄混了。況且《毛傳》只擇前一句「克順克比」之比爲從，「比于文王」之比則未發傳，據此推斷，毛公蓋以爲兩字皆爲從義，甚至有可能是毛公誤將从字認作比，如《易・比・彖辭》云：「比，輔也。下順從也。」以比義爲下順從，此皆可能是秦漢間人將「比」與「从」相混之例證。李孝定亦云：

> 惟卜辭諸从、从字，以辭意求之，又當釋从，豈殷時即已誤掍耶，
> 疑莫能明。〔註388〕

據此，試將本詩比字改爲从，成爲「克順克从，从于文王」，順、从義近，故可言「克順克从」。至於「从于文王」之訓，應釋作逮於文王。从爲二人相從，故有及義。《論語・先進》篇云：「比及三年」，比與及應同。《孟子・梁惠王下》：「王之臣有託其妻子於其友而之楚遊者，比其反也，則凍餒其妻子，則如之何？」《釋文》云：「比其，丁必二切，及也。」訓比爲及，則《孟子》此言可能亦是將从誤作比。《爾雅・釋言》云：「逮，及也。」則从有逮、及之義。《孟子》「比其反」，當即「从其反」，而「从其反」即「逮其反」之意。屈萬里先生亦據甲骨卜辭釋从字有「自」、「于」之義，「于」有往義，故與及義相近，故从于文王，當可釋爲逮於文王，及於文王。

經過以上討論後，本章詩句之新面貌成爲：

> 維此王季，帝度其心，貊其德音。其德克明，克明克類，克長克君。
> 王此大邦，克順克从。从于文王，其德靡悔。既受帝祉，施于孫子。

「維此王季」至「克順克从」，皆形容王季之德；而自「从于文王」始，乃接續王季之後而言及文王。由王季之德說及文王之德，故以从字連接，以示父子相承。白話大意則爲「王季之德，能夠王此大邦，故邦人皆順從。至於文王，其德靡悔。」如此解說，殆可符合詩義，故此句當仍從《毛詩》作「維此王季」爲是。

12. 同爾兄弟——《後漢書・伏湛傳》引《詩》作同爾弟兄，與土（續

〔註387〕《説文新證》，下冊，頁16～17。
〔註388〕《甲骨文字集釋》，第八，頁2690。

經解本作上，當依續經解本）王、方協。顧、段論韻皆從之。阮校《正義》作兄弟。或《毛詩》與〈伏湛傳〉所引不同。按：湛父理受《詩》於匡衡，湛所引《齊詩》也。——〈皇矣〉

顧炎武云：「兄音虛王反，入韻，今作兄弟，不入韻。」〔註389〕

段玉裁《六書音韻表》將兄與王、方同歸入第十一部，云：「《後漢書·伏湛傳》作弟兄，入韻。」〔註390〕《詩經小學》則云：「王逸〈九辨〉注內念君父及弟兄也，與上文長、王、煌、黨、竝湯韵，今譌爲兄弟，則非韵矣。」〔註391〕

《校勘記》云：「考《正義》云：『和同汝之兄弟』，又云：『當和同汝兄弟之國』，是其本作兄弟。或毛氏詩與〈伏湛傳〉所引自不同也。」

按：王、方、兄古音皆爲陽部字，可爲韻。《漢書·儒林傳》云：「衡授琅邪師丹伏理斿君、穎川滿昌君都。君都爲詹事，理高密太傅，家世傳業。丹大司空，自有傳。由是《齊詩》有翼匡師伏之學。」則伏理乃傳《齊詩》，伏湛爲理子，應傳《齊詩》，故述祖以伏湛所云「同爾弟兄」乃《齊詩》之文，《毛詩》未必與之同。

13. 執訊連連——《釋文》：「執訊，字又作誶」。以涉〈墓門〉、〈雨無正〉誶、訊異文而誤也。——〈皇矣〉

訊爲問義，誶乃告義，兩字互譌，或由聲韻相近而通假，或因六朝草書所亂。述祖則以爲涉〈莫門〉「歌以訊之」、〈雨無正〉「莫肯用訊」而譌。說見第一節第四十五條。

按：據《虢季子白盤》「執訊五十」，字形作𰌵，陳介祺、唐蘭、李孝定均定爲訊字。李孝定云：

> 訊之本誼爲訊籀，爲問皋，《詩·皇矣》「執訊連連」、〈出車〉「執訊獲醜」，《周禮·小司寇》「用情訊之」，《漢書·張湯傳》「訊鞫論報」皆用訊之本義，引申以爲凡問之偁。……「☐循☐訊☐？」（乙三五四九），此辭雖僅餘殘文，然循有以軍威撫循之義，訊字與之同辭，當亦有執訊之義也。〔註392〕

〔註389〕《皇清經經解毛詩類彙編》，頁387。
〔註390〕《說文解字注附六書音韵表》，頁857。
〔註391〕《段玉裁遺書》上冊，頁541。
〔註392〕《甲骨文字集釋》，第三，頁751。

據此，本詩當以訊字爲是。

14. 昭茲來許——惠云：「《後漢志》載《東觀漢記》引《詩》云：『昭茲來御』，蔡邕《獨斷》云：『御，進也。』與《傳》進訓合。」許疑誤。段云：「《廣雅》『許，進也。』本此《傳》。」是《毛詩》本作許。作御者，蓋三家詩。——〈下武〉

　　御字之本義當訓迓，訓進、訓用皆由本義所引申，說見第二節第三條。而許字，《說文》釋爲聽言也。
　　　　按：林義光《詩經通解》云：
　　　　　許讀爲御。許、御皆從午得聲，古同音。〔註393〕
許、御古音皆入魚部，則兩字或得以通假也。據《毛傳》云：「許，進也。」御有進義，說見第二節第三條，則本字應作御。

15. 匪棘其欲——《釋文》：「匪亟，或作棘。其慾，本亦作欲。」《正義》本作棘。——〈文王有聲〉

　　鄭《箋》云：「棘，急。」《正義》云：「棘，急，〈釋言〉文。《禮記》引此詩作匪革其猶，革亦急也。」則《正義》本作棘也。古亟、棘、革字聲韻相近可通用，急之聲韻則較遠，說見第二節第十三條。《說文》有欲無慾，段玉裁以慾爲後起字。
　　　　按：《詛楚文》「將欲復其賦速」，不從心旁。睡虎地秦簡欲字亦不從心旁，則從心之慾殆爲後起字無誤。

二、生民之什

16. 履帝武敏歆攸介攸止——《釋文》：「攸介音戒。毛大也，鄭左右也。」《正義》云：「爲天神所美大，爲福祿所依止，皆作攸介攸止。」〈釋訓〉曰：「履帝武敏，武，跡也。敏，拇也。」《音義》：『敏，舍人本作畝。釋云：古者姜嫄履天帝之跡於畎畝之中而生后稷。』是舍人本不應有敏畝也三字矣。或郭本以鄭《箋》誤入〈釋訓〉文耳。今按：《傳》、《箋》文義皆履帝武敏絕讀，歆字向下讀，當作歆介攸止，衍攸字，蓋涉〈甫田〉「攸介攸止」文而誤也。詳《毛詩長義》。注疏本《釋文》作介，音戒，無攸字及毛大也以下七字，通

志堂本有。——〈生民〉

述祖斷句爲「履帝武敏，歆介攸止」，他從《毛傳》不採履巨人跡之說，《珍藝宦文鈔·生民篇說》云：「舊讀敏爲畝者，蓋推言后稷得以配天之意，由其躬耕畎畝之事，以踐天之跡。」〔註394〕是從舍人作畝。

《毛傳》云：「履，踐也。帝，高辛氏之帝也。武，跡、敏，疾也。從於帝而見于天，將事齊敏也。歆，饗、介，大也。止，福祿所止也。」據《毛傳》來看，「從於帝而見於天，將事齊敏也」，乃釋「履帝武敏」，下又續釋「歆攸介攸止」，將敏、歆分隔訓釋，則《毛詩》斷句當作「履帝武敏，歆攸介攸止」也。鄭《箋》：「姜嫄履之，足不能滿，履其拇指之處，心體歆歆然，其左右所止住，如有人道感己者也。」鄭《箋》斷句較不明顯。

段玉裁云：「敏者，拇之假借字也。古敏、拇、畝字同音，皆在今之止韻。故《爾雅》舍人本作履帝武畝，亦假借字也。《爾雅》引履帝武敏，於敏字斷句。王逸〈離騷注〉引履帝武敏歆，於歆字斷句。玉裁按：《毛傳》『敏，疾也。』於敏字斷句。《爾雅》、鄭《箋》『敏，拇也。』於歆字斷句。」〔註395〕《爾雅》引作履帝武敏，當於敏字斷句，段玉裁以《爾雅》於歆字斷句，蓋偶誤耳。

按：《毛傳》不取神異傳說，故釋敏爲疾。《史記·周本紀》有姜嫄履巨人跡之說，與鄭玄同，今人亦多從鄭《箋》之說，以敏爲拇，蓋爲三家詩也。馬瑞辰云：

> 敏與拇雙聲，同在明母。拇與畝疊韻字，古音皆讀如㜪，故皆可假借通用。〔註396〕

敏、拇、畝古音皆爲明紐之部，故可通假，毛作敏，鄭則讀爲拇，舍人畝字亦應爲敏之假借。而攸介攸止或如述祖所云，涉〈甫田〉而誤衍一攸字，則本詩斷句作「履帝武敏，歆介攸止」，語句通順，且於韻腳又合，故此說可取。

17. 不坼不副——《石經》、岳本作坼，餘本作拆，誤。——〈生民〉

《說文》坼下引《詩》曰：「不坼不𤰉」，從土作坼。《釋文》亦從土作坼。述祖但舉《石經》及相臺岳氏本作坼，實則蓋據《說文》及《釋文》以駁作

〔註394〕《珍藝宦文鈔》，卷四，頁20。
〔註395〕《段玉裁遺書·詩經小學》，上冊，頁543。
〔註396〕《續經解毛詩類彙編·毛詩傳箋通釋》，冊二，頁1499。

拆之本也。

　　按：于豪亮云：

　　　漢簡中常見「听呼」二字，如第 12 簡「……稟矢十二干听呼未能
　　　會，……亝矢三十干听呼未能會」。按：听呼是漢晉人常用語，意爲
　　　「坼裂」。听即坼、拆字，呼即嫭、听字。古籍中常寫作「坼嫭」或
　　　「拆嫭」。《說文》：「坼，裂也」，又「听，拆也」，「嫭，裂也」，是
　　　知听、呼二字同意。在更早的時期，卻不用「坼嫭」而用「坼副」、
　　　「坼鶝」，《詩經・大雅・生民》：「不坼不副」，《說文》引作「不坼
　　　不鶝」，《正義》：「坼、副，皆裂也。」〔註397〕

據此，坼副乃同義複詞，其義均爲裂，故《毛傳》云「生則坼副，菑害其母」，
是《毛詩》當從土作坼副也。

18. 恆之秬秠——《釋文》：「恆，古鄧反，徧也。本又作亙。」《正義》
　　　云：「定本作恆，集注皆作亙字。」按：亙是古文，恆是假借字。《說
　　　文》作「搄，竟也。亙，古文搄。」見木部。——〈生民〉

　　按：本字當作亙，亙字從舟，當爲月之譌誤，從舟無理，說見第二節第
六條。

19. 以歸肇祀——《石經》作肈，通志堂《釋文》亦作肈。段云：「《玉
　　　篇・攴部》云：『肇，俗肈字。』《五經文字・戈部》云：『肈，作
　　　肇訛。』《廣韻》有肈無肇。《說文・攴部》有肇字，唐以後人妄增。
　　　凡古書肇字皆當改作肈。」按：鍾鼎古文肇或作肈，故小篆從攴，
　　　字當闕疑，未可遽斥爲俗字也。——〈生民〉

　　《校勘記》云：「今考《六經正誤》云『作肇，誤。』是舊本從戈，毛居
正始誤改之耳。」〔註398〕則阮元、段玉裁皆以肈字爲是。述祖據鍾鼎文有作
肇者，不從二人之說。

　　按：金文多作肇，然亦有作肈者，容庚以爲與肇爲同一字，足徵段玉裁
以肇爲以唐以後人妄增爲誤。金文戈、攴通用，如戮字或作敫，戟字或作戟，
故肈、肇亦通用，然本字當作肇。《毛傳》云：「肇，始也。始歸郊祀也。」

〔註397〕于豪亮撰：〈居延漢簡甲編補釋〉《考古》1961 年第 8 期，收錄於《古文字詁
　　　　林》，冊十，頁 283。
〔註398〕《十三經注疏・詩經》，頁 598。

訓肇為始。楊樹達《積微居小學述林・肇為語首詞證》云：

> 余頃重理周金文，見文中多用肇字，位於語首，往往無義可求。

〔註399〕

丁山《甲骨文所見氏族及其制度・殷商氏族方國志》云：

> 實則肇上所從之䏌，猶是甲骨文旺字正寫，象以戈破戶形。使戶為
> 國門之象徵，則戌之本誼，應為攻城以戰之朕兆。卜辭曰：「百人戌。」
> 曰：「戌馬，左右中人三百。」皆謂戰爭之先鋒。曰：「戌受。」蓋
> 謂始受也矣。〔註400〕

據丁山所釋，肇字本義為攻城破戶，此當為前鋒部隊所為，或由此可引申出
始義。要之，作肇、作肇乃通用也。

20. **釋之叟叟**——毛居正《六經正誤》据《說文》「䉺，从米从罜，漬米
　　也。」改釋為䉺。阮云：「《毛詩》作釋，乃古字假借。毛居正依傍
　　字部，改變經文，不可承用。」按：䉺字是小篆，《毛詩》多古文假
　　借，或据《說文》以改經，不知古文未必定有此字也。阮說是。—
　　—〈生民〉

　　段玉裁《說文解字注》釋下云：「《大雅》作釋，䉺之假借字也。」〔註401〕
與阮元同以釋為䉺之假借，述祖蓋從二人之說也。

　　按：釋字從釆，䉺字從米，釆字甲骨文作䒑（粹 112），米字甲骨文則有
作䒑（甲 870）者，兩字形實雷同，或釋、䉺乃由此而譌誤也，未必為假借。
然依《說文》之解，字當以從米之䉺為正。

21. **于豆于登**——《石經》作于豆于登，小字宋本同。岳本作登（珍藝
　　宦遺書本作登，續經解作登，當從續經解本），閩本、明監本、毛
　　本同。毛居正云：「登升之字，從癶。豆豋之字，從肉從又。」阮
　　元：「攷登字，此經及《爾雅》作登。《儀禮》作鐙。《說文》有鐙字。……
　　鐙字或作豋、甄，見《集韻》，《毛詩》固未嘗用此字。」按：《玉篇・
　　豆部》「豋，都騰切。」《廣韻・十七登》有甄無豋，宋以後字書始
　　有豋字。古籀、篆、隸所無，不可用以改經，阮說是也。——〈生

〔註399〕《積微居小學述林・耐林廎甲文說》，頁 242。
〔註400〕丁山撰：《甲骨文所見氏族及其制度・殷商士族方國志》（臺北：大通書局，
　　　　1971 年），頁 126～127。
〔註401〕《說文解字注》，頁 335。

民〉

《說文》云：「登，上車也。从癶、豆，象登車之形。」陳奐云：「《說文》：『鐙，禮器也。从廾持肉在豆上，讀若鐙，同。』鐙與鐙音同通假，登又鐙之省假。」〔註402〕以登、鐙乃鐙之假借，不作登。馬瑞辰則以登爲俗字。

按：《說文》云：「鐙，禮器也。」从肉，則其字隸定應作登爲是。然考甲骨文鐙字有只从𣥂从豆者，如𧯌（鐵38），金文中則有从𣥂从米者，如《太師虘豆》作𧶠，另有𧴽（續1.10.3）字，从八，八不知爲何物，要亦是祭祀之物，卻未見有从肉者，且雖依小篆字形應隸定作登，但亦未見先秦、兩漢有登字字形，故述祖以爲古籀、篆、隸皆無，不可據以改經，是也。鐙字今多以爲假借爲登字，考登，甲骨文作𧶠（續4.34.2），《鄧公簋》作𧶠，《登伯盨》作𧶠，《說文》以爲登車形，蓋據豆上之𣥂形，李孝定亦云：

> 許解云：𣥂豆象登車之形者，謂𣥂立豆上，乃象登車之一動作。豆者象乘石之形。〔註403〕

以豆爲乘石，𣥂在乘石上，象登車之形。而甲、金文亦有下又从𣥂旁者，象以𣥂奉乘石，供人登車，當爲登字本義。然而戴家祥又云：

> 登字金文作𧶠、𧯌、𧴽等形，第一字从〇爲豆之省，从廾持豆表示祭祀之義，豆上从屮屮或屮屮爲祭祀之物，如《說文》訓鐙爲「廾持肉在豆上。」《陳侯午錞》「以𧴽以嘗」即表示祭名。〔註404〕

戴家祥以爲登字豆上所从者乃是祭祀之物，並非雙足之𣥂，以登爲奉物祭祀之動作。然而戰國文字中，止有譌變作屮的趨勢，如石鼓《田車》奔字作𣥂𣥂，《霝雨》則作𣥂；戰國璽文夏字作𩓣，亦有作𩓣者；《侯馬盟書》陞字作𣥂，亦有作𣥂者，則戴家祥所言從屮屮，從屮屮者，有可能是止、屮字形相近而生之譌誤，當仍以乘車登石爲本義。然訛化後之登，與鐙字義相同，皆爲祭祀時持物品進供之意。

22. 嘉殽脾臄──《正義》、定本、集注經皆作嘉。《箋》以脾臄爲加，故謂之嘉，是爲嘉美之加也。鄭以加訓嘉，經字仍作嘉。俗本或有依《箋》文改加者，故《正義》辨其誤也。──〈行葦〉

〔註402〕《續經解毛詩類彙編·詩毛氏傳疏》，冊一，頁872。
〔註403〕《甲骨文字集釋》第三，頁467～468。
〔註404〕《金文大字典》，中冊，頁2354。

鄭《箋》云：「燔用肉，炙用肝，以脾函為加，故謂之嘉。」《正義》
云：「燔炙是正饌，以脾函為加助，故謂之嘉。」鄭意以嘉為加之假借，則
《毛詩》本作嘉。《校勘記》云：「若經字作加，《箋》無庸云故謂之嘉矣。」
〔註405〕亦以經文當作嘉。

　　按：金文嘉字或借加字為之，如《虢季子白盤》云：「王孔加子白義」。
又《風俗通》云：「《國語》『周單子會晉厲公於加陵。』《爾雅》曰：『陵，莫
大於加陵。』」《淮南・人間訓》作「晉厲公合諸侯於嘉陵。」均是嘉、加古
通之證。故鄭玄以加訓嘉，非另有本作加也。

23. 宜君宜王──《釋文》：「且君且王，一本且並作宜字。」《正義》
　　本作宜，與一本同。──〈假樂〉

　　述祖以《釋文》作「且君且王」，《正義》作「宜君宜王」，《正義》云：「君
王別文，《傳》并言之者，以其俱有宜文，故總而釋之。宜君者，宜君天下。
宜王者，宜王天下。」是《正義》本作宜君宜王之證。

　　段玉裁云：「趙壹〈窮鳥賦〉曰：『且公且侯，子子孫孫。』正用〈假樂〉
詩意。作宜為俗本也。」〔註406〕

　　《漢石經魯詩碑圖》第十二面第十三行作：「皇皇且君且」，知《魯詩》
作且。

　　按：金文《般甗》「王宜人方」，宜作𤔲，古鉢「宜民和眾」，宜作𤔲，秦
泰山刻石「者產得宜」，亦作𤔲，漢印「宜春左園」，宜作𤔲，據字形看來，
皆為俎形而讀宜，或因字形相近而譌誤也。王國維以為俎、宜聲不同，不能
合為一字；唐蘭則以為聲可通，俎字上古音為精紐魚部，宜字為疑紐歌部，
聲韻實遠，唐蘭非也。實則俎、宜當於形體求，不應以聲類求之。據此，且
乃本字，後世析聲義為二，為肉俎義者作俎，為宜適義者作宜，而作為連接
詞的「且」，應該是假借義。

24. 洒場洒疆──阮云：「經洒、乃字凡十三見。十行本四字作乃，九
　　字作洒。小字本、相臺本乃密作洒為異。《唐石經》盡作洒。攷《釋
　　文》以洒場、洒裏、洒觀、乃依、乃造作音。凡五見，而三洒二乃，
　　則二文錯亂久矣。《傳》中亦洒、乃互有。《箋》有乃無洒。當是經

〔註405〕《十三經注疏・詩經》，頁611。
〔註406〕《段玉裁遺書・詩經小學》，上冊，頁547。

本作迺，《傳》、《箋》轉為乃而說之，或遂以注改經耳。當從《唐石經》。」──〈公劉〉

迺、乃金文中之用法有別，然亦偶有假乃為迺的情形，用於接續詞於是時，當以迺為正字，乃為假借。說見本節第五條，

按：述祖於「迺場迺疆」下引阮校說明，然而阮元《校勘記》所云，出於「乃覯于京」之下，非「迺場迺疆」之下。

25. 而無永嘆──《石經》、宋本皆作嘆。《釋文》「歎字或作嘆。」《正義》本亦作歎。──〈公劉〉

按：《說文》嘆、歎字義有別。嘆為哀聲，歎為喜聲，然古籍兩字多通用，未必如許慎所云分別如此清楚。說見第二節第二條。

26. 陟則在巘──《釋文》：「甗，本又作巘。毛云：『小山別於大山也。』與《爾雅》異。」《正義》本亦作甗。阮云：「今《正義》中巘字及標起止云《傳》巘小，當是合併以後改之。《釋文》云與《爾雅》異者，謂《爾雅》作鮮為異，不以此當重甗陳也。其實字異義同。經中用字例不畫一，如逝，噬、臮，鞫、墐，汾、尤，訧，邘之屬，是其比矣。《石經》以下皆作巘。」──〈公劉〉

《原本玉篇殘卷‧山部》甗下云：「魚優反。《毛詩》『陟彼在甗』。《傳》曰：『小山別於大山者也。』《爾雅》『重甗陳』，郭璞曰：『山形如累兩甗也。』又曰：『昆蹄研甗』，《釋名》『甗一孔曰甗，山孤處以之為名也。』」〔註407〕《原本玉篇》字作甗，《重修玉篇》作巘，是甗即巘字。則顧野王所引《毛詩》即《釋文》又作本。

按：張衡（78～139）〈西京賦〉「陵重巘，獵昆駼。」薛綜注云：「山之上大下小者曰巘。」今考出土甗器之形，共有兩層，上層似甑，下層似鬲，形確為上大下小，故可惜甗形容山勢。甲骨文甗字多不從瓦作鬳，金文有從犬者，假獻為之。是甗可與獻通。依此思路，則本詩巘字當本借甗形容山勢，又可通作獻，再加山旁便成巘字又假作鮮字，實如阮元所云字異義同也。

27. 似先公酋矣──《釋文》本作酋。阮云：「《正義》云：『遒，終，〈釋詁〉文。彼遒作酋，音義同也。』是其本作遒字。標起止云酋終，

〔註407〕《原本玉篇殘卷》，頁438。

合併以後改也。郭璞《爾雅‧注》引嗣先公酋矣，或出三家，《毛詩》無爾字。《箋》云：『嗣先君之功而終成之。』此無爾字之明證。《正義》云：『又嗣其先君之功，汝王終能成之矣。』乃自為文耳。」按：《正義》本似應有爾字，然經文似字與下主字一類，酋字與下常字一類，皆以五字為句，三句詳略互見，當從無爾字者為長，或《釋文》本也。──〈卷阿〉

《校勘記》云：「按《正義》當本作酋，終，〈釋詁〉文。彼酋作遒。寫者亂之耳。」〔註408〕以《正義》本亦作酋，今注疏中酋、遒顛例，乃寫者亂之。然無據可證，不從其說。

段玉裁《說文解字注》酒下云：「《大雅》似先公酋矣，《正義》酋作遒。按：酋者，遒之假借字。〈釋詁〉、《毛傳》皆曰：酋，終也。終與迫義相成。」〔註409〕以遒為正字，酋為假借。然酋下注又云：「酋之義引申之凡久皆曰酋，久則有終。《大雅》似先公酋矣，《傳》曰：酋，終也。」〔註410〕以酋為正字。說實矛盾。《詩經小學》則以為作遒。

據郭璞所引，是三家詩本句乃為六字詩「似先公爾酋矣。」馬瑞辰曰：「據三章百神爾主矣，四章純嘏爾常矣，皆有爾字。則从郭引有爾字為是。」〔註411〕然三家詩與《毛詩》自有異同，不必強合。

按：酋古音為從紐幽部，酉為定紐幽部，位同疊韻可通假，本義當為酒。《說文》：「酋，繹酒也。」繹酒乃釀造時間較長之酒，可引申有久義，久又可引申終義。《史記‧律書》云：「酋者，萬物之老也。」老亦有久、終之義。而遒字，《說文》釋為迫也。《廣雅‧釋詁》云：「遒，迫也，近也。」《楚辭‧招魂》「分曹並進，遒相迫些。」王逸注：「遒亦迫。」遒亦有終義，《廣韻‧尤韻》云：「遒，盡也。」《楚辭‧九辯》「歲忽忽而遒盡兮」，洪興祖（1090～1155）補注：「遒，盡也。」，盡即終。然釋遒為盡，似是較後起之義。則本詩《毛傳》釋酋為終，當本以較古之酋為是。

28. 如圭如璋──《石經》作如圭（續經解本作珪，當從續經解本），宋本同。──〈卷阿〉

〔註408〕《十三經注疏‧詩經》，頁 637。
〔註409〕《說文解字注》，頁 74。
〔註410〕同上註，頁 759。
〔註411〕《續經解毛詩類彙編‧毛詩傳箋通釋》，冊二，頁 1516。

《校勘記》云：「珪者，圭之古文也。《毛詩》不當用古。」〔註412〕以為當作圭。阮元蓋據《說文》以珪為圭字古文。

按：圭字，《殷墟玉璋》作𡊤，从戈从土，金文作圭。季旭昇先生《說文新證》釋圭云：

> 字形實為從士、戈，戈亦聲。學者早已指出「圭」係由「戈」演變而來。故「戓」字從「戈」，戈亦聲。戈（見／歌）、圭（見／支）二字聲同韻近。從「士」表示「戈」是兵器類。其後「士」形繁化為「圭」作「戓」；其後省「戈」作「圭」，《說文》遂誤以為從「重土」〔註413〕

季先生認為圭字所從乃士，而非土。圭應該是一種兵器，《說文》瑞玉之圭當是假借字。而从玉之珪，當是圭借為瑞玉之後，後出之異文。〈抑〉「白圭之玷」，郭店楚簡《緇衣》第十七章引《詩》、上海博物館藏戰國楚竹書〈緇衣〉引《詩》皆作珪，可見戰國時代作珪，故《說文》以為珪為古文。

29. 鳳凰于飛——《石經》作鳳皇，宋本同。——〈卷阿〉

《校勘記》云：「凰俗字，不當用於經典。」〔註414〕

段玉裁云：「皇正字，俗作凰。《廣韻》曰：鳳凰本作皇。《詩傳》：雄曰鳳，雌曰皇。凡古書皆作鳳皇，絕無凰字。凰字於六書無當。」〔註415〕

按：皇字釋義甚多，釋鳳皇者，以皇字象孔雀之尾翎，鳳之所以稱為鳳皇，與這種皇形尾羽有關。然本文從季旭昇先生斷皇字本義為征伐，故用作鳳皇之皇當為假借，故此說恐難成立。另有從聲音論者，馬敘倫以為甲文鳳字形體有所差異，此差異即雄雌之別，其云：

> 今呼鳳之雌者為凰，古止作皇。皇音匣紐，鳳音奉紐，同為摩擦次濁音，亦小以音別之耳。〔註416〕

以為鳳凰乃雌雄之異，音亦小別，說實無據，難從。今考甲文中之鳳字有加凡為聲符者，亦有加兄為聲符者。據此，張政烺推測云：

> 𪅀（即鳳字）是象形字，後來象形字形聲化，造字者重視前音（鳳），

〔註412〕《十三經注疏‧詩經》，頁637。
〔註413〕《說文新證》，下冊，頁234。
〔註414〕《十三經注疏‧詩經》，頁637。
〔註415〕《段玉裁遺書‧詩經小學》，上冊，頁549。
〔註416〕《說文解字六書疏證》，冊二，頁1029。

故加凡爲聲符，也有人重視後音（皇），遂加兄爲聲符。鳳音在前
容易被人注意，所以觀字行不開，但是在語言裡皇音並非不存在，
觀字仍舊讀鳳皇二音，只是皇音輕短不甚引人注意罷了。卜辭中
用觀則不用觀，用觀則不用觀，說明觀、觀都是一字二音。西周銅
器銘文中一字一音的趨勢加強，舉例如文王、武王寫作玟、珷已
可，卻出現了玟王、珷王，增加一個王字以合常例。於是《毛詩‧
大雅‧卷阿》有「鳳皇于飛」、「鳳皇鳴矣」，《尚書‧益稷》有「鳳
皇來儀」，稍晚像《孟子‧公孫丑》、《墨子‧備城門》、《禮記‧禮
運》等書皆有鳳皇一詞，說明那時鳳字已是單音，故用昔音字皇
增注其後。〔註 417〕

據張政烺所言觀、觀實一字二音。觀音後用皇借之，故成鳳皇。張政烺之說可
備參考，然鳳字古音聲母爲並紐，皇字古音聲母爲匣紐，一爲脣音，一爲喉
音，實有差距，要爲複輔音聲母仍有問題。總之，凰字見於《廣韻》，乃後起
俗字無誤。

30. 懆不畏明——《釋文》：「懆，七感反，本亦作懆。」《正義》本亦
作懆。段云：「《說文》『朁，曾也。』引《詩》曰『朁不畏明』。〈節
南山〉、〈十月之交〉、〈雲漢〉及此懆字皆同聲假借也。」阮云：「以
懆作懆，猶以訊作譖之誤。」——〈民勞〉

《毛傳》云：「懆，曾也。」與《說文》「朁，曾也。」訓合。則《毛詩》
乃假懆爲朁，當以朁爲正字。

按：懆、懆當爲重文，說見第二節第四十二條。阮元以爲誤誤，非也。

31. 不實于亶——《石經》作于亶，《釋文》同。《正義》本作於。按：
作于是。——〈板〉

段玉裁云《說文解字注》于下云：「凡《詩》、《書》用于字，凡《論語》
用於字，蓋于、於二字在周時爲古今字，故〈釋詁〉、《毛傳》以今字釋古字
也。」〔註 418〕

《校勘記》云：「《正義》云：此不實於亶，當是易爲今字耳。」〔註 419〕

〔註 417〕張政烺撰：《張政烺文史論集‧論茵蘊》（北京：中華書局，2004 年），頁 671。
〔註 418〕《說文解字注》，頁 206。
〔註 419〕《十三經注疏‧詩經》，頁 639。

其意皆以于為古字，於是今字。

　　按：《說文》烏、於重文，觀古文字字形，兩字實同，《說文》不誤。金文於字多用作歎詞，如《禹鼎》「烏虖哀哉」、《余義鐘》「烏嘑敬哉」，但亦有借作介詞者，如《劃籥鐘》「救戎於楚競」。于字本義，學者多釋為氣之舒。然亦有不同意者，李孝定《甲骨文字集釋》云：

　　　　契文不從丂、一；其字形何以作于，無義可說。卜辭用「于」與經
　　　　傳「于」字同義，皆以示所在。〔註420〕

所謂釋所在者，當訓為往。楊樹達《積微居甲文說·釋于》云：

　　　　《書契前編》卷肆云：「貞卿事于尞北宗，不遘大雨？」按古音事與
　　　　士同，卿事即卿士也。于當訓往，于尞北宗，謂往尞祭於北宗也。……
　　　　《詩·桃夭》云：「之子于歸。」〈雨無正〉云：「維曰于仕。」《毛
　　　　傳》並云：「于，往也。」金文《令殷》云：「佳王于伐楚白」，于伐
　　　　楚白即往伐楚白也。《塱鼎》云：「唯周公于征伐東夷。」于征伐東
　　　　夷即往征伐東夷也。《獻彝》云：「獻白于遘王」，遘與覯通，于遘王
　　　　謂往見王也。〔註421〕

《詩經》中以于為介詞之句，都略帶有往義，當即由此所引申。據此，于當為正字，於為假借。然非古今字也。

32. 辭之懌矣——《釋文》：「繹矣，本亦作懌。」《正義》本作懌。按：《說文》無懌字，《毛詩》借繹，《正義》本非。——〈板〉

　　按：繹為借字，本字當作懌，《說文》無懌，殆失收也，懌非俗字，說見第二節第七十三條。然《釋文》既收《毛詩》有二本，則《毛詩》未必定作繹字，《正義》本亦未必為非。

33. 及爾同僚——《石經》、宋本作同寮。明監本、閩本、毛本作僚，《釋文》同。僚字又作寮。《正義》本作寮。按：《說文》無寮字。《玉篇》、《廣韻》皆以寮為僚重文，是二文同也。——〈板〉

　　《毛傳》、《釋詁》皆云：「寮，官也。」《左傳·文公七年》「同官為寮」，舊釋皆訓寮為官。

　　《說文》云：「僚，好兒，从人尞聲。」段注云：「〈陳風〉皎人僚兮。《傳》

〔註420〕《甲骨文字集釋》，第五，頁1683。
〔註421〕《積微居金文說·甲文說》，頁12。

曰：僚，好皃。此僚之本義也。自借爲同寮字，而本義廢矣。」〔註422〕是段以寮爲正字，僚爲假借。據《毛傳》及《說文》所釋，兩字字義不同，殆非重文。

按：金文有寮字，《毛公鼎》銘文有大史寮及卿事寮，字形作𡫒，學者多以爲此二者即西周兩大官員系統，同官者蓋同居一域，故云同寮。據此，當以寮爲正字。作同僚者乃爲假借也。

《說文》另有窲字，云：「穿也。从穴寮聲。《論語》有公伯窲。」今《論語》作公伯寮，是許所見本作窲。考金文从穴與从宀者，區別並不嚴格，《叔宿𣪘》宿作𡧛，《邵鐘》竉作寵，則窲可能即寮之或體。

34. 民之多辟——通志堂《釋文》：「多僻，匹亦反，邪也。」《注疏》本《釋文》多僻、立辟皆作辟，當改正。阮云：「攷〈七月‧正義〉云：『古避、辟、譬、僻皆同作辟字，而借聲為義。』是《正義》本作辟。《正義》云：『皆多邪僻者，易為今文說之也。』」按：《正義》依《箋》文釋之，經文自以作辟為正。——〈板〉

《玉篇》引《詩》作「民之多僻」，張衡〈東京賦〉「周姬之末，不能厥政，政用多僻。」李善注引《毛詩》「民之多僻」，《後漢書‧張衡傳》「覽蒸民之多僻兮，異立辟以危身。」注引《詩》曰：「人之多僻，無自立辟。」

段玉裁云：「按《毛傳》『辟，法也。』之上不言辟，僻也。蓋漢時上字作僻，下字作辟，故鄭《箋》云：『民之行多爲邪僻，乃汝君臣之過，無自謂所建爲法也。』各書徵引皆上字作僻，下字作辟。陸德明亦云：『多僻，匹亦反，邪也。』『立辟，婢亦反，法也。』自《唐石經》二字皆作辟，而朱子併下字釋爲邪矣。」〔註423〕則述祖與阮元以爲當皆作辟字，段玉裁則以爲上僻下辟。

按：辟字，學者多認爲從辛從人，人有辛則加以法也。季旭昇先生則以爲辟字從㔿卩，意爲依法施刑於人。考辟字甲文作𨐅（乙6768），金文《盂鼎》作𨐘，加〇（璧）爲聲符，《㝬羌鐘》作𨐟，始譌爲從辛，後〇又譌爲口，遂爲《說文》所本。〔註424〕據此，辟字本義爲依法施刑於人，強調依法施行，則可引申出法義，強調人之犯行則可引申出罪、邪等義，後又加人旁以與法

〔註422〕《說文解字注》，頁372。
〔註423〕《段玉裁遺書‧詩經小學》，上冊，頁551。
〔註424〕參《說文新證》，下冊，頁75。

義之辟相別，故本詩當皆作辟爲是。

35. 及爾游衍——《釋文》：「遊羨，餘戰反，溢也。一音延善反，本或作衍」《正義》本作游衍。——〈板〉

《說文》云：「羨，貪欲也。」「衍，水朝宗于海皃也。」段玉裁羨下注云：「《大雅》無然歆羨，《毛傳》云：『無是貪羨。』此羨之本義也。假借爲衍字。如《大雅》及爾游羨，《傳》曰：『羨，溢也。』」〔註425〕衍下注則云：「海潮之來，旁推曲暢，兩厓渚涘之間，不辨牛馬，故曰衍。引申爲凡有餘之義，假羨字爲之。」〔註426〕則段玉裁以衍爲本字，羨爲借字。

按：衍字，甲文作𣱝（甲3049），羅振玉云：

> 《說文》：「衍，水朝宗于海也。从行，从水。」此从川，示百川之歸海義彌顯矣。〔註427〕

其意以川水順流於水道釋衍。然《說文》另有洐字，云「溝水行也。」从水在行外。行乃道路之義，洐爲水流於道旁，故云溝水行也。然衍爲水流於道中，此道是水道或道路，實堪玩味。若爲水道，則衍義可有《說文》所云朝宗于海，但若爲道路，則衍字當是水泛濫於道路，這與衍字有溢出之義實相符合，或爲其本義。然金文中衍字多爲人名，無義可說，實難論斷此說之眞確。

羨字，《說文》釋爲貪欲，〈皇矣〉「無然歆羨」，《文選注》引薛君《韓詩章句》曰：「羨，願也。」願義與貪欲意近。林義光以爲羨象見羊美而涎下。則羨之本義當如《說文》所釋。貪欲過度即超出適當的限度，故又可引申作溢。《史記・司馬相如傳》「德隆乎三皇，功羨於五帝。」司馬貞《索隱》引司馬彪云：「羨，溢也。」《漢書・溝洫志》云：「然河災之羨溢，害中國也尤甚。」亦以羨與溢同。則本詩衍、羨皆有溢出之義，而衍、羨古音皆入元部，聲韻又有通假之理，故《毛詩》乃有二本也。

三、蕩之什

36. 曾是掊克——《釋文》本作掊克。《正義》云：「自伐解掊，好勝解克。定本掊作倍，倍即掊也。倍者，不自量度，謂己兼倍於人而自

〔註425〕《說文解字注》，頁418。
〔註426〕同上註，頁551。
〔註427〕《增訂殷虛書契考釋》，卷中，頁9。

矜伐。《論語》云：『願無伐善』是也。克者，勝也。己實不能恥於
受屈，意在陵物必勝而已。如此者，謂之克也。」《正義》解倍克
甚詳，皆申《傳》義，是《毛詩》本作倍克矣。陸音蒲侯反，故訓
聚歛，或三家說也。毛讀倍如字，故訓自伐。《正義》又申以兼倍
於人，其義甚明。阮校《正義》倍、培互易，惟倍者倍字不誤。定
本同《釋文》。──〈蕩〉

　　述祖據阮校，以《正義》本作倍，《釋文》、定本作培。今《正義》內文
倍、培譌亂，《正義》云：「定本培作倍」，當為「倍作培」，《正義》皆據倍克
釋義，不作培也。

　　按：倍、培古音皆為並紐侯部，可通假。《說文》云：「倍，反也。」《詛
楚文》云：「而兼倍十八世之詛盟」，倍為背義，反與背同。《禮記‧大學》「上
恤孤而民不倍」，鄭玄注：「民不倍，不相倍棄也。」均證倍為背意。倍亦有
加倍之意，如《書‧呂刑》「墨辟疑赦，其罰百鍰。……劓辟疑赦，其罰惟倍。」
《孔傳》「倍百為二百鍰。」是倍為加倍之意，引申可為自伐，即所謂己兼倍
於人而自矜伐。而培字，《說文》云：「培，把也。今鹽官入水取鹽為培。」《墨
子‧非樂上》「今王公大人，雖無造為樂器，以為事乎國家，非直培漉水折壤
坦而為之也。」《漢書‧郊祀志上》「見地如鈎狀，培視得鼎。」顏師古注：「培，
謂手杷土也。」則培為扒土、掘土之意，引申當有聚歛，《孟子‧告天下》「培
克在位」，《釋文》云：「切深也，聚歛也。」是陸德明則作培字，訓歛聚。然
依《毛傳》「自伐而好勝人」，當作倍字，故阮元、述祖以培克或三家詩也。

37. 式號式呼──《釋文》：「式號式呼，崔本作嘑。或，一本作或號或呼。」《正義》本作式。──〈蕩〉

　　《正義》云：「用是叫號，用是讙呼」《爾雅‧釋言》云：「式，用也。」
《正義》作式，而據《爾雅》訓用也。式、或兩字或形近之譌，遂難論斷何
者為是。今考《注疏》本《釋文》、通志堂本《釋文》引崔本俱作譹，不為口
部之嘑字。《說文》云：「呼，外息也。」「嘑，號也。」段玉裁注云：「若衛
枚氏叫呼歡鳴，《大雅》式號式呼，以及諸書云叫呼者，其字皆當作嘑，不當
用外息之字。嘑或作譹。崔靈恩《毛詩》式號式譹。」〔註428〕段玉裁所見崔
本亦作譹，而以為本字應作嘑。

〔註428〕《說文解字注》，頁58。

按：金文呼、嘑俱不從口，《何尊》作烏虖，《中山王嚳壺》作於虖，今字均作呼。又《中山王嚳壺》「而皇才於虖君虖」，虖讀爲乎。二字義同字異，當爲異文，而呼、評、嘑、諄乃孳乳字也。楊樹達《積微居小學述林·釋乎》云：

> 乎本評之初文，因後人久借用爲語末之詞，乃有後起加言旁之字，
>
> 古但有乎而無評，說金文者往往謂乎爲評字之假，非也。〔註429〕

諄、嘑當同。據此，作呼、嘑、諄其義均同。又嘑、諄一從口，一從言，古從言從口者可通用，二字亦爲異體。

38. 洒埽庭內——《釋文》作廷內，《正義》作庭。——〈抑〉

《唐石經》初刻作庭，後改廷。蓋依《釋文》也。《校勘記》云：「《正義》中字皆作庭，或其本作庭，但未有明文，今無可考。餘經如〈著〉、〈斯干〉、〈小旻〉、〈有瞽〉等皆作庭。」〔註430〕

《說文》云：「廷，朝中也。」「庭，宮中也。」段玉裁注分別兩字之義云：「辵部曰：『廷，中朝也。』朝不屋，故不從广。宮者，室也。室之中曰庭。」〔註431〕

按：古廷、庭一字，金文《盂鼎》作[字形]，《毛公鼎》作[字形]，《趞簋》作[字形]，從匚，但不從广，季旭昇先生云：

> 「匚」爲「勹」的初文，表示一個隱蔽的區域，字从人立於一個區域，「人」形後來聲化爲「壬（挺）」聲，「彡」可能象灑掃形。
>
> 〔註432〕

容庚則以庭爲廷之孳乳字。睡虎地秦簡作[字形]，「匚」已漸譌變作「辵」，後世隸楷便從辵作形，故當依《釋文》作廷爲是。

39. 質爾人民——阮校《正義》中皆作民人，與郭璞《爾雅注》引《詩》「質爾民人」正合。《說苑》引「告爾民人」，《鹽鐵論》引「誥爾民人」，即此經也。是《正義》本作民人，當是《唐石經》誤倒，如〈有狐·序〉之比也。——〈抑〉

〔註429〕《積微居小學述林·耏林廥甲文說》，頁60。
〔註430〕《十三經注疏·詩經》，頁651。
〔註431〕《說文解字注》，頁448。
〔註432〕《說文新證》，上冊，頁122。

《正義》云：「汝等當平治汝民人之政事。」又云：「故知此時萬民失職，故令質爾民人也。」據《正義》所引，是《毛詩》應作「民人」為是。阮元引〈有狐・序〉比較，考〈有狐・序〉末句云：「所以育人民也。」《校勘記》云：「人民以作民人為是。〈出其東門・序〉云：『民人思保其室家焉。』〈蓼莪・序〉云：『民人勞苦。』〈摽有梅・傳〉亦作民人。此《序》當同。」〔註 433〕阮元舉〈出其東門〉、〈蓼莪〉、〈摽有梅〉以證〈有狐・序〉作民人，用於證此詩亦同。

按：《漢石經魯詩碑圖》第十二面第十七行作：「爾民人謹□□□戒。」是《魯詩》亦作民人。《說苑》、《鹽鐵論》所引當為三家詩，然據《正義》引作民人，是《毛詩》與三家不異，當作民人為是。

40. 萬民靡不承——《釋文》「靡不承，一本靡作是。」阮校《正義》本作靡。段云：「《釋文》一本與《箋》合。」——〈抑〉

盧文弨《經典釋文考證》云：「臧氏云：『《箋》云：「天下之民不承順之乎？言承順之也。」據鄭義知經本不作靡字。』」〔註 434〕則臧庸以為經文作萬民不承，段玉裁則以為《箋》本作萬民是不承。

按：《邶風・泉水》「有懷于衛，靡日不思。」《箋》云：「靡，無也。以言我有所至念於衛，我無日不思也。」則鄭玄乃以靡為無義。而《詩經》中有「靡不」二字者共三詩。〈玄鳥〉「武王靡不勝」，《箋》云：「無所不勝」，釋靡為無。然〈蕩〉「靡不有初，鮮克有終」，《箋》云：「民始皆庶幾於善道，後更化於惡俗。」不以「無」釋「靡」，而以「皆」釋「靡不」。則本詩「萬民靡不承」，鄭玄雖未以無釋靡，或為行文之便，「萬民不承順之乎」省一「皆」字，未必鄭本作「萬民不承」也。而段玉裁以《箋》作「萬民是不承」，是字可用於肯定判斷，也可用於反問疑問句。《箋》萬民不承順之乎，以經文為反問問句，故云萬民是不承？然鄭玄這種反問句法，尚有待證據支持，故本詩暫定以作「萬民靡不承」為是。

41. 尚不愧于屋漏——《石經》愧作媿。《釋文》、《正義》同。阮校媿字是。——〈抑〉

《校勘記》云：「媿字是也。《釋文》云：『媿，俱位反』，《正義》中字皆

〔註 433〕《十三經注疏・詩經》，頁 144。
〔註 434〕《經典釋文考證》，頁 104。

作媿，是其證。《箋》『不慚媿於屋漏有神』，唯毛本譌作愧耳。〈何人斯〉經用愧字，此不畫一之例。」〔註435〕《說文》云：「媿，慙也。从女鬼聲。愧，媿或从恥省。」以媿、愧為重文。

按：媿字，甲文作（乙424），金文《鄭同媿鼎》作，《芮子鼎》作，容庚引吳大澂（1835～1902）云：

> 姓也，《左傳》「狄人伐廧咎如，獲其二女叔隗、季隗。昭王奔，齊王復之，又通於隗氏。」隗與媿通，後世借為慙媿字，而媿字本義廢。〔註436〕

《說文》從女部之字多為負面形象，以媿字為蠻狄之姓，當非純粹借音而已。古文鬼畏一字，威、畏古音同，《尚書》畏、威多可通用，古亦當為一字。《邾華公鐘》銘文云：「畢龏威忌」，威字作，从女旁。戰國印文無畏作「無」、「無」，則从女旁之媿當亦有畏義，畏義可引出慙義，不必為借字也。又《陳肪簋》作，从心，為愧字。銘文云：「口龏愧忌。」愧義與畏同，則《說文》以兩字為重文，是有可能的。

42. 不僭不賊——《釋文》：「不譖，本亦作僭，子念反，差也。注及下我譖同。」《正義》云：「譖毀人者，是差貳之事，故云僭差。《箋》言不信，義亦同也。」阮云：「是《正義》本亦作譖，譖、僭古通用字，此借譖為僭，不必如《正義》所說也。」——〈抑〉

按：譖、僭古可通用，說見第二節第五十三條。

43. 告之話言——《釋文》：「告之話言，戶快反。話言，古之善言。《說文》作詁，云：『詁，故言也。』」段云：「《傳》文當作詁話，古之善言也。前慎爾出話，《傳》云：『話，善言也。』此《傳》云：『古之善言。』故改經文為詁話。」按：《說文》：「話，合會善言也。从言昏聲。《傳》曰：『告之話言』」蓋引文六季傳文。今本作著之話言。又「詁，訓故言也。从言古聲，詩詁訓。」蓋引《毛詩詁訓傳》，與此告之話無無涉。或《釋文》所見《說文》本異也。雍熙本作詩曰詁訓，衍曰字。——〈抑〉

段玉裁據本句《毛傳》「古之善言。」及「慎爾出話」《毛傳》「話，善言

〔註435〕《十三經注疏·詩經》，頁651。
〔註436〕《金文編》，頁805。

也。」斷本句應作「告之詁詁」。述祖則以《釋文》所引《說文》與今本有異，且以其所引爲《左傳》之文，非本句「告之話言」，其意蓋以段說爲是。

段玉裁於《說文》詁字「詩曰詁訓」下云：「此句或謂即《大雅》『古訓是式』，或謂即毛公《故訓傳》，皆非是。按：《釋文》於〈抑〉『告之話言』下云『戶快反。《說文》作詁。』則此四字當爲詩曰告之詁言六字無疑。《毛傳》曰：『詁言，古之善言也。』以古釋詁，正同。許以故釋詁，陸氏所見《說文》未誤也。」〔註437〕

按：《說文》云：「話，合會善言也。」小篆作䛡，籀文作譮。楊樹達《積微居小學述林》云：

　　譮字義爲會合善言，故籀文字从會作譮，字受義於會也。字又作䛡从
　　昏者，昏、會音近，古音同在月部，借昏爲會也。

《尚書·盤庚》「乃話民之弗率，誕告用亶。」其意當爲會合不率教之民而告之善言，話當即譮。疑譮訓善言者，乃古之執政者會聚群眾宣導教令，故引申爲會合善言。《左傳》亦作話言，如《左傳·襄公二年》引〈抑〉詩：「其惟哲人，告之話言，順德之行。」《左傳·文公十八年》「顓頊氏有有不才子，不可教訓，不知話言；告之則頑，舍之則嚚。」不可教訓，不知話言，意當指不聽教令。是《左傳》所引皆爲話言，並以話爲善。《九經字樣》亦云：「䛡、話，善言也。」䛡爲《說文》小篆，話爲隸定字，是皆以話言爲善言。再由聲韻來看，「告之話言，順德之行」，言、行爲韻，則本詩當仍作「告之話言」爲。

44. 靡所止疑——《釋文》：「止疑，魚陟反，定也。」《正義》曰：「疑音凝。凝者，安靖之義，故爲定也。」按：《正義》讀非也。疑與資、維、階爲合韻。凝爲冰字俗體，於韻又遠，不識《正義》何所本也。——〈桑柔〉

上海博物館藏《石經魯詩》殘石甲（背）引此詩作：「止疑云徂何王君子實」，是《魯詩》作疑之證。與《釋文》所云同，且於韻又合，當以疑爲正字。

《說文》云：「疑，惑也。」惑與定義實遠，《正義》蓋因此而破讀爲凝。

《說文》另有𣬈字，云：「𣬈，未定也。」段玉裁注云：「按：未，衍字也。《大雅》『靡所止疑』，《傳》云：『疑，定也。』《箋》云：『止息』。《禮》十七篇

多云疑立。鄭於〈士昏禮〉云『疑止，立自定之皃。』於〈鄉飲酒禮〉云：『疑讀如仡然從於趙孟之仡。疑止，立自定之貌。』於〈鄉射禮〉云：『疑，止也，有矜莊之色。』〈釋言〉：『疑，休戾也。』郭云：『戾，止也。疑者亦止。』按已上疑字，即《說文》之䘏字，非《說文》訓惑之疑也。」〔註438〕則段玉裁以爲字當作䘏，且《說文》未定也之訓，未字爲衍文。

　　按：今考疑字甲骨文作（鄴初下39.3）、（前7.19.1）。羅振玉云：

　　　　象人仰首旁顧形，疑之象也。〔註439〕

則疑字有仰望凝思之義，故《說文》訓惑，未定，殆不誤也。然則又通於定者，季旭昇先生云：

　　　　疑字爲於道彷徨迷惑，以其「未定」去向，因此「定」於道路。就其「彷徨四顧」言，可釋爲「未定」、「疑惑」；就其「不知去向，止於道路」言，可釋「䘏止」，經傳多釋「疑」爲「定」，即從此義所出。〔註440〕

本詩「靡所止疑，云徂何往」，乃指心有疑思，不知如何是好之意。故《毛傳》訓定，指其身有疑惑而定止，然其心意正爲不定也。

45. 憂心慇慇──《釋文》：「慇慇，於巾反。樊光於謹反。」《正義》本作殷。──〈桑柔〉

　　上海博物館藏《石經魯詩》殘石乙（背）引此詩作：「憂心隱」，是《魯詩》作隱，《毛詩》作慇。

　　〈北門〉「憂心殷殷」，《釋文》云：「殷，本又作慇，同，於巾反。」《邶風‧柏舟》「如有隱憂」，唐寫本《毛詩故訓傳》（伯2529）隱作殷。《說文》云：「慇，痛也。」「殷，作樂之盛偁殷。」「隱，蔽也。」，據《說文》所述，似以慇爲正字，殷、隱皆假借。

　　按：殷字甲骨文作（乙4046）、（乙276），《說文》以爲作樂之盛，實無理。季旭昇先生云：

　　　　古文殷字象人內腑有疾病，用按摩器以治之。商器《光簋》有字（隸定作㿻），象病人臥於牀上，用手以按摩其腹部。又商器《父癸卣》有㿻字（也見觚文和觶文，隸定作癥），象宅內病人臥于牀上，

────────────

〔註438〕同上註，頁388。
〔註439〕《增訂殷虛書契考釋》，卷中，頁55下。
〔註440〕《說文新證》，下冊，頁11。

用按摩器以按摩其腹部，而下又以火暖之之形，癢乃瘢的繁構。魏三體石經《書‧多士》的古文作𤵺，隸定作瘢，是瘢與殷古通用。〔註441〕

則殷字本義當爲疾病之盛，由此而引申出憂、痛之義。故慇當爲孳乳字，而隱則爲假借字。

46. **如彼遡風**——《石經》初刻作愬，後改漓。阮云：「初刻非也。李善注〈月賦〉引作愬，當是三家異字，《石經》誤用之耳。」——〈桑柔〉

《說文》以愬爲訴之重文《說文》云：「訴，告也。」「譖，愬也。」《原本玉篇殘卷》作想，即愬字，釋義與《說文》同〔註442〕。

按：古言與心旁之字多相通假，如古陶文有𢖶字，即謴也，故《說文》以愬爲訴之重文。遡，《毛傳》云：「遡，鄉也。」與告、譖之義皆不同。《說文》以爲乃泝之重文：「泝，逆流而上曰泝洄。泝，向也。」向即鄉字，與《毛傳》所訓合。《石經》蓋據《說文》而改也。

又上海博物館藏《石經魯詩》殘石甲（背）引此詩作：「如彼遡風，亦孔之。」字作遡。漢石碑中屰字多譌作丰、羊，是遡字當即遡，與《石經》後改字同，則《魯詩》作遡。據《魯詩》殘石及《說文》所引，以遡字爲是。

47. **好是稼穡**——《釋文》：「家，王申毛音駕，謂耕稼也。鄭作家，謂居家也。下句家穡惟寶同。穡，本亦作嗇，音色。王申毛謂收穡也。鄭云：吝嗇也。尋鄭家墻二字，本皆無禾者。下稼穡卒瘁始从禾。」《正義》云：「〈箋〉不言稼當為家，則所授之本先作家字也。」按：《毛詩》多古文假借，故借家嗇爲稼穡，王申毛是也。鄭誤讀代天功爲代無功，故別爲說，非《傳》義。王所見《傳》本亦作无功，故云使能者代不能者食祿，亦非《傳》義。——〈桑柔〉

述祖此從阮校及段玉裁說，以王肅之說爲毛義，並指鄭玄乃誤讀《傳》文，故別爲說，非毛公之意。

按：稼穡竝言，《詩》、《書》多有，均指農事，如〈無逸〉「厥父母勤勞稼穡，厥子乃不知稼穡之艱難。」〈洪範〉「土爰稼穡」、「稼穡作甘」，〈殷武〉

〔註441〕同上註，頁29。
〔註442〕見《原本玉篇殘卷》，頁1～2。

「勿予禍適。稼穡匪解。」〈閟宮〉「奄有下國，俾民稼穡。」則鄭玄所釋過於迂曲，不可從，當以王肅申毛爲。

> 嗇字甲骨文作（乙 124）、（餘 16.1），象禾生於田中。羅振玉云：
>
> 嗇、穡乃一字。卜辭从田，與許書嗇之古文合，从二禾，與許書穡字从禾形合。穡訓收斂，从㐱从田，禾在田可斂也。《師袞敦》穡作，亦从㐱。《左氏·襄九年傳》云：「其庶人力於農穡。」注：「種曰農，收曰穡。」田夫曰嗇夫，誼主乎收斂。又穡字《禮記》皆作嗇。此穡、嗇一字之明證矣。其本義爲斂穀，引申而爲愛濇，初非有二字。〔註443〕

羅氏釋穡、嗇爲一字，可從。然羅氏以從二禾者爲穡，恐非，甲文中有從二禾者，亦有從三禾者，非必從二禾者爲穡。故本字當作嗇，穡應爲後起加形旁之字。據此，家、稼應同，以家爲本字，稼爲孳乳字。家之本義當爲豕居，當可引申與豢養牲畜有關。家嗇指農事，農事非專耕種而已，豢養牲畜亦屬農事，故以家嗇專指農事。後家字加禾部爲稼，遂單指作農耕。

48. 滅我立王──《石經》初刻作威我立王，後改滅。──〈桑柔〉

《說文》云：「烕，滅也。從火戌。火死於戌，陽氣至戌而盡。《詩》曰：赫赫宗周，褒姒烕之。」引詩正作烕字。

按：威字甲文作（後下 18.9）、（後下 16.4），从戌从火。戌之古文爲兵器之形，有鎮壓之義，戌下從火，則火烕之義可見。《說文》附會五行之說，其說實爲臆解。《詛楚文》「伐烕我百姓」，作烕，睡虎地秦簡「入室必烕」（日甲 146 背），蓋古烕字不從水，滅蓋後起字也。

49. 職涼善背──《石經》涼作諒。阮云：「《石經》非也。《釋文》：『職涼，毛音涼，薄也。鄭音亮，信也。下同。』」──〈桑柔〉

按：此條與下條合併說明，說見下。

50. 涼曰不可──段云：「所云下同者，即此涼曰之涼是也。」《正義》以此涼字無《傳》，遂取鄭爲毛說。然其本未必改經作諒。《唐石經》始上作涼，此作諒，失之甚矣。──〈桑柔〉

《唐石經》職涼作涼，涼曰作諒，述祖所引有誤。《校勘記》校鄭《箋》

〔註443〕《增訂殷墟書契考釋》，頁 35。

「諒，信也」云：「鄭但易毛訓耳，意以爲涼即諒之假借也，未嘗改其字。《正義》云：『諒，信。』又云：『以諒爲信』，乃易字而說之之例，依以改《箋》者，非。」〔註444〕

段玉裁云：「孔沖遠『職涼』，《正義》云：『毛以爲下民之爲此無中和之行，主爲偷薄之俗。』涼曰不可，《正義》云：『我以信言諫王，曰：汝所行者，於理不可。鄭同。』是孔本上章作涼，此章作諒。上章鄭易涼爲諒，而此章毛本作諒，非關鄭易也。《唐石經》上作涼，此作諒，蓋從孔本。然由文義求之，恐孔未得毛意。」〔註445〕綜合以上諸說，《釋文》兩句皆作涼，阮元、述祖同此說，阮元以《正義》乃易字訓釋，其本應亦作涼。而段玉裁則以爲《正義》上作涼，下作諒，然以孔本爲非，則段玉裁蓋亦以兩句皆作涼爲是。

按：涼、諒古音皆爲來紐陽部字，當可通假。然《原本玉篇殘卷》涼字下引《毛詩》作職涼善背〔註446〕，是《毛詩》作涼之證。又上海博物館藏《石經魯經》殘石乙（背）引此詩作：「戾職盜爲寇涼曰不」，則《魯詩》亦作涼字。《毛傳》訓「職涼善背」云：「涼，薄也。」顧野王云：

> 今謂薄寒爲涼，《禮記・孟秋》「涼風至」，《楚辭》「秋之爲氣也，薄寒之中人。」是也。〔註447〕

《左傳・莊公三十二年》「虢多涼德」，《正義》云：「虢多薄德。」以涼爲薄。則職涼善背作涼無疑。鄭玄易字爲諒，蓋據三家詩也。而涼曰不可，據《釋文》及《魯詩》殘石所引亦作涼，則作諒者或爲《韓詩》之說，《毛詩》二句皆應作涼。

51. 蘊隆蟲蟲——《釋文》：「蘊隆，紆粉反，本又作熅，紆文反。」《正義》：「溫字，《定本》作蘊。」按：《正義》餘文皆作蘊，是《正義》從定本也。——〈雲漢〉

《校勘記》云：「《正義》云：『溫字，定本作蘊。』以〈小宛・正義〉考之，當云『蘊字，定本作溫。』《正義》屢云蘊蘊，是其本作蘊之證也。《釋文》云：『蘊，紆粉反，本又作熅，紆文反。』依紆文反是讀同烟烟熅熅之熅。

〔註444〕《十三經注疏・詩經》，頁 666。
〔註445〕《段玉裁遺書・詩經小學》，上冊，頁 554。
〔註446〕《原本玉篇殘卷》，頁 373。
〔註447〕《原本玉篇殘卷》，頁 373。

與作溫又不同。」〔註448〕

　　按：蘊爲薀之俗字，說見第一節第四十九條。而溫（温爲溫俗字）、熅、薀古音皆爲影紐諄部字，當可通假。考甲骨文有𤉹（粹 1194）字，郭沫若隸定作顥，李孝定不以爲然，其云：

> 郭疑熅之古字，近之。溫字，契文作𥁕（字羅振玉釋浴，非是，見
> 十卷），象人於皿中（盤中）浴身之形。浴者身必溫煖也。此字如易
> 頁爲人則爲熅字矣。熅，許訓鬱煙，亦與向火取煖之義相因。〔註449〕

𤉹象人於爐火上取暖之形，再參照李孝定之說，是熅字有煖之義。《毛傳》「蘊蘊而暑」，暑乃熱義，與暖相近。則字當作熅爲是。

52. 耗斁下土——《石經》耗作秏。阮校秏字是。——〈雲漢〉

　　《說文》有秏無耗，云：「秏，稻屬。从禾毛聲。伊尹曰：『飯之美者，元山之禾，南海之秏。』」《玉篇・禾部》云：「秏，呼到切，減也，敗也。《詩》云：『秏斁下土』，又稻屬。」《廣韻・號韻》云：「秏，呼到切，減也。亦稻屬。《呂氏春秋》云：『飯之美者，南海之秏。』又姓。俗作耗。」皆以秏爲正字，耗爲俗字。

　　按：段玉裁《說文解字注》秏下引《水經注》云：

> 燕人謂無爲毛，故有用毛爲無者，又有用秏者。……《大雅》『秏斁
> 下土』，秏者，乏無之謂，故《韓詩》云惡也。〔註450〕

今考睡虎地秦簡載「以其秏石數論負之」（秦 165），字正作秏。古文字中未見從耒之耗，當以秏爲正字。

53. 如惔如焚——《釋文》：「如惔，音談，燎也。《說文》云：『炎，燎也。』徐音炎。」《正義》云：「焚、燎皆火燒之名，下有如焚，故以惔爲燎也。」宋本經中作如惔如焚。又云：「今草木焦枯，如炎之惔燒，如火之焚燎然也。」是《正義》本亦作惔。《說文》：「炎，火光上也。」無炎燎也之文。按：惔有徒甘、才廉二音。《毛詩》借作炎，《韓詩》作炎，已見上〈節南山〉篇內。段云：「章懷注章紀引《韓詩》如炎如焚，是也。」然《毛詩》自作惔，《正義》、《釋

〔註448〕《十三經注疏・詩經》，頁 667。
〔註449〕《甲骨文字集釋》，卷九，頁 2839。
〔註450〕《說文解字注》，頁 326。

文》皆可證。──〈雲漢〉

　　段玉裁云：「《韓詩》作炎爲善。毛云：『炎，燎也。』《說文》云：『炎，燎也。』蓋毛公亦作炎也。上文赫赫炎炎，本或作惔，是其明證。」〔註451〕

　　按：《毛詩》作惔，《韓詩》作炎，惔、炎、焱同音可通假，炎、焱皆可指火勢之烈，說見第二節第三十一條。

54. 敬恭明神──《釋文》：「明祀，本或作明神。」阮校依《箋》文定為神。──〈雲漢〉

　　據《釋文》所引，則陸德明所據之本本作明祀。《箋》云：「天曾不度知我心，肅事明神如是，明神宜不恨怒於我。」鄭玄言明神，是鄭玄本作明神之證。

　　按：金文《天亡簋》祀字作祀，《拍敦蓋》作祀；而金文神字，《宗周鐘》作神，《陳肪敦》作神，祀與神字金文字形相似，或因此而誤也。

　　《說文》云：「神，天神引出萬物者也。从示申聲。」申即電，象陰陽激燿之形，此應爲本義。古人見天象雷電變化，於敬畏之下，感悟其爲支配天地之神靈，故引申爲神靈之義。而雷電激燿之後，常伴大雨，滋潤萬物生長，於是又有《說文》「引出萬物者也」之訓。據此，神字所指本應爲能出風雨雷電之神，後方又引申爲出林川谷皆爲神。〈雲漢〉乃祈求降雨之詩，以明神爲祭祀對象，正有祈雨之義，當符合詩義。

　　然作祀亦有理，殷人謂一年爲一祀，卜辭中亦有明證，如稱「隹王二祀」、「王廿祀」是也。一年爲一祀當與祭典有關，一年之中先祖妣祭畢一週故謂一祀。〈雲漢〉云：「祈年孔夙，方社不莫」，正謂宣王殷勤祭祀，不曾延誤，然而結果卻是「昊天上帝，則不我虞，敬恭明祀，宜無悔怒。」故明祀當指各種祭祀皆恭敬實行，上帝應無悔怒，如何仍降下大旱，則作祀亦有理。《逸周書‧商誓解》「明祀上帝」，〈皇門解〉「恭明祀，敷明刑」，漢《西嶽華山亭碑》載「敬恭明祀」亦爲作明祀之證。或鄭玄所言爲三家詩說法。

55. 往近王舅──《釋文》：「往近，音記。」《正義》云：「以命往之國，不得復與之相近，故轉為己。近得為己，其聲相近。故《箋》申之云：『如彼己之己也。』」按：經文作近，《傳》訓為己，明借近為己，與《說文》迡稍別。──〈崧高〉

段玉裁云：「〈崧高‧傳〉：『迓，已也。』鄭《箋》：『已，辭也。讀如彼記之子之記。』蓋往迓王舅言往已王舅也。古音同部假借。《詩》借迓爲已，故《傳》以已訓迓。」〔註452〕述祖蓋依段說，並明本詩之迓非《說文》之迓，乃純爲假借義也。

按：迓、記古音竝在見紐之部，故迓音記。《原本玉篇殘卷》引《毛詩》正作「往迓王舅」，近與迓音可假借，說見第二節第十一條。段玉裁據本詩《毛傳》「迓，已也。」以爲本詩乃借迓爲已，乃語辭意，與《說文》之迓爲記，字義不同。

56. 以峙其粻——《釋文》：「以峙，如字，本又作峙，直紀反，兩通。」《正義》云：「俗本峙作峙者，誤也。」阮校峙即峙字之譌。按：《說文》峙从止，不从山。——〈崧高〉

《說文》有峙無峙。峙下段玉裁注云：「峙即峙，變止爲山，如岐作歧，變山爲止，非真有从山之峙，从止之歧也。」〔註453〕則峙乃峙之譌也。《說文》又云：「峙，天地五帝所基止祭地。」

按：馬敍倫《說文解字六書疏證》說峙字云：

> 莊有可曰：此字秦人所造。王筠曰：天地五帝所基止祭地也。語頗詰詘，似經刪併。其意若曰：峙者，祭天五帝之地也。峙者，止也。其制壇而不屋，但有基止，故謂之峙。朱駿聲曰：此字秦所製。秦之祭峙，即古郊祭也。襄公始作西峙。〔註454〕

峙爲祭天之址，當是秦以其方音所製之字，假借爲峙。《周頌‧臣工》「庤乃錢鎛」，《毛傳》云：「庤，具也。」《漢石經魯詩》經文之後有校記，載《齊》、《韓》與《魯詩》之異文，作「偫乃錢鎛」，《周禮‧考工記》鄭注引《詩》亦作偫乃錢鎛，則偫字爲《齊詩》。《說文》偫、儲互訓。另《原本玉篇殘卷》有庤字，其云：

> 直几反，《尚書》「庤乃糗糧」，孔安國曰：「庤，儲也。」《毛詩》「庤乃錢鎛」，《傳》曰：「庤，具也。」《爾雅》亦云：「郭璞曰謂備具也。」《說文》「儲買屋下也。」……古文爲峙字，在田部也。〔註455〕

〔註452〕 《段玉裁遺書‧詩經小學》，上冊，頁556。
〔註453〕 《說文解字注》，頁68。
〔註454〕 《說文解字六書疏證》，冊五，頁3430。
〔註455〕 《原本玉篇殘卷》，頁453。

據顧野王所云，《毛詩》作庤字，古文字為時，蓋假借也，則本句當以庤為正字。《說文》云：「庤，儲置屋下也。」當與偫同義。據此，《齊詩》作偫，亦有儲義。

57. 我義圖之——《釋文》：「我義，毛如字，宜也。鄭作儀，匹也。」《正義》云：「我以人之此言，實得其宜，乃圖謀之，觀誰能行德。」又云：「儀，匹，〈釋詁〉文。」然則鄭讀為儀，故以為匹。阮云：「攷此知《釋文》、《正義》二本皆作義。鄭以義為儀之假借，未嘗改字。《唐石經》作儀，誤。」——〈烝民〉

《曹風·鳲鳩》「其儀一兮」，馬王堆漢墓帛書《老子》甲本卷後古佚書《五行》引《詩》作「其宜一氏」，上海博物館藏戰國楚竹書《孔子詩論》第二十二簡作「丌義一氏。」是戰國秦漢間儀、義、宜三字通用。

按：考甲、金文但見義字，儀乃義之孳乳字。《弔向簋》「秉威儀」，儀字作義，不從人旁。《周禮·大司徒》鄭司農注云：「故書儀為義。」鄭玄當亦知之。據此，義為正字，儀乃後起孳乳字，而宜、義上古音皆為疑紐歌部字，故可假宜為義。故鄭玄蓋亦讀《毛詩》義為儀，並非改字。阮元所云為是。

58. 鞹鞃淺幭——《釋文》：「淺幭，莫歷反，一音篾，覆式也。本又作幦，同。」段云：「正字當作幭，借幭字為之，作幦非。」——〈韓奕〉

段玉裁《詩經小學錄卯卷》云：「按《說文》『幭，𩎟布也。從巾，辟聲。《周禮》曰：駹車犬幭。』〈韓奕〉當同。《儀禮》、《禮記》作幦。車苓字以幭為正。幭、幦皆假借字。幦又幭之變。」〔註456〕述祖依段說。

《校勘記》云：「正字當作幭，假借幭字為之。幭从巾，蔑聲。《五經文字》字體誤。」〔註457〕則三人皆以幭為正字。

按：馬王堆一號漢墓《遣書》有一個寫作戠形的字：「素信期繡檢戠一，素周掾，繡緩縮飭。」（256）「素長壽繡小檢戠一，赤蜩掾。」（257）「右方二巾、沈、戠。」（258）朱德熙（1920～1992）云：

戠應該釋為幭。古書幭或作幎，與戠很相似。……《說文·巾部》「幭，蓋幦也。」《廣雅·釋器》釋幭為幬，即覆物、包物之巾。墓

〔註456〕《段玉裁遺書·詩經小學錄卯卷》，上冊，頁621。
〔註457〕《十三經注疏·詩經》，頁688。

中出土的九子奩和五子奩外都裹著繡花絹夾袱，這就是簡文所謂
「幓」。〔註458〕

然則箋即幓字也。

59. 麀鹿噳噳——《釋文》「噳噳，愚甫反，本亦作麌，同。」阮云：「〈吉
日・釋文〉云：『麌麌，《說文》作噳。』《唐石經》彼作麌，此作
噳，本《釋文》。二皆當作噳。」按：阮校是也。此《傳》云：「噳
噳然眾也。」〈吉日・傳〉云：「麌麌，眾多也。」義同，則文亦當
同。《說文・口部》「噳，麋鹿群口相聚皃，从口，虞聲。《詩》曰：
麀鹿噳噳。」群口相聚故訓眾多。鄭於〈吉日・箋〉云：「麋牡曰
麌。」麌復麌，言多也。以麌復麌為多義，殊近不辭矣。——〈韓
奕〉

《校勘記》云：「考〈吉日・傳〉：『麌麌，眾多。』《箋》易之云『麋牡
曰麌。』而此《傳》不復易者，以其文同，從可知而省也。《毛詩》字本字
噳。麋牡曰麌亦當假借此字，故《說文・鹿部》無麌，是其實二經皆當作噳。」
〔註459〕述祖以二詩《傳》意皆為眾多，故從阮說，以兩詩字皆當作噳。

按：噳、麌從吳，《說文》云：「吳，大言也。从矢口。」段玉裁注云：「大
言非正理也，故从矢口。」〔註460〕然考金文吳字，除矢形之吳字外，另有從
大口之吳字，如《中山王䚄壺》作🔾，《吳王光鑑》作🔾，大口即為大言，大、
矢同象人形，不必以矢言為說也。大言故有譁義，〈絲衣〉「不吳不敖」，《毛
傳》云：「吳，譁也。」譁譁則口當多，故《說文》噳為群口相聚貌，而《毛
傳》以眾多詁之。然則噳、麌因從吳，故有眾多之義。然《說文》引《詩》
作噳，且未見麌字，故作噳為是。

60. 實畝實籍——《石經》、小字宋本作藉，岳本作籍。按：《說文》耤
田字如此。從竹、從艸皆假借字。——〈韓奕〉

《校勘記》云：「《正義》云：『定是稅籍。』又云：『《公羊傳》曰：什一
而籍，是籍為稅之義也。』是《正義》本作籍字。」〔註461〕鄭玄訓藉為稅，

〔註458〕朱德熙撰：〈馬土堆一號漢墓遣策考釋補正〉《文史》第十輯，收錄於《古文
　　　字詁林》，冊七，頁185。
〔註459〕《十三經注疏・詩經》，頁689。
〔註460〕《說文解字注》，頁498。
〔註461〕《十三經注疏・詩經》，頁689。

則其字作籍也。

按：藉、籍秦漢時當通用，睡虎地秦簡「或欲籍人與幷居之」（秦137），藉作籍，是兩字相通之證。而藉、籍於甲、金文中均但作耤。耤字甲文如🦴（佚700），《令鼎》云：「王大耤農于諆田」，字作🦴，象人手持耒而足踏之，本義應爲「蹠耒而耕」。《說文》云：「耤，帝耤千畝也。古者使民如借，故謂之藉。從耒昔聲。」《周禮》有天子耤田之說，今考卜辭亦有諸項記載與此類似，如「庚子卜貞：王其觀耤。叀往，十二月。」（後下28.16）「戊寅卜在韋師，自人亡戈，戴其耤。」（人2141）「戴其耤」乃言翼助耤田之意，可證耤字與耕田有關。則本詩實畝實耤，作耤字爲是，作藉、籍，釋爲稅，皆後起之字義。

61. 錫山土田——《釋文》：「錫山土田，本或作錫之山川，土田附庸者，是因《魯頌》之文妄加也。」《石經》後改本從之，誤。——〈江漢〉

《毛傳》云：「諸侯有大功德，錫之名山土田附庸。」鄭《箋》云：「使虎受山川土田之錫命。」依此，毛言名山土田附庸，未及川；鄭有山川土田，未及附庸。《唐石經》錫下旁添之字，山下旁添川字，土田下旁添附庸字。

《校勘記》云：「《正義》云：『此經無附庸，《傳》云附庸者，以土田即是附庸。定本、集注、《毛傳》皆有附庸二字。』依此，是《傳》亦有本無附庸者，《釋文》或本當如此，故不云因《傳》加也。」〔註462〕阮元以爲《釋文》或本之《毛傳》可能無附庸之文，故陸德明僅說因《魯頌》而妄加。

按：〈閟宮〉「錫之山川，土田附庸」，《箋》云：「賜之以山川土田及附庸。」，對照本詩《箋》文，則鄭玄所據之本當無「附庸」二字。陳奐云：

〈王制〉云：凡四海之內九洲，名山大澤不以封，其餘以爲附庸閒田。又云：天子之縣內，名山大澤不以盼，其餘以祿士，以爲閒田。是則名山大澤附庸閒田，皆不以封諸侯。諸侯有大功德則賜之。〈閟宮〉云：『乃命魯公，俾侯于東，錫之山川，土田附庸』是也。土田即閒田，畿內無附庸。有大功德則亦賜之以山澤閒田。召穆公，畿內諸侯，故詩但錫土田，不及附庸。《傳》每引成文，往往連類及之，而於經實無當也。〔註463〕

〔註462〕《十三經注疏‧詩經》，頁690。
〔註463〕《續經解毛詩類彙編‧詩毛氏傳疏》，冊一，頁909。

陳奐以為召穆公為畿內諸侯，理不當再賜附庸，故本詩但作「錫山土田」而已，與〈閟宮〉情況不同，不得言附庸也。

62. 如震如怒——《釋文》：「如震如怒，一本此兩如字皆作而。」古文如、而通，故《箋》云：「而震雷其聲，而勃怒其色。」《正義》皆釋為如，失之。——〈常武〉

　　《校勘記》云：「考《箋》云：『而震雷其聲，而勃怒其色。』鄭意以為震怒自是實事，不假外象，轉經如字作而以說之。」〔註464〕述祖以古文如、而字通，故鄭《箋》以而釋如，非以如為比喻之詞。然《正義》云：「其狀如天之震雷其聲，如人之勃怒其色」，以如為比擬之意，是不明古如、而通也。

　　按：〈都人士〉「垂帶而厲」，鄭《箋》云：「而亦如也。」是鄭玄亦以而、如通。而、如古字通用之例，如《易·繫辭上》「其受命也如響」，《潛夫論·卜列》引作而。《邶風·靜女》「愛而不見」，《一切經音義》七三引《韓詩》作如。《小雅·都人士》「垂帶而厲」，《禮記·內則》鄭注引作如。《左傳·隱公七年》「歃如忘」，《說文·欠部》引作「歃而忘」。《左傳·昭公六年》「火如象之」，《漢書·五行志》引作而。是而、如兩字通用之證，不勝列舉。如、而古音可通假，說見第一節第三十條。

63. 昔先王受命有如召公——阮云：「《正義》本作昔先王受命，有如召公。此序《正義》云：『卒章云有如召公，是其證。』〈關雎·正義〉云：『六字者，昔者先王受命，有如召公之臣是也。』所引不與此同，如〈出其東門〉引白旆英英，而本篇作央央。〈下泉〉、〈大東〉皆引二之日栗烈，而本篇作烈，是其比矣。」——〈召旻〉

　　述祖據阮校，以為此乃異文流傳之不同版本。《校勘記》云：「良由撰者既非一人，六朝義疏本有各家，或復存舊致此歧互耳。」〔註465〕

　　馬瑞辰云：「昔先王受命，有如召公。《箋》：『先王受命謂文王、武王時也。召公，召康公也。言有如昔時賢臣多，非獨召公也。』瑞辰按：〈關雎·正義〉：『詩一句六字者，昔者先王受命，有如召公之臣之類也。』今本無者字，無之臣二字。臧氏玉琳曰：『《序》閔天下無如召公之臣也，正取詩有如召公之臣為說。又《箋》言有如昔時賢臣多，非獨召公也。是鄭本原作有如

〔註464〕《十三經注疏·詩經》，頁700～701。
〔註465〕《十三經注疏·詩經》，頁702。

召公之臣，當从〈關雎·正義〉所引補正。』今按：臧說是也。詩有之臣二字，以命與臣爲韻，於古音正合。撰義疏者非出一手，故本篇《正義》引作有如召公，與〈關雎·正義〉所引互異耳。」〔註466〕

　　按：《毛詩正義》乃據劉焯（544～610）《毛詩義疏》和劉炫（約546～約613）《毛詩述議》刪定，其中有許多六朝時人舊說，孔穎達刪取時雖有疏不破注之限制，但文字龐雜，其中亦不乏前後矛盾者，可見《正義》成書並非十分嚴謹，以致有此異文。今可據資料不多，難以論斷此句之歸屬，或爲《毛詩》與三家詩之異，亦不無可能。

第四節　三頌詩篇文字考證

一、〈清廟〉之什

1. **維周之禎**——《釋文》：「之祺，音其，祥也。《爾雅》同。徐云：本又作禎，音貞，與崔本同。」《石經》初刻楨，後改禎。按：祺字是也。《正義》云：「祺，祥，〈釋言〉文。舍人曰：祺，福之祥。某氏曰：《詩》云：維周之祺。定本、集注祺字作禎。」是《正義》本亦作祺。今本祺皆作禎，誤也。——〈維清〉

　　述祖《毛詩周頌口義》云：「今所行者，從定本、集注本妄改也。或從《說文》改。〈釋言〉『祺，祥也。』爲『禎，祥也。』不知〈釋言〉所釋皆文同音同而義各異者，以明六書假借之例，不得改祺爲禎也。」〔註467〕《石經》初刻作楨，蓋涉〈文王〉「維周之楨」而誤。

　　《校勘記》云：「考此《傳》云：『祺，祥也。』《箋》云：『乃周家得天下之吉祥。』皆用《爾雅》『祺，祥』、『祺，吉』之文。《釋文》、《正義》二本皆作祺，是也。其作禎字者，非也。」〔註468〕

　　段玉裁《詩經小學》云：「此當從古本作祺，作禎者恐是改易取韻。」〔註469〕則阮元、段玉裁、莊述祖三人皆以本詩字當作祺。

　　馬瑞辰云：「作禎者，以與禋、成爲韻。作祺者，以與首句熙字爲韻，爲

〔註466〕《續經解毛詩類彙編·毛詩傳箋通釋》，冊二，頁1568。
〔註467〕《周頌口義》，頁11。
〔註468〕《十三經注疏·詩經》，頁715。
〔註469〕《段玉裁遺書·詩經小學》，上冊，頁562。

首尾用韻。二本皆於韻合。」〔註470〕推翻段玉裁改字取韻說。

　　按：《大雅・行葦》「壽考維祺，以介景福」，《毛傳》云：「祺，吉也。」而本詩《毛傳》作「禎，祥也。」二詩皆發傳，字當不同。《說文》祺、禎訓釋皆與《毛傳》同，許慎蓋取《毛傳》爲說，益證兩詩字不同。或祺字乃三家詩，禎爲《毛詩》。

2. 彼徂矣岐有夷之行——彼徂矣句，岐有夷之行句。徂謂諸侯也。彼徂矣，岐有夷之行，言岐周、洛邑通千里爲封畿矣。詳《周頌口義》。——〈天作〉

　　《周頌口義》云：「言彼徂矣，岐有夷之行，則岐周、洛邑通千里爲封畿，可知也。徂謂諸侯也。〈酒誥〉云：『我西土棐徂邦君。』〈般〉之頌：『我徂維求定。』皆謂諸侯也。」〔註471〕述祖以徂爲諸侯，與鄭《箋》訓徂爲往不同。

　　《後漢書・西南夷傳》云：「《詩》云：彼徂者，岐有夷之行。《傳》曰：岐道雖僻，而人不遠。詩人誦詠，以爲符驗。」注云：「薛君傳曰：徂，往也。夷，易也。行，道也。言百姓歸文王者，皆曰岐有易道，可歸往矣。易道謂仁義之道而易行，故岐道險阻而人不難。」

　　按：述祖以徂謂諸侯，說實無理。且舉〈酒誥〉、〈般〉之文證之，俱與古訓不合，今不從。沈括（1031～1095）《夢溪筆談》引《後漢書》作彼岨者岐，誤，宋紹興刊本正作彼徂者岐，不作岨。而據百衲本所引，《韓詩》矣作者無誤。而據薛君所云，「百姓歸文王者，皆曰岐有易道。」是彼徂者爲百姓，岐有夷之行爲岐有易道，故《韓詩》斷句應爲彼徂者，岐有夷之行。鄭《箋》云：「往者又以岐邦之君有儌易之道也。則鄭玄蓋依《韓詩》立說。

　　又于省吾云：

> 徂、沮、且古通。〈緜〉『自土沮漆』，王引之讀沮爲徂。《論語》「長沮」，漢《婁壽碑》沮作且。古以、矣通。从矢作矣，乃後起字。《殷契粹編》一一六零版有「其曰徉人呂，其曰母宴呂」之卜。呂字原作己，即以之古文。以字右从人，乃隸變。用呂爲語尾虛詞，則應讀作矣。古文用呂爲矣，始見於此。《寰子卣》「詠帝家以」，劉心源讀以

〔註470〕《續經解毛詩類彙編・毛詩傳箋通釋》，冊二，頁 1571。
〔註471〕《周頌口義》，頁 18。

爲矣。又《晏子春秋・諫上》「禽獸矣力爲政」，元刻本矣作以。「彼
徂矣岐，有夷之行」，應讀爲彼沮以岐句，有夷之行句。……按：彼
沮以岐，有夷之行，謂沮水之側與岐山之下，有坦夷之道也。〔註472〕

此乃新說。而季旭昇先生《詩經古義新證》將本句之「彼」歸納爲三身指稱
詞，即解作「他」，並云：

彼用作三身指稱詞應該還有一個不可或缺的條件，即：在彼前面必
須有彼所稱代的對象先出現過，彼的稱代作用才能落實。〔註473〕

而本詩「天作高山，大王荒之，彼作矣，文王康之，彼徂矣岐，有夷之行。」
彼即大王，與《韓詩》說又不同。然以彼爲大王，則彼作矣，彼徂矣皆爲文
王所爲，當爲對句，故仍以矣字斷句爲是。

3. 維羊維牛——《箋》云：「我奉養我享祭之羊牛。」《正義》云：「言
　　我所美大我所獻薦者，維是肥羊，維是肥牛也。」是《正義》本作
　　維羊維牛，並無別本。或引作維牛維羊，誤文不可爲據。——〈我
　　將〉

《唐石經》作「維羊維牛」，《校勘記》云：「案《經義雜記》云：『《正義》
本作維牛維羊，《周禮・羊人疏》、《隋書・宇文愷傳》引亦如此。』今考《正
義》，其說是也。《唐石經》與《正義》本不合，未詳其所本。經注各本《箋》
皆云：『我奉養我享祭之羊牛』，與《唐石經》合，當是一本也。」〔註474〕據
阮元所言，《正義》本作「維牛維羊」，「維羊維牛」則爲《唐石經》所據之別
本也。述祖則不從阮校，他據《箋》及《正義》之敘述以羊、牛爲次序，定
《正義》本亦作「維羊維牛」，無所謂「維牛維羊」之本。

按：《正義》除言「維是肥羊，維是肥牛」，以羊牛爲序，餘皆牛羊連文，
《正義》釋《序》更兩言維牛維羊，故臧琳及阮元乃以爲作「維牛維羊」，然
《正義》以牛羊連文者，當是爲符合口語順序，並無深意，且《正義》既疏
解爲「維是肥羊，維是肥牛」，則《正義》所本當爲「維羊維牛」，否則何必
特於此倒牛羊之序，述祖所言爲是。馬瑞辰云：

詩以將、享與下方、王、爲韻，而中以牛與右爲韻，與詩中隔句用
韻，其隔句自爲韻者正合。仍從《唐石經》及毛本作維羊維牛爲是。

〔註472〕《澤螺居詩經新證・澤螺居楚辭新證》，頁54～55。
〔註473〕《詩經古義新證》，頁280。
〔註474〕《十三經注疏・詩經》，頁727。

〔註 475〕
牛、右古韻皆入之部，則馬瑞辰所言可從也。

4. 懷柔百神——《釋文》:「懷柔如字，本亦作擩，兩通，俱訓安也。」
   《正義》云:「〈釋詁〉云:『柔，安也。』某氏引《詩》云:『懷柔百
   神』，定本作柔，集注作擩。柔是也。」是《釋文》、《正義》兩本皆
   作柔。《宋書・樂志》宋明堂歌云:「懷擩百神」，或三家詩作擩也。
   ——〈時邁〉

　　段玉裁《詩經小學》云:「柔、擩古音同，是假擩爲柔耳。注《爾雅》者
引懷柔百神，易其字也。集注經作擩，當從之。」〔註 476〕阮元亦從段玉裁所
校訂作擩。然述祖則不依二人之說，他舉《宋書》所載，斷擩當爲三家詩字。
　　按:柔古音爲泥紐幽部，擩古音爲泥紐侯部，雙聲旁轉可通假。然金文
《沈子簋》有云:「也用裏妖我多弟子，我孫克又井嫯」，「裏妖」何義？郭沫
若云:

　　妖殆柔之古字，从大持木，从夭，夭亦聲，示「樸作教刑」之意也。……
　　此與裏字連文，懷柔亦成語也。〔註 477〕

郭沫若以懷柔爲成語，蓋無誤也。然柔是否爲本字，則有疑慮。考《克鼎》
云:「䩱遠能埶」，即《尚書・顧命》「柔遠能邇」之異文，䩱字作🔤，《說文》
作䩉，云:「面和也。從頁從肉，讀若柔。」此字當爲《爾雅》「戚施面柔」
之本字。又裏字，《裏鼎》作🔤，《沈子它簋》作🔤，《毛公鼎》作🔤，字象抱
子於懷中，故《說文》作俠，即夾也。懷柔之義蓋取抱子懷中，而神色喜悅，
有面柔之義。則本詩當作裏䩱爲是，柔、擩皆假借也。

5. 無此疆爾界——《釋文》:「介音界，大也。後放此。」《石經》初刻
   界，後磨改介，是經文本作介。《箋》云:「無此封竟於女今之經界，
   乃大有天下也。」是鄭以介爲界，蓋本《韓詩》。李善注〈魏都賦〉
   引薛君云:「介，界也。」當從《釋文》爲正。——〈思文〉

　　《校勘記》云:「案《釋文》云:『界音介（當作介音界），大也。』是《釋
文》本此字作介也。考《箋》『無此封竟於女今之經界，乃大有天下也。』云

〔註 475〕《續經解毛詩類彙編・毛詩傳箋通釋》，冊二，頁 1574。
〔註 476〕《段玉裁遺書・詩經小學》，上冊，頁 564。
〔註 477〕《郭沫若全集・金文叢考・沈子簋銘考釋》，冊五，頁 670。

無此封竟於女之經界者，說經疆爾也。經界之界，鄭自解義之辭，非經中之介。云乃大有天下者，訓介爲大，乃經中之介也。《正義》本亦自不誤，故《釋文》、《正義》初無異說。不知者誤認《箋》中界字爲經中介字，乃改經耳。此《唐石經》初刻之誤，而各本同之者也。李善注〈魏都賦〉引薛君云：『介，界也。』然則《韓詩》讀介爲界，或相涉而亂耳，當據《釋文》本正之。」〔註478〕則阮元以爲當作「無此疆爾介」，且《箋》釋中之經界，乃自爲義之說，非解經文之介。經文之介訓大，爲大有天下之意。述祖說同阮元。

按：《釋文》不載別本，且據李善注引，是《毛詩》及《韓詩》皆作介，未有作界之本也。介字，甲骨文作𠆎（後1.7.13），楊樹達《積微居小學述林·再釋介》云：

> 《說文·二篇上·八部》介訓畫，謂字從八從人，人各有介。余昔非之，謂字從人在八之間，當以介在介間爲義矣。由此孳乳，田境介在田間，故謂之界；門關介在闑間，故謂之閞；群衩在裏之中，故袥謂之衸。物相界接者往往相摩切，故齒相切謂之齘，刮謂之扴，擾謂之疥。……諸從介之字以介在介間之義說之，則豁然通解。〔註479〕

楊樹達以介間之介爲說，可備參考。至於《釋文》訓介爲大，當爲夰之假借，《說文》云：「夰，大也。從大，介聲。」《方言》云：「夰，大也。東齊海岱之間曰夰。」據此，當以作介爲是。

二、臣工之什

6. 噫嘻成王——《釋文》：「意嘻，意又作噫，同，於其反。毛云：『噫，嘆也。嘻，和也。』」是《毛詩》借意作噫，俗本改作噫。《正義》云：「毛以爲噫嘻然嗟嘆」，以噫嘻皆爲嘆，非毛義，當從《釋文》。——〈噫嘻〉

《校勘記》云：「其實意即噫之古字假借耳，當以《釋文》本爲長。」〔註480〕阮元以意爲假借，當作嘆詞。述祖同，又否定《正義》以爲噫嘻皆爲嘆詞，以爲當從《釋文》爲是。

〔註478〕《十三經注疏·詩經》，頁728。
〔註479〕《積微居小學述林·耐林廎甲文說》，頁35。
〔註480〕《十三經注疏·詩經》，頁728。

按：《原本玉篇殘卷》譆下引《毛詩》作「噫嘻成王」〔註481〕，並引《毛傳》云：「譆，勑也。」今相臺本亦作「嘻，勑也。」《正義》云：「噫嘻皆是歎聲，為歎以勑之，《傳》因其文重分而屬之，非訓噫嘻為歎勑也。」則《正義》本《毛傳》當作「意，歎也。嘻，勑也。」只是孔穎達否定《毛傳》，以為意嘻皆當為歎詞。另《原本玉篇殘卷》譩下引《毛詩》則作「譩譆成王」〔註482〕，古從口之字多可從言，譩譆即噫嘻，是顧野王所引即《釋文》又本。噫為歎詞，不遑多言，毛公之所以詁訓其字者，當是字本作意，毛以意為噫之假借，故云：「意，歎也。」《說文》無嘻有譆。《說文》云：「勑，勞也。」古多省作來。《孟子·滕文公上》：「勞之來之」，來即勑也。《毛傳》之所以作和或勑解者，主要因毛公不以成王為武王之子成王誦，而解為「成是王事」，意為群臣祭助，故能明文昭，定武烈，而成就王事。此則牽涉到成王為生號或死謚的問題。然由《原本玉篇殘卷》及今本《毛傳》嘻字之訓可看出，毛公只以噫為嘆詞，嘻則有實義，故意為噫的借字也。而述祖以為《釋文》所云：「嘻，和也。」之本為是，有其獨特說法，可參第肆章第二節論〈噫嘻〉詩。

7. 駿發爾私——《釋文》：「浚發，本亦作駿。毛云：『大也。』鄭云：『疾也。』」《正義》作駿。——〈噫嘻〉

述祖全引《校勘記》文。《正義》引〈釋詁〉云：「速，疾也。駿，速也，轉相為訓，是駿為疾也。」故《正義》為駿字。

《說文》云：「駿，馬之良材者。」，段玉裁注云：「引申為凡大之偁。〈釋詁〉、《毛傳》皆曰：『駿，大也。』《毛傳》見〈文王〉、〈崧高〉、〈噫嘻〉。」〔註483〕則段玉裁以駿為《毛詩》。《原本玉篇殘卷》有浚字，未見引詩。

按：楊樹達《積微居小學述林·釋駿騻》云：

> 從夋聲之字皆含絕特之義。八篇上人部云：「俊，才過千人也。從人，夋聲。」十三篇下田部云：「畯，農夫也，從田，夋聲。」孫炎注《爾雅》云：「農夫，田官也。」此人中之絕特者。四篇上鳥部云：「鵔，鵔鸃，鷩也，從鳥，夋聲。」按《爾雅》云：「鷩，山雉。」按今云

〔註481〕《原本玉篇殘卷》，頁16。
〔註482〕同上註，頁42。
〔註483〕《說文解字注》，頁468。

野雞，鳥中之絕特者也。〔註484〕

則《說文》釋駿為馬之良材者，蓋無誤也。良馬當必高大，且奔馳速度快，故大、疾皆為駿之引申義。〈文王〉「駿命不易」，〈崧高〉「駿極于天」，《毛傳》皆云：「駿，大也。」本詩《毛傳》云：「欲民之大發其私田耳。」逐釋駿為大，則本詩當作駿字為是。〈小弁〉「莫浚匪泉」，《毛傳》云：「浚，深也。」與大、疾義皆不合，故浚當為借字。

8. 以洽百禮——《釋文》：「祫，本或作洽。」阮校以《正義》本作洽為長。——〈豐年〉

《校勘記》云：「案〈載芟・正義〉云：『〈賓之初筵〉與〈豐年〉皆有以洽百禮之文。』是《正義》本此作洽，與彼二經同也。彼二經《箋》皆云：『洽，合也。』此無《箋》者，從可知而省。祫雖有合義，而其字非此之用，當以《正義》本為長。」〔註485〕述祖依阮說，定本詩當作「以洽百禮」。

《說文》云：「洽，霑也。」段玉裁注云：「《大雅》『民之洽矣』，《傳》曰：『洽，合也。』此謂《毛詩》假洽為合也。」〔註486〕段玉裁亦以《毛詩》假借作洽，而本字為合。

按：《說文》云：「祫，大合祭先祖親疏遠近也。从示合。《周禮》曰：三歲一祫。」《公羊傳・文公二年》云：「大事者何？大祫也。大祫者何？合祭也。」則祫為合祭祖先之祭名，阮元以為不當用於本詩。然祫既為合祭，乃可引申有合義。《說苑・修文》云：「祫者，合也。」〈玄鳥・序〉「祀高宗也。」《箋》云：「祫，合也。」與〈載芟〉「以洽百禮」，鄭《箋》：「洽，合也。」同。故作祫、作洽，皆為合之假借。然依〈賓之初筵〉、〈載見〉皆作「以洽百禮」，則《毛詩》字當作洽為是。

9. 應田縣鼓——《釋文》「田，毛如字，大鼓也。鄭作縬，音允，小鼓也。」按：古文鼓作軦，从古文田，从攴。師既成列，鼓而相擊也。是田乃蠱鼓。《周禮・鼓人》以蠱鼓鼓軍事。大司馬、諸侯執賁鼓，借賁作蠱，猶借田作東也。至小篆并東於東，遂不知有田鼓之名矣，毛義為長。縬从東从申，申，引也。縬所以引樂，申亦聲。東為大

〔註484〕《積微居小學述林・耐林廎甲文說》，頁75～76。
〔註485〕《十三經注疏・詩經》，頁741。
〔註486〕《說文解字注》，頁564。

鼓，棘為小鼓。東為形，申為聲。小篆从東，非形非聲，傳寫之訛也。詳《說文古籀疏證》。——〈有瞽〉

《毛傳》云：「應，小鞞也。田，大鼓也。」鄭《箋》云：「田當作棘。棘，小鼓，在大鼓旁，應鞞之屬也。」則毛公以應田為大鼓對小鼓，鄭玄則俱以為小鼓。

《正義》申鄭云：「應者，應大鼓，則田亦應之類。〈大師職〉云：『下管播樂器，令奏鼓棘。』注云：『為大鼓先引。』是古有名棘引導鼓，故知田當為棘，是應鞞之屬也。又解誤為田，意棘字以東為聲，聲既轉去東，唯有申在，申字又誤去其上下，故變作田也。」則孔穎達以為田乃字形譌誤造成。

馬瑞辰云：「《說文》：『敊，引也。』申、引字同部，則棘應从申聲。《說文》作東聲，誤也。棘从申聲，與田字亦同部通用。棘借作田，猶陳轉作田也。故《箋》云：『聲轉字誤，變而為田。』」〔註487〕

按：一九五五年安徽壽縣蔡侯墓出土一批青銅器，有鼎、鉼、缶、簠、盤、戈等器具，均刻有蔡侯■三字，■隸定作■，此人即春秋時之蔡侯申。《毛公鼎》「今余唯■先王命」，■隸定作■，■讀作申，从龠从畱，畱為聲符，从田得聲。王人聰云：

> 《說文》有敊字，敊為棘之變體，其實就是畱字的形譌。敊，《說文》
> 云：「繫小鼓引樂聲也，从申東聲。」朱駿聲指出：「按此字从東申
> 聲，《說文》無東部，故附申部，東非聲也。」申、審母三等字，古
> 讀如田，與田音近通用，《書‧君奭》「申勸寧王之德」，《禮記‧緇
> 衣》作「田觀寧王之德」。小徐本《說文》敊下云：「敊，讀若引。」
> 《周禮‧春官‧大師》「令奏鼓棘」，鄭司農曰：「棘，讀若導引之引。」
> 引為喻母四等字，古音喻四歸定，引古讀若田，《詩‧周頌‧有瞽》
> 「應田縣鼓」，《周禮‧春官‧大師》鄭注引作「應棘縣鼓」，由此可
> 證朱駿聲說敊从申聲是正確的。申與田音近通用，東與東則因形近
> 而譌，是知敊為畱之譌字。今既知畱从田聲，而■从畱，亦從田聲，
> 是可以無疑的。〔註488〕

郭店竹簡《緇衣》篇「■申勸寧王之德」，申字作■，亦可為證。據此，毛作田，乃棘之假借，鄭玄則以本字讀之。

〔註487〕《續經解毛詩類彙編‧毛詩傳箋通釋》，冊二，頁1583。
〔註488〕王人聰撰：〈蔡侯■考〉《古文字研究》，第12輯，頁322～323。

10. **儵革有鶬──《說文》儵作鋈，彎首銅，从金不从革。《毛詩》借攸，《傳》寫誤作儵。鋈革謂彎飾。鋈於革，故《箋》言「鶬，金飾貌也。」《釋文》「有鶬，本亦作鎗」，《正義》本作鎗。──〈載見〉**

　　述祖據《說文》入作鋈，定從「鋈」，毛詩則假「攸」字。段玉裁於《說文》鋈字注云：「古金石文字作攸勒或作鋈勒。」〔註489〕述祖精研鐘鼎銘文，應亦知此。

　　《說文》云：「瑲，玉聲也。从玉，倉聲。《詩》曰：攸革有瑲。」字作瑲。

　　按：鋈勒二字見於金文者甚多，可證本詩字作鋈，如《彔伯簋》「鋈勒」，字作鋈，從金不從革，另外如《多友鼎》、《曾伯陭壺》、《康鼎》、《頌敦》字皆從金作鋈。《毛公鼎》則作攸勒，不從金，作攸，假攸作鋈。

　　鶬、鎗、瑲皆為音近假借字。以倉聲表音，不同器具發出之聲故從不同偏旁，說見第二節第十八條。

11. **敦琢其旅──《釋文》：「敦，都回反，徐又音雕。」按：敦、追、雕皆古文假借。《正義》云：「敦、雕古今字是也。」──〈有客〉**

　　〈棫樸〉「追琢其章」，《毛傳》云：「追，彫也。金曰彫，玉曰琢。」《說文》云：「彫，琢文也。」述祖以敦、追、雕皆假借字，則本字應為彫。

　　按：《者減鐘》彫作凋，彡在周左旁。銘文曰：「工歔王皮難之子者減罜其吉金，自乍鶏鐘，不帛不羊，不濼不彫，巒于我靁龠。」其意為擇金鑄鐘，不加任何修飾。與《說文》彫字訓合，則正字作彫為是。

三、閔予小子之什

12. **佛時仔肩──《說文》：「𡚤，大也。讀若予違女弼。」「仔，克也。」𡚤亦作佛，假借字。──〈敬之〉**

　　《校勘記》未出校，殆無別本也。述祖依《說文》定本字作𡚤，《毛詩》佛字為假借。

　　《說文》𡚤字段注云：「《周頌》『佛時仔肩』，《傳》曰：『佛，大也。』此謂佛即𡚤之假借也。《小雅》『廢為殘賊』，《毛傳》一本『廢，大也。』〈釋

〔註489〕《說文解字注》，頁709。

詁〉云：『廢，大也。』此謂廢即奔之假借字也。」〔註490〕則段玉裁以佛、廢皆爲奔之假借。鄭《箋》：「佛，輔也。」則鄭玄作弼字解。

按：奔古音爲並紐沒部字，佛古音爲滂紐沒部字，旁紐疊韻，可通假。而弼古音爲並紐月部字，與奔與雙聲旁轉，亦可假借。《說文》以弼、弗爲異文，弗从弗聲，當與弼音同。《荀子·臣道》「功伐足以成國之大利謂之拂。」注：「拂讀若弼。」《大戴禮記·保傅》「弼者，拂天子之過者也。」拂爲幫紐沒部字，與奔、佛皆爲旁紐疊韻，是皆有假借之理。馬敍倫亦云：

> 弗聲古在封紐，弼聲古在並紐，封並皆脣音也，故奔從弗聲得讀若弼。〔註491〕

據此，《毛詩》字作佛，乃奔之假借。鄭《箋》爲輔，是以佛爲弼之假借。

13. 予其懲而毖彼後患──《石經》毖下旁添彼字，宋本皆無彼字，與今本同。按：《正義》云：「我其懲創於往時，而謂管蔡誤已以爲創艾，故慎彼在後，恐更有患難。」是《正義》本作有彼字。《釋文》云：「懲而，直升反，艾也。《韓詩》云：苦也。」是《釋文》本而字絕句，則有彼字可知。〈小毖〉八句，予其懲而句，毖彼後患句，當以《石經》後改本爲正。又《正義》云：「此云予其懲而」，此而字絕讀之明證也。《攷文》云：「而字上屬爲是。」阮校同。──〈小毖〉

《校勘記》云：「《正義》云：『故慎彼在後』，當是自爲文耳，非其本更有彼字也。用之添者，誤。」〔註492〕又云：「山井鼎云：『而字上屬爲是。』是也。《正義》讀而斷句，《釋文》以懲而作音。」〔註493〕則阮元以爲本句作「予其懲而，毖後患」無彼字，與述祖不同。

按：各本皆作〈小毖〉一章八句，則本句「予其懲而毖後患」當讀爲兩句，方合八句之數。而依《正義》、《釋文》，當以而字斷句作「予其懲而，毖後患。」而彼字。胡承珙云：

> 《唐石經》於毖下旁添彼字，或當時別有本作毖彼後患，鄭覃等因據以旁注，未必祇緣《正義》有慎彼在後之文，遂肊增經字也。

〔註490〕同上註，頁497。
〔註491〕《說文解字六書疏證》，冊四，頁2608。
〔註492〕《十三經注疏·詩經》，頁756。
〔註493〕同上註，頁756。

〔註494〕

胡承珙以爲當時別本有作悠彼後患，考唐玄宗《紀泰山銘》所引亦作悠彼後
患，陳喬樅以爲此乃《韓詩》，則胡承珙所疑合理。然《正義》亦未明言作悠
彼後患，故《毛詩》是否亦作悠彼後患，姑存疑以俟知者。

14. 自求辛螫——《石經》初刻辛螫，後磨改作蟄。《五經文字》同。
　　——〈小弁〉

　　　　《校勘記》云：「蟄字是也。《五經文字》云：『蟄，式亦反。』是其證。」
〔註495〕述祖據阮校論說。

　　　　按：《原本玉篇殘卷》甹字下引《詩》作「自求辛蟄。」〔註496〕即《石
經》磨改字。《玉篇》以蟄、螫同。赤、亦古韻皆屬鐸韻可通用。然考金文《儼
匜》「今大赦女」，赦字作𢼄，從亦不從赤。其隸定應作赦。睡虎地秦簡文字
赦亦從亦，帛書《老子》甲本則作螫，漢印則有從赤者。則本詩「自求辛螫」，
螫字應作蟄字爲是，螫乃聲旁更換之字。

15. 有略其耜——《說文·刀部》：「劖，刀劍刃也。」籀文作劚，從㓞
　　從各。《毛詩》借略。《傳》曰：「略，利也。」〈大田〉「以我覃耜」，
　　《傳》曰：「覃，利也。」劚作略，剡作覃，皆假借字也。——〈載
　　芟〉

　　　　述祖以略爲劚之假借。《釋文》亦有言：「畧，如字，字書作劚，同。」
述祖未引《釋文》，殆因《說文》更爲有據。

　　　　按：《周不嫠敦》有畧字，爲地名，上同畧，下同畧，殆爲劚、劖之初文
也。《說文》云：「劖，刀劍刃」，故有利義。而《毛詩》作略，其形與讀均與劚
相近，當即劚之假借無誤。

16. 有飶其香——《說文》：「飶，食之香也。《詩》曰：『有飶其香』。」
　　《釋文》：「飶字又作苾。」或三家詩。《說文》所稱蓋詩毛氏也。
　　——〈載芟〉

　　　　此條阮元及段玉裁均無說。述祖以《釋文》作飶，與《說文》引同，定
《毛詩》爲飶字。而《釋文》又本作苾者爲三家詩。

〔註494〕《續經解毛詩類彙編·毛詩傳箋通釋》，冊二，頁2255。
〔註495〕《十三經注疏·詩經》，頁756。
〔註496〕《原本玉篇殘卷》頁49。

按：卜辭有云：「其禠新鬯二兲一鹵于☒。」《舀敦》云：「隹四月初吉丁卯，王茂舀曆。舀既拜稽首，旲于厥文祖考。」于省吾釋兲、旲爲必字。必象戈戟之柄，蓋即柲之本字。甲骨文又借必或柲爲祀神之室，金文《☒卣》作☒，云「用鬻于乃姑宓。」柲爲盛鬯酒之器，酒味芳香，故借苾爲馨香，馥爲食之香。〈楚茨〉「苾芬孝祀」，指物品之馨香，象徵祭祀之聖潔。而本詩「爲酒爲醴，烝畀祖妣，以洽百禮，有馥其香，邦家之光」，以有馥形容酒醴之芳香，而酒醴又爲烝畀祖妣之祭物，故當是借馥爲苾。述祖以馥爲《毛詩》，乃假借字，苾爲三家詩，乃正字，蓋無誤矣。

17. 有椒其馨──《釋文》：「椒，子消反。徐子料反。沈作俶，尺俶反。沈重無故改字。」《釋文》說是也。然椒猶馥，當從徐邈讀子料反，與〈東門之枌〉同，亦謂芬香之物，非茉樧也。──〈載芟〉

《釋文》云：「椒，沈作俶，尺叔反，云作椒者，誤也。此論釀酒芬香，無取椒氣之芳也。案：《唐風·椒聊·箋》云：『椒之性芬芳』，王注云：『椒，芬芳之物。』此椒猶馥。馥，芬香。椒是芬芳之物，此正相協，無故改字爲椒。俶，始也。非芬香。」述祖依《釋文》，定俶字爲非。並舉〈東門之枌〉爲證。〈東門之枌〉「貽我握椒」，《傳》云：「椒，芬香也。」與此《傳》「椒猶馥也」，「馥，芬香也」同，可證本句作椒字。《釋文》有引〈椒聊〉，莊不引者，以本詩之椒非指茉樧之椒聊，僅用作芬香之義。

段玉裁云：「《毛傳》云：『馥，芬香貌。』『俶猶馥也。』俶字正取其香始升芬芳酷烈之意，與馥字相配。若作椒，是物，與馥字不對，《傳》不得云：『猶馥也。』《詩》言有苑、有奭、有鶬、有敦瓜苦、有俶其城句意皆同。今定從沈作俶。馥，香之貌；俶，馨之貌也。」〔註497〕段玉裁以爲椒爲物，不應與馥相對，故定作俶。

按：據〈東門之枌〉及本詩《毛傳》，可證《毛詩》應作椒字無誤。述祖所引爲是。段玉以椒爲物，不得與馥相對，然「貽我握椒」，《傳》云：「椒，芬香也。」蓋取椒之芬香，故本句可與馥相對。而俶字，《毛傳》有訓爲「始」者，如〈既醉〉「令終有俶」，有訓爲「作」者，如〈崧高〉「有俶其城」，《說文》則訓爲善也。與詩意皆不甚吻合。《校勘記》云：

考《釋文》有云：「無故改字爲俶。」當是毛氏詩舊本無作俶者，特

〔註497〕《段玉裁遺書·詩經小學》，上冊，頁568。

始於沈重改之耳。故《釋文》、《正義》、《唐石經》皆不從也。〔註498〕則本詩當只有作椒之本也。

18. 以薅荼蓼——《說文》:「薅,拔去田草也。从蓐,好省聲。籀省作茠,或作茠。」引《詩》「既茠荼蓼」。是詩以當作巳,漢隸通也。
——〈良耜〉

此句《校勘記》未出校,並無版本之異。《詩經小學》亦引《說文》以明薅當為本字。述祖殆從段玉裁也。

按:甲骨文薅字,字形作薅(乙8502)、薅(甲274),象以手持辰耨草之形,或作薅(前5.48.2),从二木。卜辭云:「辛未貞:今日薅田?」(甲1978)而甲文另有薅字,屈萬里疑即《周頌‧良耜》「以薅荼蓼」之薅。薅所从女字可能是巳之譌變。非許慎所云從好省聲者。據此,本字當作薅,薅、茠從女旁者,皆譌變也。

19. 不吳不敖——《釋文》:「不吳,舊如字,譁也。《說文》作吳,吳,大言也。何承天云:吳字誤,當為吳,從口下大,故魚之大口者名吳,胡化反。此音恐驚俗也。音話。」《正義》云:「人自娛樂,必譁譁為聲,故以娛為譁也。定本娛作吳。」是《正義》本作娛。《釋文》同定本作吳。按:《說文》:「吳,姓也。亦郡也。一曰:吳,大言也。從矢口。吺,古文如此。」鐘鼎古文有矢字,從吳口(應作有吳字,從矢口)。又有吳字,從大口,文義各異。小篆無吳字,故《說文》以古文吺字併入吳字。漢時借吳作吺,或又借娛。《正義》說誤。《釋文》字作吳,音話,是也。——〈絲衣〉

述祖據鐘鼎古文有吳、吳兩字,定本詩應作吳,漢時借作吳字,或又借娛,故應依《釋文》作吳為是,《正義》作娛為誤。

按:金文吳字有從大、從矢之分,從大者如《中山王䂮壺》作吳,《吳王光鑑》作吳,從矢者如《吳王姬鼎》作吳,《伯吳盨》作吳。述祖以從大者作吳,從矢者作吳,實則吳、吳一字也,金文中用吳作姓,字形有從大、從矢兩種,甲骨文吳字作吳(甲6699)或吳(前4.29.4),均無明顯側頭情形,可證古無甚分別,故《說文》以吺為吳字古文。而金文從矢字,遂對從矢口之吳有諸多牽強解釋。吳當從大口,隸作吳,故訓大言,譁為引申義。說見第三節第五

十九條。

20. 婁豐年——《石經》、宋本作婁，《釋文》：「婁豐，力住反，亟也。」
其餘本作屢，非。——〈桓〉

宋以前本皆作婁，《釋文》亦作婁。《校勘記》云：「《唐石經》錯見屢字
者，非，屢乃俗字耳。」〔註499〕述祖意同。

按：據《校勘記》所云，宋以前本皆作婁，屢乃後起之俗字。《說文》無
屢有婁，婁字云：「空也。从毌中女，空之意也。」《說文》釋形頗有疑問。
考金文婁字，《是要簋》作💠，戰國《長陵盉》作💠，季旭昇先生云：

婁當為抓住女子拖曳之義。〔註500〕

則《說文》「空」訓應非婁字之本義。拖曳有牽引、拉扯之義，《唐風·山有
樞》「子有車馬，弗曳弗婁。」《毛傳》云：「婁亦曳也。」則為季先生所言拖
曳之引申義。本詩「婁豐年」，毛無《傳》，鄭玄、陸德明訓婁為亟，乃依《爾
雅》「屢，亟也。」為訓，《爾雅》字皆作屢，《左傳·宣公十二年》引詩亦作
「屢豐年」，然亟訓與拖曳無涉，是以婁為屢之假借也。然而據季旭昇先生所
言，婁字本義為抓住女子，則婁字應有執繫之義，《說文》釋摟云：「曳聚也。」
可見許慎已不清楚婁字字形之本義，而反以加手旁之摟為曳聚，曳聚實即婁
字之義。《公羊傳·昭公二十五年》云：「且夫牛馬維婁」，何休注云：「繫馬
曰維，繫牛曰婁」。《小雅·角弓》「式居婁驕」，鄭《箋》云：「婁，歛也。」
執繫當可引申出收聚之歛義，《廣雅·釋詁三》云：「歛，與也。」《集韻·闞
韻》：「歛，予也。」「與」、「予」可有「得」義，則本詩「婁豐年」不妨可直
接釋作「得豐年」。詩言「綏萬邦，婁豐年」，綏與婁相對，若釋婁為收聚之
「得」義，則兩句詞性相對，較屢為佳。

漢代以下則多作屢字，如《張公神碑》「屢獲豐年」，《酸棗令劉熊碑》「屢
獲有年」，則漢時本句蓋已假借作「屢豐年」。然未見古文字有屢字，則《毛
詩》應仍作婁為是。

21. 於皇時周陟其高山——按：當從《白虎通義》作「於皇明周」，周
謂周京也。於乎美哉，周之先公王先公，明於天命，以知未然，實
惟作京，為王跡所起。〈皇矣〉曰：「帝省其山」，〈天作〉曰：「天

〔註499〕《十三經注疏·詩經》，頁759。
〔註500〕《說文新證》，下冊，頁190。

作高山」，高山非四嶽也。周之王跡始於岐山，高山謂岐山，明矣。陟，升也。升其高山，既通殷集大命，度天室，定天保也。──〈般〉

《白虎通義》引本詩作「於皇明周」，述祖以爲乃讚嘆周之先王先公，明白天命將降於周，於是勤奮奠基，以爲王跡之所起。並舉〈皇矣〉、〈天作〉之高山皆言岐山，以爲本句高山亦同，陟高山乃指克殷集天命也。

按：馬瑞辰曰：

> 《白虎通義》引《詩》作「於皇明周」，蓋本三家詩。王伯厚《詩攷》引之。明周猶〈時邁〉言「明昭有周」也。鄭君所見《毛詩》已作時周，故以君是周邦釋之耳。〔註501〕

「明周」、「時周」自是三家詩及《毛詩》版本之異，不必強合。鄭《箋》於末句「時周之命」云：「是周之所以受天命而王也。」以時爲是。而本句「於皇時周」則云：「皇，君……於乎美哉，君是周邦而巡守。」亦以時爲是，則當依馬瑞辰所言，以鄭玄所據《毛詩》乃作於皇時周爲是。述祖以周之先公先王明於天命，亦與《白虎通義》所云有別。《白虎通義‧德論下》云：「《詩》云：於皇明周，陟其高山，言周太平封太山也。」則三家亦以本句爲祭天之詩，述祖以爲高山乃岐山，所論雖有理，然實自出己說，亦非三家詩意。

22. 於繹思──《釋文》「於繹思，《毛詩》無此句，《齊》、《魯》、《韓》詩有之。今《毛詩》有者，衍文也。崔集注本有，是採三家之本，崔因有故解之。」《正義》云：「此篇末俗本有於繹思三字，誤也。」──〈般〉

阮元據《釋文》及《正義》所言，定「於繹思」三字爲衍文，述祖從之。

馬瑞辰云：「三家詩有於繹思三字，蓋因〈賚〉詩『於繹思』與『時周之命』相接，故此篇『時周之命』下亦誤衍三字。然〈賚〉篇以『於繹思』與首三句爲韻，若此篇增『於繹思』，則與上山河不相協，故知三家有此句亦誤衍也。且〈賚〉詩『於繹思』承上『敷時繹思』而申言之，〈般〉詩則上無所承，不得言『於繹思』也。」〔註502〕

按：考〈賚〉詩「敷時繹思」，《毛傳》云：「繹，陳也。」鄭《箋》云：「能陳繹而行之。」〈賚〉詩末句「於繹思」，毛無《傳》，鄭《箋》亦云：「陳

〔註501〕《續經解毛詩類彙編‧毛詩傳箋通釋》，冊二，頁1601。
〔註502〕同上註，頁1602。

繹而行之。」而〈般〉詩末句，鄭《箋》云：「徧天之下，眾山川之神，皆如是配而祭之，是周之所以受天命而王也。」無「陳繹而行之」之文，則鄭玄於〈般〉詩亦當無「於繹思」三字也。

四、魯頌詩篇

23. **駉駉牡馬**——《石經》初刻牡，後改牧。宋本作牡。《釋文》：「牡馬，茂后反。《草木疏》云：『驪馬也』《說文》同。本或作牧。」《正義》云：「定本牧馬，字作牡馬。《顏氏家訓》云：『江南書作牝牡之牡，河北本悉為放牧之牧。』顏從江南本作牡。」段校作牧為是，顏氏說誤。——〈駉〉

《顏氏家訓》云：「《詩》云駉駉牡馬。江南書皆為牝牡之牡，河北本悉為放牧之牧。鄴下博士見難云：〈駉〉頌既美僖公牧於坰野之事，何論騭驪乎？余答曰：案《毛詩》云：駉駉，良馬腹榦肥張也。其下又云：諸侯六閑四種，有良馬、戎馬、田馬、駑馬。若作放牧之牧，通於牝牡，則不容限在良馬獨得駉駉之稱。良馬，天子以駕玉輅，諸侯以充朝聘郊祀，必無驪也。《周禮》圉人職：良馬匹一人，駑馬麗一人，圉人所養，亦作騭也。頌人舉其強駿者言之，於義為得也。《易》云：良馬逐逐。《左傳》云：以其良馬二，亦精駿之稱，非通語也。今以詩傳良馬通於牧驪，恐失毛生之意，且不見劉芳《義證》乎？」

段玉裁《詩經小學》云：「李善注李陵與蘇武書引駉駉牧馬，《唐石經》碑牡馬字皆改竄模糊。玩其字形，本作牡，又於石上改作牧，不欲泥於顏說也。攷《周官·夏官》馬政絕無郊祀朝聘，有驪無騭之文。〈校人〉職云：凡馬特居四之一。鄭司農云：三牝一牡。唐成云：欲其乘之，性相似也。此云凡馬，兼指六種五路之馬。又康成計王馬之大數，而引《詩》騋牝三千，何嘗謂五路之馬無騭歟？良馬通謂五路之馬，倘皆無騭，則通淫游牝，豈專為駑馬，良馬豈皆駑馬所生。康成何以云種馬謂上善似母者也。今俗以馬騋驪為良，自是尚力。五路之馬，不皆尚強。且《詩序》云：牧於坰野。《毛傳》云：牧之坰野，則駉駉然。《正義》云：駉駉然腹榦肥張者，所牧養之良馬也。經文作牧為是。〈定之方中·傳〉：馬七尺以上曰騋，騋馬與牝馬也。衛之大夫良馬四之，良馬五之，良馬六之。晉大夫趙旃以其良馬二，濟其兄與叔父。〈說卦傳〉為良馬。虞翻曰：乾善故良也。善馬通稱良馬，良者對駑之稱。

良馬匹一圈，駑馬麗一圈，別其貴賤，而云一馬一圈必無騂，誤矣。」〔註503〕

　　按：據段玉裁所言，《毛詩》原本作牧，大致無誤。但于省吾曾歸納甲骨文中有關牧字之文字，共計十條，列舉如下：一、壬辰卜，貞，商徵（續存下476）。二、甲戌卜，宁貞，才易牧，隻羌（珠758）。三、牧隻羌（庫42）。四、庚子卜，貞，牧氐羌，祉于□（祊）□用（後下12.13）。五、貞，乎王教羊（乙2626）。六、用牧以羌於父丁（明義土拓本）。七、☑徵亡𢆶（南北師11.167）。八、隮鹿，其南牧𢆶，其北牧𢆶（寧滬1.397）。九、丙申卜，貞，教其𡳿𢆶○貞，教其亡□𢆶。六月（佚130）。于省吾逐條解釋云：

> 以上第一條的商徵，是說放牧于商地。第二、三兩條是說放牧時俘獲羌人。第四條是說，用放牧所送來的羌人，以祭于宗祊。第五條的乎即呼，《說文》作評。這一條是叫商王親自牧羊。其言呼者，係鬼神的指示。第六條是說用放牧所獲的羌人，以致祭于父丁。第七條的𢆶即擒之初文。甲骨文𢆶作動詞用者，是就擒獸言之。這一條是說放牧對于野獸無所擒獲。第八條是說隮地之鹿，放牧于隮地之南能夠擒獲，或者放牧于隮地之北能夠擒獲呢？《甲骨文編》誤以南牧、北牧爲地名。第九條是說，教羊有無災害。〔註504〕

據于省吾所釋，牧字皆作動詞用，指放牧而言，乃指人對牛馬的放牧動作，未有形容爲放牧之馬者。又裘錫圭先生以爲牧有指爲派駐在都城以外從事畜牧的職官，在古書，牧亦可指諸侯〔註505〕，如〈堯典〉有十二牧。再如西周晚期《牧馬受簋》銘文載：「奠牧馬受作簋」，則牧亦可指官職而言，故〈無羊〉有牧人之職。據此，牧可作爲放牧之動詞或官職之名詞，未有用作形容詞者。然以出土資料所無之部分欲證無，存有瑕疵，因此，僅就出土關於牧字之資料作一說明，至於本詩究竟作牧馬或牡馬，則有待更多證據出現，以俟知者。

24. 以車繹繹——《釋文》：「繹繹，崔本作驛。」阮云：「《正義》本作驛。」段云：「繹正字，驛俗字。」——〈駉〉

　　《校勘記》出二校，舊校以《正義》本作驛，與崔本同。新校則以爲繹

〔註503〕《段玉裁遺書・詩經小學》，上冊，頁570。
〔註504〕《甲骨文字釋林・卷中・釋牧》，頁261〜262。
〔註505〕裘錫圭撰：〈甲骨卜辭中所見的田、牧、衛等職官的研究〉《文史》第十九輯，收錄於《古文字詁林》，冊三，頁713。

正字，驛俗字，《正處》本作驛乃易字釋經之例，非其本作驛也。述祖意與新校同。

按：今未見段玉裁定驛爲俗字之說，《說文》有驛字，段氏不容以驛爲俗字，而阮元新校斷驛爲俗字，不知何處也。疑衍《段玉》二字，「繹正字，驛俗字」當爲《校勘記》新校之文。〈車攻〉「四牡奕奕」，《漢石經魯詩碑圖》第七面第三行作「四牡驛」，奕、驛上古音皆爲定母鐸部字，故《毛詩》作奕爲假借。

25. 歲其有——《釋文》：「歲其有，本或作歲其有矣，又作歲其有季者矣，皆衍字也。」石經有下旁添季字。阮云：「《周頌·豐年·正義》引《魯頌》曰『歲其有季』，是《正義》本有季字。」段云：「《釋文》又作歲其有季者矣，衍矣字。」——〈有駜〉

《校勘記》云：「《正義》本未有明文，唯《周頌·豐年·正義》云：『《魯頌》曰：歲其有年。』當是其本有年字，與或作本同，《唐石經》本之添也。考此詩有字與下子韻，不容更有年字，依《釋文》本爲是。」〔註506〕

王先謙云：「《隸釋》載《西嶽華山廟碑》云：『歲其有年』。孔《疏》云：『定本、集注皆作歲其有年』，此從三家本也。……愚案：歲謂每歲，『有』下得『年』字語方足，不容謂之衍。」〔註507〕

按：據《釋文》所云，除今本「歲其有」外，尚有作「歲其有年」、「歲其年者」二本。阮元判斷《正義》入「歲其有年」，並依韻否定作年字之本。考漢《西嶽華山廟碑》文爲：「歲其有年，民說無疆」，《酸棗令劉熊碑》文亦云：「屢獲有年」，故王先謙以爲三家詩作「歲其有年」。《說文》云：「年，穀熟也。从禾千聲。《春秋傳》曰：『大有年』。」从禾千聲，則年字應作季。然卜辭、金文皆從人不從千。如甲骨文作𥝩（佚54）、《缶鼎》作𥝊，殆象禾成熟而人刈之，秋收冬藏，歲終之事，故曰年，年有收成之意。《左傳·宣公十六四年》經文經：「大有年。」桓公三年經文又云：「有年。」《穀梁傳·桓公三年》云：「五穀皆熟，爲有年也。」可見「有年」乃豐收之意。又卜辭中常見有「受年」一辭，很明顯亦是豐年之意，試舉例如下：

1. 貞，今來歲我不其受年。（綴合109）

〔註506〕《十三經注疏·詩經》，頁773。
〔註507〕〔清〕王先謙著：《詩三家義集疏》，下冊，頁1069。

2.今歲不年。（佚 309）

3.辛丑卜，大，貞：今歲受年，二月。（京津 530）

4.貞：來歲不其受年。（粹 881）

所謂「今歲受年」、「來歲受年」，皆是期望能有豐年之收，年指年成之義，則受年當即有年。而歲字當如王先謙所云「每歲」之義。《說文》釋歲云：「歲，木星也。越歷二十八宿，宣徧陰陽，十二月一次。从步、戌聲。」所謂十二月一次即是一年之義，故季旭昇先生云：

> 五大行星中最早被人認識的是木星，大概是因為它在一年中可以看
> 到的時間特別長久而且較亮的緣故。它十二年繞天一周，每年東移
> 一次（三十度），夏人以之推算曆法，所以一年叫一歲。〔註508〕

歲即一年，本句若作「歲其有」，則為「一年有」，有何？實不詞也。且《小雅·甫田》「食我農人，自古有年」，豈可省略年作「自古有」邪？故依卜辭之例，本詩應作「歲其有年」為是。

26. 詒孫子──《釋文》：「詒孫子，本或作詒厥孫子，詒于孫子者，皆是妄加也。」《石經》詒下旁添厥字。阮云：「《正義》云：『可以遺其孫子，其本或有厥字，當依《釋文》為是。』惠氏引漢《西嶽華山廟碑》有『歲其有秊』之文。《列女傳》有貽厥孫子，此三家詩也。」──〈有駜〉

　　漢《西嶽華山廟碑》有歲其有秊之文，當為上文誤入於此。述祖據阮校，以《正義》可能作「詒厥孫子」，但仍應依《釋文》作「詒孫子」。而《列女傳》引詩作「詒厥孫子」為三家詩，自與《毛詩》不同。

　　按：《釋文》以「詒孫子」為是者，蓋上句以為作「歲其有」，故本句亦為三字句詩，方與之相稱。然上句已定應作「歲其有年」，則本句亦應為四字詩作「詒厥孫子。」《大雅·文王有聲》「詒厥孫謀」，《范式碑》「詒厥孫謀」，或可為旁證。

27. 其旂茷茷──《釋文》：「伐伐，蒲害反，又普貝反。言有法度。本又作茷。」《正義》作茷。阮云：「《群經音辨·人部》載此作伐，取《釋文》。」──〈泮水〉

　　按：茷、伐皆應為旆之假借，〈六月〉「白旆央央」，《釋文》作茷，云本

〔註508〕《說文新證》，上冊，頁 106。

亦作施，〈出車〉「胡不旆旆」，《傳》云：「旆旆，旒垂貌。」則本字當作旆，筏、伐皆爲假借。說見第二節第十六條。

28. 矯矯虎臣——《釋文》：「蟜蟜，本又作矯。」《正義》作蟜。——〈泮水〉

通志堂本《釋文》云：「蟜蟜，本又作矯，亦入蹻，居表反，武貌。」《校勘記》引述《釋文》亦僅有蟜、矯二字，述祖與之同。

按：《說文》蛸、蟜、蛓、蚩、蚔、蠆六字連文，則蟜當爲毒蟲。鄭公孫蠆，字子蟜，可證。《說文》云：「矯，揉箭箝也。从矢，喬聲。」又云：「蹻，舉足小高也。从足喬聲。《詩》曰：小子蹻蹻。」《毛傳》云：「蹻蹻，驕貌。」〈酌〉「蹻蹻王之造」，《毛傳》云：「蹻蹻，武貌。」然《說文》足小高之訓欲與武貌相配，實有不倫。《說文》云：「赳，輕勁有才力也。从走，丩聲。讀若鐈。」許愼以赳、蹻音同，則本詩矯矯或有可能乃赳赳之假借。〈兔罝〉「赳赳武夫」，《毛傳》云：「赳赳，武貌。」與蹻蹻訓同，則當以赳爲本字，蟜、蹻、矯皆假借也。

29. 不吳不揚——《釋文》：「不吳，鄭如字，讙也。又王音誤，作吳，音話，同。」《正義》云：「鄭讀不吳爲不娛，人自娛樂必讙譁爲聲，故以娛爲讙也。」按：《正義》：「不爲過誤，不有損傷」，當即王肅述毛義。〈絲衣·傳〉曰：「吳，讙也。」與此同，借吳作吳。《箋》與《傳》意無異而《正義》謂鄭讀吳爲娛，殊不可解。王音誤，失毛意。《釋文》作吳，音話，同有脫誤。阮云：「《釋文》於不吳下，于讔上，以瘍字作音，云余章反。今玫《箋》云：『不大聲。』則經自是揚字。《正義》本及《唐石經》等皆不作瘍字。或是《傳》『揚，傷也。』《釋文》本傷作瘍，而爲之作音，今本誤錯出在上耳。」段云：「毛作瘍，訓傷。鄭讀瘍爲揚，訓大聲。後人從鄭改經字。」——〈泮水〉

述祖全依《校勘記》論述。不吳，字當作吳，娛乃假借，見本節第十九條。《校勘記》於此句出兩校，前校依鄭《箋》「不大聲」，定本詩作「不揚」，而《釋文》爲瘍作音者，因是爲《毛傳》作音，而非爲《毛詩》經文作音。後校則以《毛詩》本作不瘍，鄭讀瘍爲揚，後人遂依之改經。

按：漢《衡方碑》作「不虞不陽」，虞爲吳之假借，《公羊·定四年》「伐

鮮虞」，《釋文》云：「虞本或作吳，音虞。」《左傳・僖公五年》「太伯虞仲」，《吳越春秋》作吳仲，〈絲衣〉「不吳不敖」，《史記》作「不虞不驁」，皆是吳、虞音通之證。則《衡方碑》文當是本詩不吳不揚之異文，或三家詩作陽也。陽、揚皆爲昜之孳乳字，《永盂》「陰陽洛疆」，字形作昜，金文中多有「對揚王休」之文，如《貉子卣》揚字作昜，不從手，另外如《敔簋》、《伊簋》皆作昜，則本字當爲昜也。揚、陽古音爲定母陽部字，傷爲透母陽部字，古音相近，故鄭玄以揚讀之，而《衡方碑》借作陽，《原本玉篇殘卷》引《韓詩》云：「有美一人，陽如之何。陽也，傷也。」〔註509〕所引即〈澤陂〉詩「傷如之何」，《魯詩》亦作陽，亦陽、傷通用之證。《釋文》爲瘍字作音，則陸德明所見之本又有作瘍者，瘍亦爲定母陽部字，或見《毛傳》訓傷而改作瘍也。然此乃爲臆測之辭，無據。故暫仍以《釋文》作瘍，爲《毛詩》，《韓》、《魯》詩則作陽。然鄭玄破字爲揚，故後人依之改經作揚也。

30. 徒御無斁──《釋文》：「無斁，本又作射，又作斁，或作釋，皆音亦，厭也。」按：《說文》無懌字，餘皆可通。──〈泮水〉

　　述祖依《釋文》定釋、射、斁、釋等字皆爲通假，而《說文》無懌字，爲俗字。

　　　按：無斁爲古人語例，《毛公鼎》斁字作𥄎，王國維《毛公鼎銘考釋》云：

　　　　𥄎，諸家讀爲斁。案：無斁古通作無射。𥄎從目從矢，矢著目上，意亦爲射。殷虛卜辭有此字。此云：「肆皇天亡射，臨保我有周。」

　　　　與《詩・大雅》「不顯亦臨，無射亦保」，語意正同。〔註510〕

射、繹音皆屬定紐鐸部，是射與斁通。而繹、釋、懌皆爲斁之假借字。《說文》無懌字，殆失收也。說見第二節第七十三條及第三節第七條。

31. 俾民稼穡──《釋文》：「卑民，必爾反，本又作俾，下皆同。」──〈閟宮〉

　　述祖無說，蓋認同《釋文》，與〈節南山〉「俾民不迷」同。
　　按：俾、卑可通用，說見第二節第三十二條。

32. 敦商之旅──無《傳》。《釋文》：「敦，鄭都回反，治也。注同。王、徐：都門反，厚也。」是王肅述毛，與鄭異義。然厚訓似稍迂遠。

〔註509〕《原本玉篇殘卷》，頁487。
〔註510〕《海寧王靜安先生遺書》，冊五，頁1978。

按：《商頌》「衰荆之旅」，《傳》：「衰，聚也。」則毛公本義與〈行
葦〉敦訓聚貌正同。言天視護武王，聚商之眾，使定於周也。〈殷
武〉亦言武丁伐楚，窣入其險阻，聚楚之眾，皆截然整齊，各安其
處。而《箋》乃云：「俘虜其士眾」，與王者之師異矣。詳《說文古
籀疏證》。——〈閟宮〉

此條阮元、段玉裁無說。述祖以王肅厚訓迂曲，非毛義。依〈行葦〉、〈殷
武〉之《毛傳》，定應訓爲聚。

〈北門〉「王事敦我」，《毛傳》「敦，厚也。」王肅蓋依此而述毛。

按：敦字，金文《陳猷釜》作𡥉，《齊侯敦》作𡥉，不從攴，隸定應作𡥉。
王國維〈不𣪊敦銘蓋銘考釋〉釋「女及戎大𡥉載」云：

𡥉、載皆迫也，伐也。𡥉者，敦之異文。《詩·魯頌》「敦商之旅」，《箋》
云：「敦，治也。武王克殷而治殷之臣民。」其實敦商之旅猶《商頌》
云衰荆之旅。鄭君訓衰爲俘，是也。《宗周鐘》云：「王𡥉伐其至。」
《寡子卣》云：「以懷淑」，皆𡥉之訓也。載與《虢季子白盤》搏伐
之搏、《宗周鐘》戕伐之戕同義。《詩·常武》「鋪敦淮濆」，鋪敦即𡥉載
之倒文矣。〔註511〕

據此，鄭玄《箋》釋與金文用法合，謂武王克殷而治其臣民。然述祖以王者
之師論述，訓爲聚義，不符合實際情形。

33. 魯邦所詹——阮云：「攷文古本詹作瞻，非。《傳》訓詹為至，明毛
詩不作瞻。《說苑》等引此文作瞻，是三家詩也。」——〈閟宮〉

《韓詩外傳·卷三》引《詩》亦作「魯邦所瞻」，亦證三家作瞻。

按：《說文》訓詹爲「多言也。從言，從八，從厃。」楊樹達《積微居小
學金石論叢·釋曾》論詹字云：

今謂從八亦象口氣之散越。詹從言從八從厃，謂言多口氣散越，上
達於棟上，猶詩人之云發言盈庭，《管子》之云言於室滿於室也。
〔註512〕

季旭昇先生《說文新證》亦以多言爲詹本義。則《毛詩》訓詹爲至，蓋假借
也。《方言》云：「詹，楚語也。」蓋方國之語，借詹爲之。考本詩「泰山巖

〔註511〕同上註，頁 2033～2034。
〔註512〕《積微居小學金石論叢·卜辭求義》，頁 35。

巖，魯邦所詹，奄有龜蒙，遂荒大東，至于海邦。」極言魯國國境之大，然言魯邦至泰山，似不辭。當如三家詩作瞻，《說苑》引《詩》作魯邦是瞻，言泰山為魯邦所瞻仰，似較符合詩意。然《毛傳》訓至，自作詹也。

34. 徂徠之松——小字宋本作徂徠。阮云：「相臺本《傳》亦作來，餘本皆作徠。《正義》中十行本作來，閩本以下改作徠。而標起止未改，是《正義》本、《唐石經》皆作來，為可據矣。」——〈閟宮〉

　　述祖依阮校訂《正義》作來。

　　按：《說文》徂為退字重文，「退，往也。从辵且聲。」《爾雅‧釋詁》云：「徂，往也。」〈四月〉「六月徂暑」，《毛傳》云：「徂，往也。」〈東山〉「我徂東山」，〈縣〉、〈桑柔〉「自西徂東」，亦皆為往義。卜辭中用徂字者亦有作「往」義解，如：「王往徂魚若？王勿徂魚不若？」（乙 6751）「王其徂至于之，亡災？」（粹 1013）徂為往則徠為來，徂徠山或由往來而命名。

　　考古來字本義為麥牟，卜辭中則多假借為來往之來。金文《速觶》、《散氏盤》有𤾕字，從辵，《三體石經‧僖公》「國歸父來聘」，古文作𨒌，亦從辵。然則來為本字，後為了區別來字兩種意義，於是另加辵部作逨。《說文》無徠字。《爾雅‧釋訓》「不誒，不來也。」《釋文》云：「來，本作徠，又作逨。」然則陸德明亦見古本有逨、徠二字。據此，來在卜辭、金文作往來義乃為假借字，後又造出徠為本字，二字當通。

五、商頌詩篇

35. 亦不夷懌——《釋文》：「夷繹，字又作懌，同。」按：懌，俗字。《石經》作懌，今本所從出也。——〈那〉

　　述祖以《說文》無懌字，定懌為俗字。與〈頍弁〉「庶幾說懌」同。

　　按：當仍以懌字為是，說見第二節第七十三條。

36. 受命不殆——《正義》：「王肅云：商之先君成湯受天命，所以不危殆者，在武丁之為人孫子也。」阮云：「經字作殆，故王述毛以為危殆。鄭以為殆即懈怠字，故《箋》云：『不解殆』，而字仍作殆。《正義》乃易為怠字說之。〈殷武〉用怠字，此不畫一之例也。」——〈玄鳥〉

　　述祖據阮元《校勘記》，以經字作殆，鄭玄讀作怠，《正義》疏文則易為

怠字。

　　按：《中山王舋壺》銘文作「不敢怠荒」，可證〈殷武〉「不敢怠遑」爲正字，彼作怠，此作殆，義自不同，非用字不畫一之例。本句《毛詩》作殆，故王肅以危殆申毛，鄭玄則讀作怠，云「不懈殆」，非鄭本作怠也。

37. 景員維河──按：《傳》員，隕皆訓均，蓋破字讀均。詩又作畇字，亦作旬。《說文》作蠠。均，平均又墾辟也，言平均墾辟，以定王都之疆畔，維河為限。《釋文》：「維河，鄭云：『河之言何也。』王以為河水，本或作何。」《正義》云：「殷王之政大均矣，維如河之潤物然，言其無不霑及也。」即王述毛說。阮云：「或作本乃依《箋》改經。《釋文》、《正義》本經皆作河。──〈玄鳥〉

　　述祖以《毛傳》訓員、隕爲均，乃破讀，與《正義》以毛公無破字之說不同。又述祖以《說文》蠠字爲《詩》之畇、旬字，不知何據，姑存疑。

　　按：員、隕古音爲匣紐諄部，段玉裁分入十三部，均字古音爲見紐眞部，段玉裁分入十二部，韻部相近，故述祖於下一條論「幅隕既長」時云：「員、均爲同韻轉注。」

　　據《毛傳》及鄭《箋》來看，毛公讀員爲均，蓋如述祖所云：平均墾辟，以定王之疆畔，維河爲限。王肅、孔穎達皆依毛申述。而鄭玄讀員爲云，河爲何，則釋爲「所云維言何乎」，員可爲云，前已論及，則鄭玄所釋自非毛義。今考員字甲骨文作𪔛（佚11），《員父尊》作𪔛，甲金文皆从鼎、从〇，孫海波云：

　　　　从鼎象形，鼎口圓象，加〇以示鼎口之圓。〔註513〕

員字本義爲象鼎口之圓，即圓之本字，《孟子》以方員並稱，乃保留本義。漢代將鼎誤作貝，遂爲今之員字。而隕字，《中山王舋壺》「恐隕社稷之光」，《易·姤九五》「有隕自天」，則隕爲墜落之意，用於本詩，爲員字之假借無疑。故〈長發〉「幅隕既長」，隕即員字假借，《毛傳》訓幅爲廣，則員自應作圓解，幅員即形容疆域之廣圓，《毛傳》訓員爲均，非其本義也。故本詩「景員維河」可直接釋爲疆域之廣大，至河爲限。以員表土地之廣，不必破讀爲均。

38. 幅隕既長──《釋文》：「隕音圓，毛：均也。鄭：周也。徐：于貧反。」明監本、毛本誤作幀。按：員、均為同韻轉注，詳《說文古

────────────────

〔註513〕孫海波撰：〈卜辭文字小記〉《考古學社社刊》，第三期，頁74。

籀疏證》。──〈長發〉

按：參見上條說明。

39. 敷奏其勇──《釋文》：「傳奏音孚，本亦作敷。」阮云：「《大戴禮》
引是傅字，如尚書『敷納』、『敷土』、『敷淺原』，多引作傅也。」
──〈長發〉

阮元引《大戴禮》證本作傅，段玉裁於《說文》傅字下注云：「古假爲敷
字，如禹敷土亦作禹傅土是也。」〔註514〕以傅爲正字。阮元、述祖或同也。

按：《毛公鼎》「專命于外」，字不從攴。三體石經〈禹貢〉「禹敷土」，《遂
公盨》作「禹專土」，則敷字古文亦不從攴，以專爲本字，敷則爲孳乳字。敷
古音爲滂紐魚部，傅古音爲幫紐魚部，旁紐疊韻，故又假傅爲敷。

40. 百祿是總──《釋文》：「是總，子孔反，本又作㹅，音宗。」段校
㹅字為長。──〈長發〉

《校勘記》云：「此當㹅字爲長，淺人以總字與上文三上聲相叶而輒改耳。」
〔註515〕述祖從之。

按：段校當爲阮校之譌。段玉裁《毛詩故訓傳定本小箋》字作總，《詩經
小學》於此條並無說，段玉裁蓋以總字爲是。

〈烈祖〉「㹅假無言」，《毛傳》云：「㹅，總也。」〈東門之枌〉「越以㹅
邁」，《毛傳》云：「㹅，數也。」〈羔羊〉「素絲五總」，《毛傳》云：「總，數
也。」是《詩》中㹅字，毛公皆以爲總之假借。《說文》：「㹅，龤屬。」「總，
聚束也。」段玉裁注云：

謂聚而縛之也。息有散意，糸以束之。禮經之總，束髮也。〈禹貢〉
之總，禾束也。引申之爲凡兼綜之偁。〔註516〕

本是「百祿是遒」，《傳》以聚訓遒，則「百祿是總」，當亦有聚義，依段玉裁
所云，總有兼綜之義，與聚義近，則總當爲本字，㹅爲假借。阮元所云，不
知何據。

41. 降予卿士──《正義》本作降予卿士。《箋》云：「下予之卿士，謂
生賢佐也。」《正義》：「下大賢之人予之使爲卿士。」則予音與。《釋

〔註514〕《說文解字注》，頁376。
〔註515〕《十三經注疏·詩經》，頁808。
〔註516〕《說文解字注》，頁653。

－203－

文》闕，《石經》作予。《李黃集解》本亦作降予卿士，是南宋時諸家本尚不誤。朱子《集注》云：「降言天賜之也。」是《集注》本亦作予。自坊本有作于者，以譌傳譌，如歐陽永叔《詩本義》亦有寫作于者矣。讀者習而不察，此宜亟爲訂正者也。——〈長發〉

　　述祖據《箋》云：「下予」，定本詩作予，而南宋以前諸本皆作降予卿士，自後俗本譌作于，遂習而不察。

　　按：據經文來看，「昔在中葉，有震有業，允也天子，降予卿士。」當謂天降卿士賢佐予商王，故鄭《箋》作「天命而子之，下予之卿士。」是鄭玄所據之本作予爲是。予猶與也。臧鏞堂嘗見元人所刻《集傳》尚作予，是作于之誤，蓋自明代開始也。

42. 罙入其阻——《釋文》：「罙入，面規反。毛：深也。鄭：冒也。《說文》作罙，從冈、米，云冒也。」段云：「《說文・网部》『罙，周行也。從网，米聲。』引此詩。《五經文字》、《說文》作罙，隸省作罙，見《詩》。」今隸應作罙，各本作宋，或作罙，誤。又《廣韻》罙、宋分別，誤。——〈殷武〉

　　段注本《說文》改「罙，周行也。」爲「罙，网也。」並以爲《釋文》所引《說文》乃因鄭《箋》而誤，罙下之引《詩》亦以爲後人所增而刪除。

　　按：《中山王舋壺》銘文「雁愛深則賢人窲」，深字作𡫼，從穴從手，手下之應象穴內之水滴。又《金文編》附錄下有𡫼字，李裕民以爲即罙字，其云：

> 又爲手形，罙字象以手伸入穴中摸取東西狀，應爲探之本字。《爾雅・釋詁》：「探，取也。」注：「摸取也。」以其向穴中摸取，深淺難測，故又引申爲深。《爾雅・釋詁》：「深，測也。」《老子》「深矣遠矣。」注：「深不可測。」罙字戰國時代的《石鼓文》已形變爲𡫼，小篆同。以後又隸變爲罙，下端與火形相仿。漢印則譌變爲𡫼、𡫼、寫成罙。唯《天璽紀功碑》作𡫼，尚保留著原貌。〔註517〕

據李氏所言，罙乃譌變後之字形，本應從手，《毛傳》：「罙，深也。」則《毛詩》字自作罙，而作宋，作罙皆應是字形再譌變的結果。

43. 曰商是常——《石經》商下旁添王字。阮云：「《箋》云：『曰商王

〔註517〕李裕民撰：〈侯馬盟書疑難字考〉《古文字研究》，第五輯，頁293～294。

是吾常君也。」王字是《箋》文，非經文，《石經》旁添，誤。」
——〈殷武〉

述祖引阮校，以王字乃由鄭《箋》而衍也。

按：《漢石經魯詩碑圖》第十四面第卅行作「商是」，正爲〈殷武〉之文，
可證王字殆爲衍文無疑。

44. 松桷有梴——《釋文》：「有梴，丑連反。又力鱣反，長皃。柔梴物
同耳，字音鱣，俗作闖。」盧云：「音鱣，宋本作羶，闖字當作埏。
《白帖·卷一百》引《詩》『松桷有埏』，則唐時本有俗從土者。」
段云：「《釋文》『柔、梴物同耳』，《老子音義》曰：『挻，《字林》
云：長也，丑連反。又一曰柔梴。』合此二音義觀之，則《毛詩》
本作挻。而《說文·木部》梴字，恐後人羼入。」顧廣圻云：「《正
義》云：『有梴然而長。』《五經文字·木部》云：『梴，長皃。』
見《詩·頌》。其本字皆从木，《唐石經》之所本也。《釋文》舊多
誤，當正。」按：《說文·手部》「挻，長也。从手从延，延亦聲。」
不應木部又有梴長字，段說是也。《說文·土部》無埏字。——〈殷
武〉

《校勘記》前引段說，後爲顧廣圻校文，據《正義》及《五經文字》，以
木部之梴爲是。然段玉裁則據《經典釋文·老子音義》所云，以爲當從手部
作挻爲是。述祖則從段說。

按：《碧落碑》以延爲延。延爲步行於路，季旭昇先生云：

> 後來大概因爲延用爲副詞，所以步行於路的意義就在止形的上方加
> 一斜筆，因而產生了延字，其意義則由步行於路引申爲長行、延長。

〔註518〕

據此，梴、挻皆當爲延之孳乳字，延爲延長，故梴爲木長，而挻當爲拉長義。
本詩「松桷有梴」，《毛傳》云：「梴，長貌。」當以木長之梴形容之較適當。
觀《釋文》言柔、挻爲同物，柔則曲直之木，可爲物，挻則無由作物也，如
何與柔爲同物也，木長之梴方可爲物。且陸德明引《字林》訓挻爲長，若《說
文》有挻字，又何必引《字林》，然則挻字方有可能爲後人羼《說文》者。埏
字《說文》所無，《說文新附》有之，當爲後起字。

〔註518〕《說文新證》，上冊，頁125。

第五節 《五經小學述》關於《詩經》文字之考證

述祖《毛詩考證》內容全為對《詩經》異文進行考證，除此書之外，在述祖《五經小學述》中，亦討論到關於《詩經》的條目，共計九條。其中論「憂心如惔」可與《毛詩考證》互相驗證，已於論《毛詩考證》時提及，茲不再多言；而另一條論「群公先正，則不我助，父母先祖，胡甯忍予」乃區別《傳》、《箋》之衍文，其論點亦可與《周頌口義》論〈有瞽〉詩之敘說互相參考，亦不多論。故本節僅針對其他七條再予以檢驗。而《五經小學述》所談論者多為訓詁之問題，與異文考證相關性不大，此乃兩書之不同處。

一、《五經小學述》卷一

1. 似續妣祖——

《傳》：「似，嗣也。」

《箋》云：「似讀如巳午之巳。巳續妣祖者，謂巳成其宮廟也。」

《正義》曰：「《箋》以似續同義，不須重文，故似讀為巳午之巳。巳為午比辰，故連言之。直讀為巳，不云字誤，則古者似、巳字同。於穆不巳，師徒異讀，是字同之驗也。《周禮》在宗廟，在雉門，外之左門當午地，則廟當巳地也。謂既在巳地，而續立其妣祖之廟，然後營宮室，故云巳成其宮廟也。」

　　按：《說文》：「巳，巳也。四月陽氣巳出，陰氣巳藏，萬物見成文章，故巳為蛇，象形。」巳訖之巳與辰巳之巳，篆本同字。《廣韻》：「巳，辰名。詳里切。」「巳，止也，此也，甚也，訖也。羊己切。又音似。」是音亦同也。《箋》謂巳成宮廟，然後築寢室，似為巳字之假借，故讀若巳午之巳，非謂巳午之地也。陸德明《音義》云：「似，毛如字。鄭音巳午之巳。」孔說迂迴難通，失鄭義矣。《譜》云：「子思論詩，於穆不巳。仲子曰：於穆不巳。」此正巳有似讀之證也。

日本山鼎《七經孟子攷文》：「《毛詩》謂巳成其宮廟也。巳下有地字，是《箋》巳明言巳地。」

　　按：《正義》引《箋》文無地字，其反復佐證，以釋巳為巳地，明《箋》無地字也。山鼎所見古本異者，岳珂相臺書塾刊正《九經三傳沿革例》云：「諸本于經正文尚多脫誤，而況于注間有難曉解者，以《疏》中字微足其義。」是宋時校經者往往據《疏》增改注文，如此類者不少。巳地成其宮廟，于義難通，固不得以改本為正也。——《小雅‧斯干》

余按：巳字，甲骨文作 ⟨圖⟩（鐵 263.4）、或作子形 ⟨圖⟩（甲 23），《毛公鼎》作 ⟨圖⟩。以字，甲骨文作 ⟨圖⟩（粹 221） ⟨圖⟩（甲 354），《者女觥》作 ⟨圖⟩。可以看出，兩字的差別主要在於形體上下之相反。然而戰國幣文有巳字作 ⟨圖⟩，通以字，則兩字可能已相混。且巳、以古音皆爲定紐之部字，或由此通假。而似當爲「以」之孳乳字，古音聲韻分部亦爲定紐之部字，故鄭玄讀似爲巳。

而「巳」字本義，季旭昇先生云：

> 本義爲蛇虫類，假借爲地支名，又借爲巳止之詞。〔註519〕

而以字之甲文 ⟨圖⟩，象堤挈之形，季旭昇先生云：

> 甲骨文 ⟨圖⟩ 字，從人，象提挈之形；省其人形，則作 ⟨圖⟩，李旦丘以爲均係「以」字。秦文又增人形，隸楷承之。

又金文中有似字，隸定作佁，《伯晨鼎》云：「⟨圖⟩乃且考」，《齊鮑氏鐘》云：「於⟨圖⟩皇且文考」，《胸簋》云：「⟨圖⟩乃且考事」，可證本詩似續祖妣，斷非指巳午之巳地。《禮記・雜記下》云：「見似曰瞿」，鄭注云：「似謂容貌似其父母也。」楊樹達即認爲「似爲子似父母」，故本詩似續祖妣，乃言子孫嗣續先祖，當以《毛傳》爲是。

2. 誕彌厥月，先生如達──

《傳》：「誕，大；彌，終；達，生也。姜嫄之子之于先生者也。」

《箋》云：「達，羊子也。大矣后稷之在其母，終人道十月而生，生如達之生，言易也。」

《正義》曰：「達生者，言其生易如達羊之生，但《傳》文略耳，非訓達爲生也。又解言先生之意，以人之產子，先生者多難。此后稷是姜嫄之子，最先生者，應難而今易，故言先生以美之。此主言后稷是姜嫄首子而已，后稷有同母弟妹以否，書亦無文焉。」

按：《傳》：達，生也。如與而通。言姜嫄之子先凡人之生而生也。《正義》隨文解之，轉增膠結。《箋》所據蓋三家之說。《說文》云：「羍，小羊也。從羊，大聲。讀若達。」《初學記》引《說文》作「羍，羊子也。羜，五月生羔也，挈，六月生羔也。羍，七月生羔也。」是唐時《說文》本如此。后稷蓋七月而生，故曰如羍。《箋》云：言易也。非經旨。不待十月而生，故曰先生。聖人神靈得天獨厚，其孕之月已終故曰彌厥月。凡人不及月而生者多有所拆

〔註519〕《說文新證》，下冊，頁 289。

副菑害，天特以顯其靈而康甯其禋祀，故七月而生子，無有拆副菑害也。《正義》以先生爲首子，及謂先生者多難，非是。以其不及月而生故棄之，聞其泣然後取之，斯理之常，且以承天意，異之於天下也。——《大雅·生民》

余按：《說文》羍字前有羜、羍，許慎分別云：「羜，五月生羔也。」「羍，六月生羔也。」則羍字當依《初學記》所引作「七月生羔也」《藝文類聚》、《太平御覽》引作七月生羊，羊當爲羔之誤。羔字，甲骨文作𦎫（甲649），《索諆爵》作𦎧，從羊在火上，象羊小可炙。故《說文》作羊子也。

而達字，甲骨文作𨑻（存2011），字應爲达，《說文》即以达爲達之異文。然金文則變人爲羍，如《保子達簋》作𨑻。《說文》云：「達，行不相遇也。」《鄭風·子衿》「挑兮達兮」，《毛傳》云：「挑達，往來相見貌。」無論相見不相見，達字當無「生」義，故莊述祖據《初學記》所引，以達爲羍字之假借。達古音爲定紐月部，羍爲透紐月部，聲韻相近可通假，故莊說可從。

3. 載震載夙，載生載育——

《傳》：「震，動；夙，早；育，長也。」

《正義》曰：「震，動；夙，早；育，長皆〈釋詁〉文。動謂懷任而身動也。昭元年《左傳》曰：「邑姜方震太叔。」哀元年《左傳》曰：「后緡方震」，皆謂有身爲震也。早者言其得福之早，得福乃有身文應在震上，今在下者，見有身而始知得福，故先震後夙，且以爲韻。」

按：《說文》：「娠，女妊身動也。从女，辰聲。《春秋傳》曰：『后緡方娠』。」《詩》及《左傳》皆作震，假借字。言早者，即下所云先生如羍是也。《正義》不得其解，故辭多紆迴矣。——《大雅·生民》

《說文》云：「震，劈歷振物者。从雨，辰聲。《春秋傳》曰：『震夷伯之廟』。」段玉裁注云：「《春秋正義》引作震物爲長，能震物而謂之震也。引申之凡動謂之震。」〔註520〕娠下注則云：「凡從辰之字皆有動意，震、振是也。妊而身動曰娠，別詞也。」〔註521〕

余按：辰字，甲骨文作𢓊（菁5.1），《矢方彝》作𢓊，本義爲耕器，或由耕器挖土而引申出「動」義，故段玉裁云從辰之字皆有動意，故震、娠皆有動義。而甲骨文有一𡜰（甲編3737），辭曰：「□𡜰其妯」，李孝定以爲此字

〔註520〕《說文解字注》，頁577。
〔註521〕同上註，頁620。

即娠字，其說云：

> 辭云「□娠其妫」，其上闕文，除干支貞卜外，娠上一文當爲婦某之名，應非婦字。佚五八六辭云：「乙亥卜自貞王曰㞢孕妫曰妫」，與此同例。知殷人不惟於諸婦免身卜其嘉否，即於方娠之時，亦貞其休咎也。〔註 522〕

則娠爲婦女有孕之義當無誤。本詩「載震載夙」乃言姜嫄之有身孕，故作娠爲佳。震應爲假借。震古音爲端紐諄部，娠爲透紐諄部，聲韻相近，故莊述祖以震爲娠之假借，其說可從。

二、《五經小學述》卷二

4. 不我能慉——《邶風．谷風》

《傳》:「慉，養也。」

《箋》:「慉，驕也。君子不能以恩驕樂我，反憎惡我。」

《正義》:「徧檢諸本皆云:『慉，養。』孫毓引《傳》云:『慉，興』非也。《爾雅》不訓慉爲驕，由養之以至於驕，故《箋》訓爲驕。」

《釋文》:「能慉，許六反。毛，興也。鄭，驕也。王肅，養也。《說文》，起也。」臧庸《拜經日記》:「《說文．心部》:『慉，起也。』引詩『能不我慉』。嘗綜論之，《毛傳》爲興，《說文》爲起，鄭《箋》爲驕，其義互相足。驕樂正興起之誼，《箋》申毛，非改毛也。王肅好難鄭，改《傳》興爲養，《正義》反斥『慉，與』爲非，賴有孫、陸兩家所引，藉以攷正，學者可知擇所從矣。」

按:《說文》所引雖是《毛詩》，而慉，起之訓，未必即合《傳》義。且〈蓼莪〉以起訓畜，與王肅訓慉爲養，皆慉畜之情，亦未甚相遠也。以文義求之，不我能養，就既棄之後言，繹就其深矣以下三章皆追述昔事，冀其悔改，故曰昔育恐育鞫。又曰:不念昔者，唯比予于毒及既詒我肄始言見棄耳。《毛詩》多假借，《傳》亦多假借。《說文．女部》:「嬉，媚也。」「媚，說也。」又「嬹，說也」《詩》借慉爲嬉，《傳》借興爲嬹，言不能我說，反以爲讎也。推所以見棄之故，非言既棄而不養，王義迂矣。鄭訓驕者，亦驕寵意，與說互相足，又可臧爲說廣一義也。

余按：畜字甲骨文作（合 29416），春秋《秦公簋》作，從甲文字形來

〔註 522〕《甲骨文字集釋》，第十二，頁 3609。

看，下田中所藏者，應爲草穀之蓄積。戴家祥云：

畜字乃繩索細縈⼈盧之形，初義當是儲備、積蓄、容納。〔註523〕

蓄積、儲備可有蓄養之義，據此，王肅釋爲「養」當是符合字之本義。故述祖以爲《說文》之訓未必與《毛傳》合，述祖仍認同作養之訓。

5. 陟彼崔嵬，陟彼砠矣——《周南‧卷耳》

《傳》：「崔嵬，土山之戴石者；石山戴土曰砠。」

《正義》曰：「〈釋山〉云：『石戴土謂之崔嵬』。孫炎曰：『石山上有土者。』又云：『土戴石爲砠』孫炎曰：『土山上有石者』，此及下《傳》云：『石山戴土曰砠』，與《爾雅》正反者，或傳寫誤也。

《釋文》：」「崔，徂回反；嵬，五回反。毛公（云字之誤）：崔嵬，土山之戴石者。毛此注及下釋與《爾雅》同。砠，本亦作岨，同，七餘反。毛云：石山之戴土也。」臧用中《拜經日記》：「此當從《毛詩傳》，孫郭本《爾雅》誤也。本是土山，石載其顛，故形崔嵬然。崔嵬，目上石也。且，薦也。砠從且，石在下若且薦土然，故曰砠。砠，目下石也。《說文‧山部》：『岨，石戴土也。從山，且聲。《詩》曰：陟彼岨。』《釋名》：『石戴土曰岨』，岨，臚然也。土載石曰崔巍，因形名之也，皆與《毛傳》同。」

按：《釋文》謂《傳》與《爾雅》同，則《正義》所引《爾雅》爲孫叔然本無疑。郭襲孫注，故亦誤。臧用中云。

余按：《原本玉篇殘卷》岨字云：「《毛詩》陟彼岨矣。《傳》曰：石山戴山（當爲土）曰岨。」〔註524〕崔字云：「《毛詩》陟彼崔嵬，《傳》曰：石戴土曰崔嵬。《爾雅》亦云。郭璞曰：石山上有土者。」〔註525〕據顧野王所云，《毛傳》乃作石山戴土曰崔嵬，與《爾雅》同，則今本《毛傳》作「土山戴石者」，恐非。臧康所言，雖頗合理，然需更進一步證據。

6. 陟彼岵兮，陟彼屺兮——《魏風‧陟岵》

《傳》：「山無草木曰岵；山有草木曰屺。」

《正義》曰：「〈釋山〉云：有草木岵，無草木屺。《傳》與《爾雅》正反，當是傳寫誤也。定本亦然。」

〔註523〕《金文大字典》，上冊，頁426。
〔註524〕《原本玉篇殘卷》，頁430。
〔註525〕同上註，頁432。

《釋文》：「岵音戶。毛云：山無草木曰岵。此《傳》及解屺共《爾雅》不同
王肅依《爾雅》。屺音起。」

《爾雅》：「多草木岵，無草木峐。」注：「皆見《詩》。」《釋文》：「峐，《三
蒼》、《字林》、《聲類》並云：猶屺字。阮孝緒《字略》音古開反。」

《說文》：「岵，山有草木也。从山，古聲。《詩》曰：陟彼岵兮。」「屺，山
無草木也。从山，己聲。《詩》曰：陟彼屺兮。」

《釋名》「山有草木曰岵。岵，怙也。人所怙取以為事用也。山無草木曰屺。
屺，圮也，無所生出也。」

段氏《詩經小學》：「《爾雅》、《說文》皆誤，與《毛傳》相反。岵之言瓠落也。
屺之言荄滋也。」臧用中用段義。

王學士引之曰：「崔嵬字，岨字，當以《說文》、《釋名》正《爾雅》之譌。岵、
屺當以《說文》、《釋名》正《毛傳》之譌。」

　　余按：莊述祖未下按語，但引諸說以明本句解說之紛雜。《原本玉篇殘
卷》岵字云：「《毛詩》陟彼岵兮，《傳》曰：山无草木曰岵。《爾雅》：山多
草木曰岵。《韓詩》：有木无草曰岵也。」〔註526〕屺字則云：「《毛詩》陟彼
屺方，《傳》曰：山有草木曰。《韓詩》有草无木曰屺。《說文》：山无草木曰
屺也。」〔註527〕顧野王所引與今本皆同，且又引《韓詩》，更見說解之雜。
此當是各家解說之不同，未必為傳寫之譌也。

7. 抑若揚兮——

《傳》：「抑，美色；揚，廣場。」

《正義》曰：「抑然而美者，其額上揚廣兮。」又曰：「揚是顙之別名。抑為
揚之貌，故知抑為美色。顙貴闊，故言揚，廣揚。」

　　按：〈假樂〉威儀抑抑，《傳》：「抑抑，美也。」正義曰：《傳》以抑抑為
密，則是密審，故所以為美也。抑抑，密也，〈釋訓〉文。抑抑本訓密，而毛
又訓美，知抑別訓美，毛公必有所受，不必盡同爾雅也。揚謂眉上，詁訓最
古，東漢以下章句家皆無之，并不見於《爾雅》，唯《毛詩》揚且之皙也，《傳》：
「揚眉上廣。」揚且之顏也，《傳》：「揚，廣揚。而顏角豐滿。」清揚婉兮，
《傳》：「清揚，眉目之間婉然美也。」及此《傳》，凡四見而皆無《箋》是鄭

氏注經時古訓詁已多不傳者矣。何以明之？《禮·玉藻記》：盛氣顛實揚休。鄭氏注云：顛讀爲闐，揚讀爲陽，聲之誤也。盛身中之氣，使之闐滿，其息若陽氣之體物也。玉色注云：色不變也。《說文》：「顛，頂也。」鄭必破字爲闐，知注《禮》在箋詩前，以揚與顛不類也。今以毛義推之，揚眉上廣，休讀爲烋。烋，炁也。《說文》言氣之盛上滿顛頂，炁於眉宇之間也。《文選·七發》：陽氣見於眉宇之閒，侵淫而上，幾滿大宅。李善注云：「《周書》曰：民有五氣，喜氣內，雖欲隱之，陽氣必見大宅，未詳。」《周書·官人》作陽善，《大戴記》同。陽、揚同，即眉宇之閒，五氣必見於眉宇，故有陽喜，有陽怒，而皆謂之陽氣。氣之見於眉宇者也。盛氣顛實，所謂幾滿大宅也。實，滿也。盛氣顛實，揚休玉色，即以爲詩之義疏也可。《莊子·秋水》：「目望洋」，《音義》：「司馬崔云：望洋猶望羊，仰視貌。」《釋名》：「望佯，佯，陽也。」言陽氣在上，舉頭高似若望之然也。《史記·孔子世家》曰：卬如望羊。本皆誤卬作眼。《說文》：「卬，望遠合也。」《家語》作曠，王肅注：望羊，遠視也。陽氣即盛氣之炁於眉宇之間者也。揚、陽、羊、佯、洋皆一字之通借也。——《齊風·猗嗟》

〈抑〉，《國語》作懿。韋昭注云：「懿讀曰抑，《大雅》之〈抑〉詩也。」《說文》云：「懿，嫥久而美也。」〈烝民〉「我求懿德」，《毛傳》云：「懿，美也。」

余按：《國語》作懿，《毛傳》又訓懿爲美，與本詩《毛傳》同，則抑蓋懿之假借也。《說文》以㠯、抑爲異文，㠯當爲印字，與印乃左右反文。考印字甲骨文作（乙 112）、（佚 637），左右倒反但無分別，本義應爲抑按。則《毛傳》訓抑抑爲美，當爲假借。而金文有懿字，《單伯鐘》云：「帥井朕皇祖考懿德」，字形作；《懿禾敦》云：「禾肇乍皇母懿靠孟姬餗彝」，字作。依銘文內容來看，懿有美義。杜廼松釋《史牆盤》「哲康王」云：

「」字金文未見。從全句上下文義和字的結構來看，應是「懿」的省體字。「懿哲」可解釋爲懿美而英明。〔註 528〕

益可證懿有美意。則本詩《毛傳》訓抑抑爲美，蓋假懿爲之。

《毛傳》以揚爲廣場，而述祖反復論證者，意以揚乃眉宇間之神色飛揚意。今考揚字，《說文》云：「飛舉也。」金文《丁揚卣》作，《揚簋》作，

〔註 528〕杜廼松撰：〈史牆盤銘文幾個字詞的解釋〉《文物》1978 年第 7 期。收錄於《古文字詁林》，冊八，頁 849。

象人執玉朝日之形。《封簋》云：「對揚王休」，《小子省卣》云：「省揚帝寶」，揚皆有讚揚之義，則《說文》飛舉乃其引申義也。而《毛傳》訓揚為廣場，用於形容眉宇神色，亦為引申義。

8. 憂心如惔──《小雅・節南山》

　　余按：此條說見第二節第三十一條。

9. 群公先正，則不我助。父母先祖，胡甯忍予──

《傳》：「先正，百辟卿士也。先祖，文武為民父母也。」

《箋》云：「百辟卿士，雩祀所及者，今曾無助我憂旱。先祖文武又何為施忍於我，不使天雨。」

　　按：《疏》誤會《傳》以百辟卿士釋先正，并疑《箋》亦承《傳》為說。與〈月令・注〉所云：百辟卿士，古之上公若句龍、后稷之類者不同。反覆辨論以申其義，不知《傳》本以百辟詁羣公，以卿士詁先正，合《傳》於經時，文在羣公先正經下，故不別出羣公先正句，及附《箋》於《傳》，又《箋》本注在經胡甯忍予下《傳》百辟卿士也，與文武為民父母也相連，故增入先正二字以別之，猶《經典釋文》單行本割截經傳二字標音義之上是也。至《箋》所謂百辟卿士，雩祀所及，即據〈月令〉成文以釋《傳》，安得自生異同。又《傳》：文武為民父母也。文亦在父母先祖經下，故不別出父母先祖句。先祖二字亦附《箋》時增入。《傳》止言父母，不言先祖。《箋》先言先祖，後言文武。明以先祖謂后稷，父母謂文武。《疏》又誤讀《傳》先祖文武句為民父母也句，以先祖父母為一，知其難通，又言於民則為父母，於周則為先祖，曲申其說，不知鄭前經后稷不克《箋》云是我先祖后稷，不識知我之所困與。鄭既以后稷為先祖，則不應又以文武為先祖，明矣。先祖于摧，《箋》不言文武，則此先祖非文武又明矣。先祖已見前經，故《傳》止言父母謂文武之義。《疏》既不知先揃去羣公先正父母先祖二句，又不知後增入先正先祖四字，過泥《傳》文，致有斯謬。今《傳》既別行，應增入羣公父母四字，經句既完，《傳》義自明矣。──《大雅・雲漢》

　　余按：述祖論本條全在疏通《傳》、《箋》之衍文，他以為先祖應指后稷，而父母則指文武。述祖於《周頌口義》論〈有瞽〉詩時亦發表類似看法，可參看第肆章第二節。